공간, 비즈니스를 바꾸다

경험을 설계하고 트렌드를 만드는 공간의 힘

공간,
비즈니스를 바꾸다

정희선 지음

미래의창

들어가며

공간의 변화에 적응하는 자만이 살아남는다

- 아마존이 온라인 전자상거래를 시작한 1995년
- 코로나 팬데믹이 전 세계를 강타한 2020년

역사적 사건이 발생한 두 시기의 공통점은 무엇일까? 바로 물리적 공간에 커다란 변혁이 일어났다는 사실이다. 먼저 1995년, 온라인 전자상거래가 어떻게 공간과 연관되는지 의아해하는 사람들이 있을 것이다. 그들을 위해 지금으로부터 약 40년 전으로 잠시 시계를 돌려보자.

1980년, 우리는 물건이 필요할 때 물건을 판매하는 장소, 즉 매장으로 이동해야 했다. 내가 몸을 움직여 특정 장소로 가야만 대부분의 경제 활동이 이루어졌다. 양말 한 켤레, 음료 한 병을 사기 위해서는 반드시 다른 공간으로 이동해야만 했다.

하지만 통신 기술이 발전하면서 '온라인'이라는 가상 공간에 매장을 여는 것이 가능해졌다. 그뿐만 아니라 물류 기술의 비약적인 발달은 굳이 매장에 가지 않아도 모든 것이 집으로 배달되는 세상으로 우리를 이끌었다. 이제는 집 밖으로 한 발짝도 나가지 않아도 생활에 큰 불편함이 없다.

1995년이 '인터넷 상거래'라는 기술적 요인이 등장해 공간의 제약을 없앤 해라면, 2020년은 감히 '공간 혁명'이라 부를 만한 변화의 기폭제인 '코로나19 바이러스(이하 코로나)'가 등장한 해다. 물론 공간의 제약을 받지 않고 보다 자유롭게 업무를 할 수 있도록 지원하는 기술들은 이전에도 이미 존재했다. 하지만 코로나로 인한 팬데믹은 전 인류의 행동에 제약을 걸었으며, 우리는 반강제적으로 행동의 변화를 요구받게 됐다. 사람들은 회사가 아닌 곳에서 일을 하고 집에서 거의 모든 활동을 영위하기 시작했으며 생활에 필요한 대부분의 물건을 오프라인 매장이 아닌 온라인에서 구입하게 됐다. 물론 이러한 변화는 지금도 진행 중이다.

이 책은 지금 우리가 살고 있는 공간에서 시시각각 일어나고 있는 변화에 관한 이야기다. 인류가 지금껏 경험해본 적 없는 팬데믹 시대, 공간은 가장 주목해야 할 요소 중 하나다. 오늘날, 무엇보다 빠른 속도로 공간에 대한 정의가 바뀌고, 공간의 경계가 해체되며, 공간을 활용하는 방법이 바뀌고 있기 때문이다.

공간이 변하면 삶의 모습도 달라진다

공간의 정의가 무너지고 그 역할이 바뀜에 따라 우리의 생활 양식(라이프스타일)도 새롭게 바뀌고 있다. 회사가 제공하는 사무실에서만 일했던 과거와 달리, 업무 공간이 집과 거점 오피스 등으로 분산되면서 사람들의 행동반경이 바뀌었고, 소비가 이뤄지는 장소도 자연스럽게 달라졌다.

회사 근처의 식당에서 먹던 점심을 이제는 배달 앱을 사용하여 집에서 주문해 먹는다. 회사원 1인당 평균 점심값을 1만 원이라고 한다면, 1만 원이라는 경제 가치가 회사 근처 식당에서 배달 앱과 동네 식당으로 옮겨간 것이다. 한편, 출퇴근을 하지 않게 되니, 옷을 사는 대신 근무 환경을 쾌적하게 만들어줄 의자를 구입한다. 몇만 원 혹은 몇십만 원에 달하는 소비 금액이 의류 업계가 아닌 가구 업계로 흘러 들어간다. 금요일 저녁, 퇴근 후 동료들과 맥주를 마시는 대신 목요일 밤에 가족들과 캠핑을 떠나 금요일은 캠핑장에서 근무를 한다. 회사 근처의 상점 주인은 울상이지만 캠핑장을 운영하는 사람은 늘어나는 매출에 신이 난다.

생활을 영위하는 공간에 변화가 일어나면서 소비의 흐름이 바뀌고 있으며, 이에 따라 산업의 지형에도 변혁이 일어나고 있다. 이 시간에도 어떤 기업은 증발해버린 고객으로 인해 고심하는 반면 누군가는 넘쳐나는 주문을 처리하느라 정신이 없다.

앞으로는 새롭게 바뀌는 세상에 적응하는 기업들은 살아남지만 그렇지 못한 기업들은 점점 존속하기 힘들어질 것이다. 작게는 자사의 상품 구성군을 바꾸거나, 가지고 있는 역량을 활용해 새로운 제품을 개발해야 할 것이며, 이전에는 고려해본 적 없는 새로운 고객군을 타깃으로 설정해야 할지도 모른다. 또는 한 번도 생각해본 적 없는 새로운 영역으로의 시도가 필요할지도 모른다. 급변하는 세상일수록 고정 관념에 갇히지 않고 창의적인 사고를 해야 살아남을 수 있기 때문이다.

변화에 적응하는 방법은 변화를 파악하는 것

변화에 적응하기 위해서 가장 먼저 해야 할 일은 변화를 파악하는 것이다. 특히 지금까지 경험해본 적 없는 속도로 많은 것들이 빠르게 변하고 있는 지금은 작은 변화에도 관심을 기울이고 촉을 세워야 할 때다.

책은 다음과 같은 흐름으로 구성된다. 먼저 1장에서는 왜 지금 공간의 변화에 주목해야 하는지, 공간의 변화가 우리 삶에 어떠한 영향을 미치는지 생각해본 후 공간 혁명이 일어난 배경에 대하여 이해한다. 공간의 변화를 촉발한 가장 큰 사건은 코로나 팬데믹이지만 코로나 이전부터 공간 변화에 대한 트렌드는 감지돼 왔다. 따라서 어떠한 기술적, 사회적 요소들이 지금껏 공간의 변화를 이끌어왔는지 우선적으로 살펴볼 것이다.

2장에서는 일하는 공간에 어떠한 변화가 일어나고 있는지 자세히 살펴볼 것이다. 업무 공간에 관한 이야기를 가장 처음으로, 그리고 가장 큰 비중을 할애해 다루는 이유는 이 책에서 소개할 공간의 다양한 변화들이 바로 업무 공간의 변화에서 시작됐다고 해도 과언이 아니기 때문이다. 많은 사람이 한 공간에 모여서 일하는 것이 바이러스 감염의 위험성을 높이는 상황에서 우리는 반강제적으로 분산해서 일하기 시작했다. 하루의 3분의 1에 달하는 시간을 보내는 장소가 없어져 버리자 직원들은 자신만의 업무 공간을 만들기 시작했다. 집, 카페, 위성 오피스, 여행지 등 곳곳이 업무 공간이 되고 있다.

3장에서는 주거 공간에서 일고 있는 변화를 다룬다. 업무 공간에 대한 제약이 없어지면서 장소에 구애받지 않고 일하는 디지털 노마드족이 증가했으며, 이는 '주거'라는 개념 자체에도 커다란 변화를 몰고 왔다. 호텔은 장기 숙박 서비스를 속속 출시하며 주거 시장에 진입하고 있으며, 거주지인 아파트를 활용해 만든 호텔은 워케이션work + vacation을 즐기려는 디지털 노마드로 북적인다. 호텔과 집의 경계가 허물어지고 있는 것이다. 전국의 호텔을 돌아다니며 살 수 있는 서비스가 등장했으며, 2개의 거점을 왔다 갔다 지내는 사람을 위해 외박하면 월세를 할인해주는 집도 생겨났다. 주거의 형태뿐 아니라, 집 내부에도 변화의 물결이 거세다. 집에서 지내는 시간이 길어지고, 집의 역할이 수면과 휴식을 취하는 장소에서 업무, 학습, 운동 등 가족 전원의 다양한 활동이 이뤄지는 곳으로 바뀌면서 집을 중심으로 하는 거대한 '홈코노미home + economy'가 탄생했다.

4장에서는 상업 공간을 다루는데, 특히 코로나로 인해 고전을 겪고 있는 오프라인 공간에 관해 중점적으로 살펴본다. 온라인 쇼핑의 확산으로 인해 상업 공간은 절체절명의 위기를 맞고 있으며 살아남기 위한 다양한 시도를 진행 중이다. 대형 매장이 없어진 도심에는 무인 매장과 물류 센터가 들어서고 있으며, 대형 매장은 점점 더 작은 사이즈로 변신해 다양한 곳으로 분산되고 있다. 또한 소비자가 있는 곳으로 직접 찾아가는 이동형 매장도 등장했다. 이렇듯 급변하는 환경에 적응하며 상업 공간은 물건을 파는 곳이 아닌 체험을 제공하는 곳으로 변모하고 있다.

마지막 5장에서는 코로나 확산 후 발견되는 인구 이동의 흐름과 이로 인한 미래 도시의 모습을 전망하고, 업무, 주거, 상업 공간의 변화에서 공통적으로 발견되는 공간 트렌드를 정리해본다.

이 책은 현재도 진행 중인, 역사상 유례없이 급진적으로 변화하는 지금의 시장 상황을 이해하고 준비하고자 하는 기업과 소비자를 위해 기획했다. 어느 누구도 미래를 정확히 예측할 수는 없지만 지금 일어나는 사건들과 변화를 꼼꼼하게 관찰함으로써 미래가 어디로 움직일지 그 방향은 예측할 수 있다. 앞으로 시작되는 이야기를 통해 코로나 이후 우리가 살아가는 세상이, 우리가 시간을 보내는 공간이 과연 어떻게 바뀔 것인지 예측하고, 이러한 변화에 대응하기 위한 힌트를 얻을 수 있기를 바란다.

차례

1

공간의
패러다임이 바뀌다

- 트위터 CEO, 원하는 직원은 영원히 재택근무
- 100대 기업 88.4%, 사무직 재택근무 중
- 일상이 된 재택근무, 화상 회의… '일하는 방식'이 달라졌다
- 일과 휴가의 병행, 워케이션 시대 멀지 않았다
- 롯데마트, 오프라인 매장을 배송 거점으로 만든다
- 대형 마트, '다크 스토어 전략' 주변 상권에 불똥

코로나가 전 세계를 휩쓴 2020년 국내 신문 기사의 헤드라인 중 일부다.[1] 코로나 팬데믹이 전 인류를 급습한 이후 우리는 매일 새로운 용어를 듣게 됐다. 재택근무, 워케이션, 다크 스토어 등등 이러한 용어들의 공통점은 무엇일까? 바로, 공간을 사용하는 방식에 커다란 변화가 생겼음을 보여준다는 사실이다. 코로나 이전에는 모든 직원이 같은 오피스에 모여서 일을 했지만 이제 많은 회사에서 재택근무를 시행하고 있다. 어떤 이들은 금요일부터 제주도 호텔에 가서 업무를 보다가 주말에는 여행을 하며 제주도의 바다를 즐기기도 한다.

쇼핑 방식에도 변화가 생겼다. 대형 마트의 오프라인 매장은 물건을 진열하고 손님을 맞이하는 곳이 아니라 온라인 쇼핑을 위한 배송 창고 역할을 하고 있다. 직장이 위치한 도심으로의 이동이 줄었고, 우리가 익숙하게 사용했던 공간들의 용도가 바뀌었다. 집이 곧 일터가 됐으며, 여행지의 호텔이나 캠핑카에서 일하는 젊은이들이 늘었고, 온종일 직원들로 북적이던 오피스는 한순간 공실이 됐다.

역사학자들은 2020년을 '코로나 팬데믹이 전 인류를 덮치고 디지털 트랜스포메이션DT, Digital Transformation이 본격화된 해'로 기억할 것이다. 필자는 여기에 '공간의 패러다임이 바뀐 해'를 추가하고 싶다. 그리고 이러한 현상을 '공간 혁명'이라 부르고자 한다. 공간에 불어닥친 변화와 디지털 트랜스포메이션은 떼려야 뗄 수 없는 관계다. 대면 활동이 바이러스의 감염 위험을 높임에 따라 일상의 많은 활동들이 가상 공간에서 이루어지게 됐고, 언택트 서비스가 선호되면서 디지털 사회로의 전환이 급속히 진행됐기 때문이다.

오늘날 전 산업에 걸쳐 일어나고 있는 디지털 트랜스포메이션을 이해하기 위해서도 우리는 물리적 공간에서 어떠한 변화들이 일어나고 있는지 이해해야 한다. 실제 오피스는 텅텅 비어버린 대신 가상 오피스는 북적거린다. 24시간을 집에서 보내는 사람이 증가하면서 주거 역할에 머물렀던 '집'이라는 공간이 다시 주목받기 시작한다. 직원들의 출근이 줄어들면서 오피스 근처의 편의점은 매출이 급감하고 오프라인 매장들은 규모를 줄인다. 이렇듯 일하는 공간에 불어닥친 변화는 디지털 트랜스포메이션을 넘어 주거 공간, 상업 공간에 영향을 미치고 있으며 도시의 모습까지 바꾸고 있다.

공간 혁명의 가속화, 그 배경은?

너무나 당연하게 들리겠지만, 공간 혁명의 기폭제는 코로나 팬데믹이다. 인류 역사를 보면 전염병은 언제나 도시 공간의 변화를 초래해왔다. 사람과 사람과의 접촉으로 인해 전염되는 병이 확산되면 이를 방지하기 위해 기존의 도시 구조를 해체하고 새로운 구조를 고안하기 때문이다. 기원전 5세기, 그리스 도시 국가인 아테네는 장티푸스가 유행하자 인구를 분산시켜 시민들을 보호하기 위해 도시에 격자형 가로망 체계를 도입했다. 14세기의 유럽은 흑사병을 겪으면서 이상 도시에 대한 논의를 시작했으며, 그 결과 광장을 중심으로 방사형으로 뻗어나가는 구조의 도시가 만들어지게 됐다. 19세기 전 세계로 번진 콜레라의 확산은 프랑스 파리의 방사형 도로망이 만들어진 계기이기도 하다.[2]

2020년 발생한 코로나 팬데믹 또한 다른 감염병과 마찬가지로 현재 우리가 사는 도시의 모습을 바꾸고 있다. 변화의 시발점은 전 세계적으로 급속히 확산된 원격근무다. 직원들은 오피스가 아닌 곳에서 분산돼 일하고 가상 공간에서 동료들을 만난다. 전 세계의 기업들이 일시적으로 원격근무라는 거대한 실험을 동시에 진행한 것이다. 급격히 불어닥친 원격근무 시행에 이를 지원할 IT 시스템이 준비되지 않았던 기업들은 황급히 관련 업무 툴을 도입하기 시작했다.

오피스가 아닌 곳에서 일하는 것이 뉴노멀이 되면서 재택근무자가 늘어났다. 집에서 일하지 않는 사람들은 동네 카페나 공유오피스를 찾는다. 일하는 장소의 자유를 얻게 된 사람들이 늘어나면서 디지털 노마드는 더 이상 특정 프리랜서의 이야기가 아니게 됐다. 평범한 직장인도 디지털 노마드와 같은 라이프스타일이 가능하게 됐고, 휴가와 업무를 섞어 휴가지에서 일하는 듯 놀고, 노는 듯 일하는 사람들이 늘어났다. 호텔들은 디지털 노마드족을 새로운 고객층으로 겨냥해 '한 달 살기'와 같은 숙박 패키지를 앞다퉈 출시하고 있다.

온 가족이 24시간 집의 공간을 공유함에 따라 더 넓은 장소를 원하게 됐고, 집 안에서 모든 경제 활동을 영위하는 홈코노미도 빠르게 성장하고 있다. 이전부터 생활에 필요한 물건을 오프라인이 아닌 온라인에서 구입하는 비중이 증가해왔지만, 코로나 확산 후 그동안 온라인 쇼핑을 편하게 생각하지 않았던 고령자층도 온라인에서 물건을 구매하기 시작했다. 이제는 오프라인에서 직접 보고 구입하기를 선호하던 제품들까지도 온라인으로 구입한다.

사람들의 쇼핑이 오프라인에서 온라인으로 전면 이동하면서 실제 매장들은 생사의 갈림길에 서게 됐다.

이렇듯 코로나가 재택근무라는 형태로 업무 공간의 변화를 몰고 왔으며 이는 다시 주거 공간과 상업 공간의 변화를 불러왔다. 하지만 이러한 변화의 원인을 전부 코로나 하나로 설명하기에는 부족하다. 그렇다면 과연 어떤 요소들이 코로나와 맞물려 공간의 변화를 가속화했을까?

팬데믹 시기에 더욱 빛난 디지털 기술

디지털 기술들이 존재하지 않는 환경에서 코로나 팬데믹이 닥친 상황을 상상해본 적이 있는가? 만약 인터넷이 없는 상황에서 코로나 팬데믹을 맞이했다면 어땠을까? 아마 상상하기 싫을 만큼 암울한 일상이 펼쳐졌을 것이다.

하지만 이번 코로나 팬데믹 기간 중에는 생활에 큰 불편함을 느끼지 못한 사람들이 의외로 많았을지 모른다. 해외여행이 제한되고 외부 활동에 일부 제약이 있었지만, 일과 학업뿐만 아니라 운동, 취미 생활 등 일상에서 필요한 대부분의 활동이 가능했기 때문이다. 모든 가정에 설치된 초고속 인터넷으로 내 방에서 지구 반대편의 동료와 회의를 하고, 미국 대학에 다니는 학생이 한국 본가에서 수업에 참여한다. 앱을 통해 주문한 신선 식품은 2시간

만에 현관문 앞으로 배송된다. 한국에 입점되지 않은 해외 브랜드의 옷을 클릭 몇 번으로 구매하는 등 굳이 해외에 가지 않아도 전 세계의 물건을 살 수 있다. 유튜브에서 마음에 드는 요가 강사와 함께 운동하는 것도 가능하며, 온라인 클래스 플랫폼을 통해 취미 활동 강의를 구독하면 집으로 관련 재료를 모두 보내주고 인터넷에서 강사를 만날 수 있다. 노트북 한 대만 있으면 내가 있는 곳이 곧 사무실이 되고, 인터넷이 연결된 스마트폰 하나만 있으면 내가 있는 장소가 어디든 공부, 운동, 영화 감상 등 거의 모든 활동이 가능한 시대인 것이다.

앞으로 이 책에서 소개할 공간의 변화들은 인터넷을 기반으로 하는 IT 기술이 있기에 가능한 것들이다. 변화에 필요한 기술은 이미 준비됐다. '원격근무'와 '재택근무'라는 용어는 1970년대에 등장했으며, '디지털 노마드'는 프랑스 경제학자인 자크 아탈리Jacques Attali가 1997년에 소개한 단어다. 단지 그동안 공간 혁명의 시발점이 된 원격근무에 대한 심리적 저항감이 컸을 뿐이다. 전 세계에서 동시에 진행된 원격근무 실험은 '서로의 눈앞에, 즉 같은 공간에 있어야 일하는 것이다'라고 믿고 있던 사람들의 고정관념을 무너뜨렸다. 같은 공간에 존재하지 않으면서도 함께 일하는 것이 얼마든지 가능하다는 사실을 알아차리게 된 것이다. '공간 혁명'에 있어 필요한 기술적 재료는 이미 우리 손에 쥐어져 있었다.

공간의 제약 없이 자유롭게 옮겨 다니며 일하는 디지털 노마드.
코로나로 인한 원격근무의 확산과 디지털 기술의 발전은
많은 사람들에게 일하는 장소의 자유를 선사했다.

MZ세대, 워라밸을 넘어 워라블로

'원격근무', '재택근무', '워케이션', '지방 이주'

최근 자주 들을 수 있는 이 단어들은 코로나 이후의 새로운 라이프스타일을 묘사하고 있다. 하지만 이러한 단어들 역시 이전에는 존재하지 않다가 갑자기 등장한 개념이 아니다. 이미 코로나 확산 전부터 시공간의 제약 없이 원하는 시간에 원하는 곳에서 근무하는 사람들, 일과 여행이 섞인 일상을 살아가는 사람들, 획일적인 모습의 비싼 도시를 떠나 자연에 둘러싸인 곳에서 살아가는 사람들이 있었다. 물론 특정한 직업을 갖고 있거나 매우 유연한 근무 환경을 제공하는 회사에 다니는 일부 사람들의 이야기였지만 이러한 라이프스타일은 분명 존재했다.

코로나 확산 후 원격근무에 누구보다 빠르게 적응한 사람들은 기업이 아닌 노동자들이다. 이들은 집에서 일하는 것과 모든 회의가 원격으로 진행되는 것에 거부감이 없다. 재택근무가 시행되면서 일과 삶의 균형을 찾을 수 있게 됐다며 새로운 근무 형태를 반기는 목소리들도 심심치 않게 들려온다. 심지어 이제는 100% 출근을 요구하는 회사가 있다면 퇴사하겠다는 사람들도 나올 지경이다.

IT 선진 기업이나 스타트업, 세계 각지에 지사를 둔 글로벌 기업 중에서는 원격근무를 코로나 확산 이전부터 실시한 곳들이 꽤 있었다. 이들이 원격근무를 도입한 이유는 직원들에게 자율성을 부여하고 직원 각자가 자신에게 맞는 근무 환경을 찾아서 일함으로써 업무 성과를 높이도록 하기 위해서다. 이들은 직원에게 최대한 자율성을 보장하는 방법의 하나로 공간적, 시간적 제약에서 벗어나 일할 수 있게 해준다. 하루에 정해진 근무 시간만 채우면 굳이 9시부터 6시라는 시간표에 맞추지 않아도 되고 꼭 오피스에 나와서 일하지 않아도 된다.

이렇게 구성원의 업무 공간과 시간에 자유를 주는 것을 인사관리에서는 '로우ROWE, Results Only Work Environment'라고 부른다. 업무 성과만 나온다면 직원 스스로 근무 시간과 공간을 자유롭게 선택하는 시스템이다.[3] 미국의 전자 제품 유통 업체 베스트 바이Best buy는 이미 2000년대 중반에 로우 시스템을 도입했으며, 이후 미국의 IT 기업을 중심으로 재택근무와 원격근무가 서서히 확산되기 시작했다. 정해진 시간에 정해진 장소에 있어야 한다는 두 가지 제약을 없애는 것은 직원에게 커다란 보상이었다.

인간은 누구나 자기의 삶과 시간을 통제하고자 하는 욕구를 가지고 있으며, 시간이 지날수록 이러한 갈망은 더욱 높아져만 간다. 경제 성장과 조직의 성장을 개인의 삶보다 우선시하던 가치관은 이제 구시대의 유물이 됐다. 특히 최근 조직 문화 트렌드에 관한 논의에서 자주 등장하는 MZ세대(밀레니얼 세대와 Z세대)는 자율성에 매우 높은 가치를 부여한다. 이제 많은 기업에서 핵심적인 역할을 담당하는 MZ세대는 더욱 유연한 근무 환경을 선호하며 개인의 성장과 효율성을 중시한다. '그래도 회사에 가서 팀원들 얼굴도 보고 회사 돌아가는 사정도 들어야지'라는 생각을 하는 세대들은 어쩌면 MZ세대들과 대화가 안 통할지도 모르겠다. MZ세대는 오피스에 가서 대면으로 일할 때의 효용이 출퇴근에 따르는 비용과 수고를 보상할 만큼 가치가 있는지를 먼저 따질 것이다.

또한 MZ세대들은 '일과 삶의 균형(워라밸work and life balance)'이 아니라 '일과 삶이 결합된 방식(워라블work and life blend)'으로 살아간다고 해도 과언이 아니다. '워라블'을 추구하는 사람들은 퇴근 전과 퇴근 후의 시간을 따로 분리하지 않는다. 일상에서 지속적으로 일과 관련된 영감을 얻고 퇴근 후 콘퍼런스에 참석해 새로운 아이디어를 얻는다. 아예 영감을 얻을 수 있는 곳으로 여행을 떠나기도 하며 일상이 곧 자기 계발과 연결되기도 한다. 자신이 좋아하는 일을 취미처럼 즐기면서 살아가는 이들 세대는 일과 여가를 확실히 분리하는 것이 아니라, 일 속에 여가가 있고 여가 속에 일이 있는 삶을 추구한다. 이렇게 일과 여가가 블렌딩된 삶에서는 공간의 중요성이 더욱 높아진다. 업무 공간은 효율적으로 일할 수 있는 곳이어야 함과 동시에 영감을 불러일으키는 곳이 돼야 한다. MZ세대에게는 꼭 대도시에 있는 세련된 고층 빌딩이 최적의 업무 공간인 것은 아니다. 때로는 자연 속에서, 때로는 적당한 백색 소음이 가득한 카페에서 사람들을 관찰하며 일하는 것을 더 선호하기도 한다.

긱 이코노미gig economy의 성장 또한 MZ세대의 등장과 무관하

라이프스타일과 가치관이 달라지면서 업무 공간에 대한 고정 관념도 깨지고 있다. 누군가는 세련된 고층 빌딩보다 백색 소음이 가득한 거리의 카페에서 일하는 것을 선호할 수 있다.

지 않다. 직장에 소속되지 않고 플랫폼을 활용해 자신의 재능을 판매하는 사람을 긱 워커gig worker라고 부르는데, 긱 워커가 비정규직과 다른 점은 이들은 자발적으로 계약직을 희망한다는 점이다. 긱 워커의 상당수가 개발자, 디자이너 등 전문직이라는 점에서 단기 아르바이트와도 구분된다. 삶과 일 사이의 균형을 추구하는 MZ세대에게 프리랜서처럼 자유롭게 일할 수 있는 환경인 긱 이코노미는 매력적이다. 스스로 근로 시간을 선택할 수 있는 자유도를 높게 평가하는 이들은 긱 워커로 살아가기를 자청한다.

코로나 팬데믹이 불러온 공간에 불어닥친 변화는 매우 급작스럽고 그 속도가 빨라서 우리를 어리둥절하게 만들었다. 하지만 디지털 기술의 발달, 새로운 가치관을 가진 세대의 등장, 자율성을 중시하는 문화를 가진 기업들로 인해 변화는 전부터 이미 조금씩 진행 중이었다. 그저 코로나가 기폭제가 됐을 뿐이다.

미래의 기술이 허무는 공간의 경계

이미 우리는 온라인과 오프라인 공간의 경계가 없어진 삶을 살아가고 있다. 배달 앱을 통해 음식을 주문하고, 거리에서 손을 흔들어 택시를 잡는 대신 앱으로 미리 호출한 뒤 도착 시간에 맞춰 이동한다. 여기에 더해 인공 지능AI, 로봇, 가상 현실·증강 현실VR·AR 등 하루가 다르게 발전하는 많은 기술들은 오프라인 공간의 물리적 거리감마저 좁히고 있다. 우리가 실제로 존재하는 장소와 관계없이, 다른 장소에 있는 것과 같은 감각을 전달하거나 물리적으로 떨어진 장소에서의 작업을 가능하게 하는 기술들도 상용화가 진행 중이다. 오프라인 공간에서의 변혁을 일으키는 대표적인 기술로는 원격 기술이 있다. 예를 들어보자.

"급구! 편의점 선반에 물건 진열 작업해주실
직원을 모집합니다. 재택근무 가능합니다."
"건물 내 화장실 청소 스태프를 구합니다. 재택근무입니다."

'선반을 정리하는 작업을 집에서 한다고?', '화장실 청소를 집에서 한다고?'라며 고개를 갸우뚱거리는 사람이 있을지도 모르겠다. 하지만 '아바타 로봇'이라고도 불리는 '분신 로봇'을 이용하면 우리의 상식을 벗어나 물리적 공간을 뛰어넘어 일하는 것이 얼마든지 가능하다.

분신 로봇은 물리적으로 떨어진 공간에 있는 사람이 원격 기술을 사용해 조작하는 로봇이다. 원래 이 분신 로봇 기술은 노동력 부족 문제를 해결하기 위한 방안으로 주목받으며 개발되기 시작했다. 하지만 최근 물리적인 접촉 없이, 즉 비대면 작업이 가능한 분신 로봇 기술의 장점이 부각되며 코로나 확산 이후 활용처가 늘어나고 있다.

일본의 편의점인 패밀리마트는 최근 로봇 벤처 회사인 텔레이

그지스턴스Telexistence와 제휴해 자사 매장에 원격 로봇을 도입할 것이라고 밝혔다. 편의점이 아닌 장소에서 조종자가 가상 현실 단말기와 글러브를 장착하고 원격으로 로봇을 제어해, 선반의 제품을 이동하고 정리하는 식이다.

청소 업계에서도 원격 로봇을 활용하기 시작했다. 일본 기업 미라 로보틱스Mira Robotics에서 만든 화장실 청소 로봇 '우고ugo'는 브러시 등을 사용해 알아서 청소를 하고, 종업원은 원격지에서 화면을 통해 청소 상태를 체크한다. 필요한 경우에는 원격으로 로봇을 조작해 청소가 미흡한 부분을 보완할 수 있다. 이렇게 되면 작업자가 현장에 머무르는 시간이 짧아질 뿐만 아니라 비대면으로 청소가 진행돼 바이러스 감염 리스크를 줄일 수도 있다.

건설 업계에서도 원격 로봇이 현장을 돌아다니며 공사의 진척 상황을 체크한다. 최근에는 촉각을 디지털로 재현하는 햅틱스Haptics 기술이 개발되면서 섬세한 수작업마저 원격으로 진행할 수 있게 됐다. 예를 들어, 공사 현장에서 벽면에 시멘트를 바르는 작업은 미세한 힘 조절이 가능한 숙련공의 기술이 필요한 영역이지만, 촉감을 데이터화함으로써 기술자가 건설 현장이 아닌 다른 장소에서 작업하는 것도 가능해졌다. 이러한 기술들은 개발 단계를 지나 이미 상용화가 시작됐다. 공상과학 영화에서나 나올 법한 장면들이 실현될 날이 머지않은 것이다.

갑자기 원격 로봇 이야기를 꺼낸 이유는 무엇일까? 코로나 확산 이후 원격근무를 실시한 기업이 많지만, 그 대상은 대부분 사

출처: 텔레이그지스턴스

비대면 작업이 가능한 분신 로봇이 주목받고 있다. 원격 기술의 발달로 공간에 구애받지 않고 일하는 사람들이 더욱 늘어날 것으로 보인다.

무직 노동자로 한정됐다. 서비스직, 건설직과 같이 반드시 특정 장소로 출근해 일을 해야 하는 노동자의 경우 원격근무의 혜택을 누리지 못했다. 이러한 상황에서 원격으로 조정하는 분신 로봇이 상용화된다면, 훨씬 더 많은 사람이 공간에 구애받지 않고 일할 수 있는 세상이 펼쳐질 수 있다. 강원도 산골 마을에 앉아서 서울 도심에 있는 편의점의 선반을 정리하고, 두바이에 있는 기술자가 미국 캘리포니아의 건설 현장을 체크하는 것이 가능해진다.

기술의 발달로 인해 앞으로는 특정 장소를 벗어나 일할 수 있는 업종이 더욱 늘어날 것으로 보인다. 이렇듯 업무 공간의 제약이 적어지면 지금까지와는 전혀 다른 라이프스타일이 생겨나게 된다. 당연히 공간을 활용하는 방법 역시 크게 달라질 것이다.

왜 우리는 공간의 변화에 주목해야 할까?

공간 혁명은 산업의 지형도를 바꾸고 부의 전환을 몰고 오고 있다. 지금 우리 사회에 일고 있는 거대한 변화, 대표적으로 디지털 트랜스포메이션과 홈코노미의 등장은 공간의 변화와 깊은 관련이 있다. 일하는 공간이 분산되면서 가상 오피스 혹은 원격근무를 가능케 하는 툴을 제공하는 IT 기업들은 사상 최고의 실적을 달성했다. 온라인 회의, 원격 의료, 배달, 콘텐츠 스트리밍, 홈 피트니스, 온라인 리테일, 데이터 서버 및 클라우드와 같은 서비스들은 2020년 급격한 성장을 보인 반면, 항공 및 여행업, 외식업, 그리고 백화점과 오프라인 유통은 실적 감소에 고군분투 중이다. 지난 1~2년 동안 우리는 부의 재편이 이루어지는 장면을 눈앞에서 생생히 목격했고, 이러한 부의 재편은 여전히 현재진행형이다.

한편, 공간을 활용하는 방식의 변화는 소비자의 니즈와 라이프스타일을 바꾸었다. 당연히 사람들의 니즈와 라이프스타일은 시대의 흐름에 따라 자연스럽게 달라진다. 그렇기에 많은 기업은 발빠르게 트렌드를 읽고 미래가 어떠한 방향으로 흘러갈지 예측하고자 노력하는 것이다. 하지만 코로나 팬데믹으로 인한 공간 패러다임의 변화는 우리가 여태까지 겪어본 적 없고, 전혀 예측하지 못했던 방식으로 전개됐다. 이는 이전과는 완전히 다른 방향성을 보여주었고, 그로 인해 지금껏 존재하지 않았던 소비 패턴이 등장하게 됐다.

우리는 변화를 관찰함으로써 미래를 준비한다. 소비자들이 새롭게 갖게 된 니즈는 무엇인지, 앞으로는 어떤 산업이 성장할 것인지 등을 논리적으로 예측하기 위해서는 변화를 관찰할 필요가 있다. 이 책의 주제인 공간의 변화 역시 마찬가지다. 이는 기존에 우리가 가지고 있던 패러다임을 뒤엎는 커다란 변화이기에 우리는 관심을 가지고 주의 깊게 살펴보아야 한다. 새로운 라이프스타일, 그에 따른 새로운 가치관 그리고 기존 상식을 깨뜨리는 공간 활용의 새로운 방식을 이해함으로써, 짧게는 수년부터 길게는 10년 뒤의 모습까지도 상상해볼 수 있을 것이다.

오늘날 인류의 역사는 코로나가 등장하기 전과 후로 나뉜다는 말이 있을 정도로 코로나 이전의 소비 행태와 이후의 소비 행태는 사뭇 다르다. 현재 매스컴에서는 감염병이 풍토병으로 굳어지는 엔데믹endemic 시대를 기정사실화하고 새로운 트렌드를 예측해 쏟아내고 있다. 이러한 상황에서 공간 혁명, 즉 공간을 사용하는 방법의 변화와 이로 인한 사람들의 움직임 그리고 이동 패턴의 변화

양상을 살펴보는 것은 소비 트렌드를 이해하는 데 있어 매우 중요하다.

급작스럽게 바뀐 원격근무라는 라이프스타일에 어떻게 반응할 것인가? 기업들은 기존의 오피스를 축소하고 거점 오피스를 늘려야 하는가? 거점 오피스를 늘린다면 어디에 어떻게 둘 것인가? 도심으로 출근하는 사람들이 줄어드는 지금, 도심 내 오프라인 매장을 비싼 임차료를 지불하면서 유지하는 것이 맞는가? 사람들이 집에 있는 시간이 늘어난다면 기업들이 어떠한 제품과 서비스를 출시해야 할 것인가? 평범한 회사원도 일과 여행이 뒤섞인 디지털 노마드가 될 수 있다면 여행업은 이에 어떻게 대응해야 하는가? 호텔은 앞으로도 관광객만으로 사업이 유지될 수 있는가?

공간 혁명은 기업의 인사 정책부터 오피스 임대 시장, 리테일 산업, 여행 업계, 그리고 소비 트렌드까지 우리 사회의 다양한 측면에 커다란 영향을 미치고 있다. 기업과 소비자들은 지금 일어나고 있는 공간의 변화를 면밀히 관찰하고 적극적으로 대응해야 한다. 그 어느 때보다 빠른 속도로 극적인 변화를 겪고 있는 세상에서 이전과 동일하게 사고해서는 변화에 적응하지 못한 채 비즈니스 기회를 놓쳐버릴지도 모른다. 아니, 비즈니스의 존속 자체가 어렵게 될지도 모른다.

지금 우리는 역사상 유례가 없던 격변의 시대를 살아가고 있다. 이제부터 '공간'이라는 렌즈를 통해 새로운 모습으로 전개되는 세상을 관찰해보자.

2

공간 혁명을 가져온
변화의 시작점,
업무 공간

코로나 팬데믹으로 인해 가장 먼저 커다란 변화에 직면한 공간은 바로 업무 공간이다. 많은 직원이 모여서 함께 일하는 오피스가 돌연 감염 리스크가 높은 공간이 됨에 따라 많은 회사가 자의 반, 타의 반으로 재택근무를 허용하기 시작했다.

코로나 확산 이전부터 일하는 공간의 변화는 감지돼 왔다. 언제 어디서나 컴퓨터 한 대만 있으면 업무가 가능한 기술적 환경은 갖춰져 있었으나, 100% 재택근무를 실시하기에는 아직 심리적, 문화적 진입 장벽이 높았다. 하지만 코로나로 일할 곳을 잃어버린 직원들은 새로운 업무 공간을 찾거나 만들어야만 했다. 갑자기 전 세계적으로 확산된 재택 및 원격근무로 인해 '대체 사무실alternative offices'이라는 역사에 없던 새로운 시장이 탄생하게 된 것이다.

이 시장은 생각보다 거대하다. 국제노동기구ILO에 의하면 코로나 이후 전 세계 노동자의 20%에 달하는 6억 6천만 명이 재택 및 원격근무를 하고 있다. 이는 2019년 2억 6천만 명(전체 노동자의 7.9%)에서 2.5배 이상 늘어난 수치다.

원격근무라는 새로운 근무 스타일이 전 세계적으로 확산되면서 관련 시장 또한 급성장 중이다. 시장 조사 기관인 가트너Gartner에 따르면 2020년 전 세계의 클라우드 시장 규모는 645억 달러(77조 4천억 원)로 전년 대비 40.7% 성장했으며, 한국의 클라우드 시장 또한 2020년 1조 9,548억 원의 규모로 전년 대비 25.1% 성장했다.[1] 이뿐만이 아니다. 작게는 재택근무 시 사용할 모니터와 키보드의 구입부터 크게는 업무 공간을 만들기 위한 리노베이션까지, 일하는 공간이 바뀌면서 새로운 소비 시장이 탄생하고 있다.

또한, 오피스에 모이지 않고 직원 개개인이 원하는 곳에서 일하는 근무 방식의 확산은 많은 산업에 지각 변동을 일으키고 있다. 기업은 직원들을 분산시키기 위해 위성 오피스와 같은 새로운 공간을 찾고 있으며, 이러한 변화를 감지한 업계에서는 재빠르게 유휴 공간을 업무 공간으로 변신시키고 있다. 레스토랑, 노래방, 의류 매장 등 고객의 방문이 급감하면서 활용하지 않는 공간을 공유 오피스로 빌려주는 사례가 속출한다.

반면 오피스 임대업자들은 줄어든 수익을 보전하기 위해 사업의 다각화를 모색하며 오피스의 미래 역할까지 제시해야 하는 상황이다. 업무 공간의 분산으로 일하는 방식에 대한 새로운 접근법이 필요해지면서, 최근 오피스 공간의 설계는 기업이 직원을 평가하는 방법까지도 재검토하도록 만들고 있다.

포스트 코로나 시대의 오피스는 어떤 모습이며 어떠한 기능을 가져야 할까? 우리의 일하는 모습은 어떻게 변해갈까? 이번 장에서는 일하는 공간에 일어난 변화의 흐름을 알아보고 미래의 업무 공간은 어떤 모습일지 상상해보자.

사무실이 분산되고 있다

대부분의 회사원에게 있어 일은 특정 장소에서, 정해진 시간에 모여서 함께하는 것이었다. '출근出勤'이라는 단어가 의미하는 것처럼 우리는 일을 하기 위해 집을 나선다. 하지만 코로나 팬데믹은 이러한 출근의 의미를 무색하게 만들었다. 굳이 집을 나가지 않아도 눈을 뜨고 컴퓨터에 접속하는 순간 업무가 시작된다. 코로나로 인해 한 장소에 많은 인원이 모여서 일하는 근무 형태가 리스크를 갖게 되고, 출퇴근 수단인 대중교통 또한 감염의 온상이 되면서 재택근무 및 원격근무가 한순간에 확산됐다.

물론 원격근무는 코로나 확산 이전부터 존재했지만, 미국이나 유럽의 IT 기업 중에서도 일부에 해당하는 이야기였다. 100% 재택근무를 실행하는 회사들은 시대를 앞서가는 사례로 소개되기도 했다. 하지만 코로나의 확산 이후 전 세계의 많은 기업이 반강제적으로 재택근무를 실시했다. 국내에서도 IT 기업뿐만 아니라

SK나 현대자동차 등을 포함한 대기업들도 재택근무를 도입했다. 한국경영자총협회가 2021년 4월에 실시한 '매출 100대 기업 재택근무 현황 및 신규 채용 계획 조사'에 의하면 사무직 기준, 매출 100대 기업의 91.5%가 재택근무를 시행 중인 것으로 나타났다. LG 유플러스, SK 등 일부 대기업에서는 100% 재택근무 혹은 주 2~3회 재택근무 같은 간헐적 출근이 영구적인 제도로 정착되는 분위기다. 네이버와 넷마블 같은 IT 및 소프트웨어 기업들은 재택근무에 더해 출퇴근 시간까지 직원이 자유롭게 결정할 수 있도록 지원하고 있다.

보수적인 문화의 일본 기업 내에도 2020년 초 코로나 확산 후 재택근무가 빠르게 확산됐다. 노무라종합연구소가 종업원 500명 이상 기업을 대상으로 실시한 조사에 따르면 2020년 3월 말 22%였던 재택근무 시행률은 2개월 만인 5월 말 54%로 뛰었다. 2021년 하반기에 실시된 조사에서도 재택근무 시행률은 기업의 규모와 업종에 따라 조금씩 상이하지만 45~50% 사이를 유지하고 있다. 일본에서 재택근무의 확산과 함께 가장 먼저 폭발적으로 수요가 증가한 분야는 재택근무를 위한 IT 솔루션 및 협업 툴, 클라우드 서비스 등이다. 특히 IT 인프라가 마련되지 않았던 중소기업을 중심으로 원격근무 관련 보안 소프트웨어, 클라우드 서비스, 협업 툴에 대한 수요가 폭발적으로 증가했고, IT 업체들은 관련 상품을 속속 선보이고 있다.

국내의 상황도 다르지 않다. 카카오, 네이버 등의 IT 기업을 비롯해 삼성 SDS 등의 대기업뿐만 아니라 스타트업에 이르기까지 다양한 플레이어들이 협업 툴 시장을 놓고 경쟁 중이다. 협업 툴 team collaboration tool은 팀 간의 커뮤니케이션이 가능한 메신저, 일정 관리, 파일 공유, 이메일, 영상 회의, 전자 결재 등 원격근무에 필요한 기능을 통합한 서비스다. 시장 조사 업체 IDC에 따르면 협업 툴 시장은 2020년 402억 달러(약 48조 2,400억 원)에서 3년 후인 2023년에는 약 20% 성장한 483억 달러(약 57조 9,600억 원)에 이를 것으로 전망된다.[2] 앞으로 사업을 새로 시작하는 기업은 사무실 공간을 알아보러 다니는 것보다, 협업 툴을 선택하는 데 더 많은 시간을 들여야 할 것이다. 사무실이 실제 오피스가 아닌 가상의 공간으로 옮겨가게 되면서, 물리적인 오피스 공간은 없어도 업무에 지장이 없지만 협업 툴이 없는 회사는 곤란해지기 때문이다. 즉, 이제는 부동산이 아닌 온라인 소프트웨어가 기업의 가장 기본적인 인프라가 된 것이다.

재택근무와 오피스의 결합, 위성 오피스

재택근무를 시험해보고 정착시키기 위한 다양한 시도들이 이루어졌지만, 모든 사람이 집에서 근무하는 것에 만족하는 것은 아니다. 재택근무를 함으로써 출퇴근에 드는 시간을 절약하고, 불필요한 회의나 잡담이 줄어들면서 더욱 업무에 집중할 수 있게 됐다는 장점이 있는 반면, 단점도 분명히 존재한다. 먼저, 집 안에 적절한 업무 공간이 확보되지 않는 경우 도리어 생산성이 떨어질 수 있다. 이에 더해 재택근무의 만족도를 묻는 다양한 설문 조사에서 공통으로 꼽는 재택근무의 단점 중 하나는 '의사소통의 어려움'이다. 재택근무로 인해 팀원 간 소통이 줄어들었고, 업무를 진행하면서 외로움을 호소하는 직원이 늘었다. 같은 공간에 모여서 일하는 경우에는 자연스럽게 팀원 간 의사소통이 발생하고 때로는 이러한 커뮤니케이션이 업무에 도움을 주기도 한다.

이 같은 단점을 극복하기 위한 방법 중 하나가 최근 대기업을 중심으로 확산되고 있는 '거점 오피스'다. 다른 말로 '위성 오피스 satellite office' 또는 '분산 오피스'라고 불리기도 하는 거점 오피스는 도시의 주요 거점에 소규모 사무 공간을 마련하는 것을 의미한다. 거점 오피스는 재택근무의 장점은 살리면서 직원 간 커뮤니케이션 부재로 인한 문제점을 보완하고 생산성을 높일 수 있는 대안으로 주목받고 있다. 또한 거점 오피스에서는 평소에는 접촉하기 힘들었던 타 부서 직원과의 대화가 자연스럽게 일어난다는 장점도 있다.

미국 시애틀에 본사가 있는 아마존은 댈러스와 디트로이트, 덴버, 뉴욕, 피닉스, 샌디에이고 등 6개 도시에 거점 오피스를 만들기로 했으며, 구글 또한 거점 오피스 공간을 계획하고 있다.

SK텔레콤은 수도권에 거점 오피스를 확대하여 직원들의 출퇴근 시간을 줄이고 있다. 2020년 4월부터 서울 서대문과 종로, 경

출처: 위워크

거점 오피스는 원격근무의 장점은 살리면서도 직원 간 의사소통 부재 등의 문제점을 보완할 수 있는 대안으로 주목받고 있다. 기업들은 자체적으로 거점 오피스를 설치해 운영하기도 하지만, 보통 이미 존재하는 공유 오피스를 활용하는 경우가 많다.

기의 판교와 분당에 거점 오피스를 운영하고 있으며 향후 계속해서 그 수를 늘릴 계획이다. 당장 코로나가 종식된다고 해도 전 직원이 집, 회사, 거점 오피스 등 어디서든 자유롭게 일할 수 있도록 이른바 '워크 프롬 애니웨어Work from anywhere(어디서든 일한다)'를 실현하겠다고 밝혔다. KT는 2021년 5월부터 거점 오피스를 서울과 경기도 일산에 마련했다. 이 외에도 2021년 들어 쿠팡, LG 유플러스, 현대자동차, 롯데쇼핑 등 다양한 산업의 기업들이 거점 오피스를 늘리고 있다.[3]

일본에서도 거점 오피스의 설치가 이어지고 있다. 일본 정부는 2018년 이후부터 일본 사회의 고질병인 긴 야근 시간을 줄이고 직원들의 일과 삶의 균형을 잡기 위해 '일하는 방식 개혁働き方改革'이라는 캠페인을 추진했다. 그 일환으로 제안된 것이 바로 재택근무와 위성 오피스를 활용하는 방법이었다. 주 1~2회 정도는 집 혹은 위성 오피스에서 근무함으로써 출퇴근 시간을 절약하고 남는 시간을 개인의 삶의 질을 높이는 데 사용하자는 취지다. 일부 대기업을 중심으로 조금씩 확대 중이었던 거점 오피스는 코로나 팬데믹을 맞이해 급속히 확산되기 시작했다.

일본의 히타치 제작소Hitachi, Ltd는 전 직원 3만 5천 명을 대상으로 텔레워크telework를 도입했다. 교통이 편리한 지역을 중심으로 도심 내 다양한 지역에 위성 오피스를 설치해 이동 시간을 단축시키고 업무 효율화를 촉진했다. 특히 외부 활동이 많은 영업 사원도 위성 오피스를 이용함으로써 이동 시간을 줄일 수 있었다. 이러한 오피스 중에는 어린이집이 설치된 곳도 있어 아이를 데리고 집에서 멀지 않은 위성 오피스로 출근하는 직원들도 있다. 일본의 또 다른 제조 기업 후지쯔Fujitsu는 2023년까지 도쿄 본사를 포함한 기존 오피스의 규모를 절반으로 줄이기로 결정했다. 일본 각지에서 근무하는 직원 8만 명을 대상으로 재택근무를 확대 시행하고 위성 오피스를 늘리면서 사무실로 출근하는 인원을 전체의 25%로 제한했다.

코로나 확산 초기, 감염 리스크로 인해 공유 오피스의 종말을 예견한 목소리도 있었으나 일하는 공간이 분산되면서 공유 오피스에 대한 니즈는 점점 높아지고 있다. 국내의 경우, 주요 공유 오피스 기업(패스트파이브, 위워크, 스파크플러스, 저스트코)의 서울 내 지점 수는 2019년 52개에서, 2020년 65개, 2021년(9월 기준) 76개까지 꾸준히 증가했다. 자체적으로 위성 오피스를 설치하기 힘든 중소기업은 공유 오피스를 적극 활용하고 있다. 대기업 역시 자체적으로 위성 오피스를 설치하고 운영하기도 하지만 일부는 이미 존재하는 공유 오피스를 법인 단위로 계약해 사용한다. 국내 공유 오피스 1위 업체인 패스트파이브는 2022년 2월 기준 총 40개의 지점을 운영하고 있으며, 공실률도 3%대로 낮은 편이다.[4]

이렇게 거점 오피스에 대한 수요가 커지자 일본의 부동산 대기업들은 공유 오피스 사업에 적극적으로 진출하고 있다. 도심부에 초대형 오피스 빌딩을 공급해오던 것에서 주택가 근처에 공유 오피스를 전개하는 것으로 사업 모델을 바꾸는 곳도 있다. 일본의 미쓰이부동산三井不動産은 2020년부터 '워크 스타일링Work styling'이라는 공유 오피스 사업을 시작해, 2년 만인 2022년 2월에는 그 수를 약 150개까지 확장했다. 또한, 미쓰이부동산은 자사의 호텔과 연계해 호텔 방을 오피스로 이용할 수 있는 서비스도 운영하고 있다. 근무지를 자유롭게 선택할 수 있는 기업 문화가 확산되고 원격근무가 새로운 기준이 되면서 공유 오피스 사업은 향후 지속적으로 성장할 것으로 예상된다.

한편, 거점 오피스에 대한 수요가 증가하자 국내 공유 오피스 기업들은 자신들의 운영 노하우를 활용해 기업이 원하는 형태의 거점 오피스를 구축해주는 서비스까지 제공하기 시작했다. 패스트파이브, 스파크플러스 등은 부동산 탐색부터 오피스 공간 컨설팅 및 인테리어는 물론 오피스 운영과 관리에 이르는 전 과정을 해결해준다.

공유 오피스 간 경쟁이 치열해지면서 앞으로는 공간 이상의 부가 가치를 제공함으로써 차별화를 꾀하는 전략이 필요할 것이다. 알리콘 주식회사에서 운영하는 분산 오피스 '집무실'은 2021년 10월부터 집무실이 운영하는 오피스 공간에 체류한 시간 등의 데이터를 기업의 인사 관리 시스템과 연동하는 서비스를 도입했다. 패스트파이브는 2019년 입주 기업 직원들의 스트레스 관리를 위한 온라인 심리 상담 서비스를 시작했다.

잘 설계된 업무 공간은 직원들의 생산성을 높이고 커뮤니케이션을 촉진한다.[5] 따라서 앞으로의 공유 오피스는 단순히 공간을

출처: 집무실

오늘날 공유 오피스는 단순히 쾌적한 업무 환경을 제공하는 것을 넘어, 입주 직원들의 자아실현, 스트레스 관리, 커뮤니케이션 강화 등 새로운 부가 가치를 제공하며 차별화를 꾀하고 있다.

제공하는 것을 넘어 이곳에서 일하는 사람들이 최고의 성과를 낼 수 있는 방법에 대해 끊임없이 고민해야 할 것이다. 일할 곳을 선택할 수 있는 사람들은 '오늘은 어느 공유 오피스에서 일할까?'를 따지기 시작할 것이다. 업무 효율성을 높이기 위한 대처부터 건강관리까지 마치 기업의 인사 부서가 하는 업무를 공유 오피스가 맡아야 할지도 모르는 일이다.

몸은 제주도에, 내 분신은 강남 오피스로

가구 제조사 퍼시스의 사무환경연구팀이 2020년 11월에 진행한 설문 조사의 결과를 보면 코로나 확산 후 오피스 내 커뮤니케이션이 이루어지는 장소가 오프라인에서 온라인으로 이전된 것을 명확하게 알 수 있다. 모여서 진행하는 정기 회의나 대면 보고, 자리 근처에서 이뤄지는 즉각 협의 등의 행위는 줄었다고 응답한 반면, 카카오톡이나 슬랙 등 업무용 메신저를 활용한 온라인 소통과 화상 회의, 온라인 업무 보고는 모두 늘었다고 응답한 사람의 비율이 40~50%가 넘었다. 이는 원격근무가 진행되면서 자연스럽게 업무와 소통의 대부분이 온라인으로 이전되고 있음을 보여준다.[6]

원격근무는 출퇴근 시간이 절약되고 불필요한 회의가 줄어드는 장점이 있지만, 동시에 지속되는 화상 회의로 인한 피로감, 직원 간 의사소통의 부재 등의 단점도 가지고 있다. 또한 직원들이

코로나 이후 업무 행태 변화

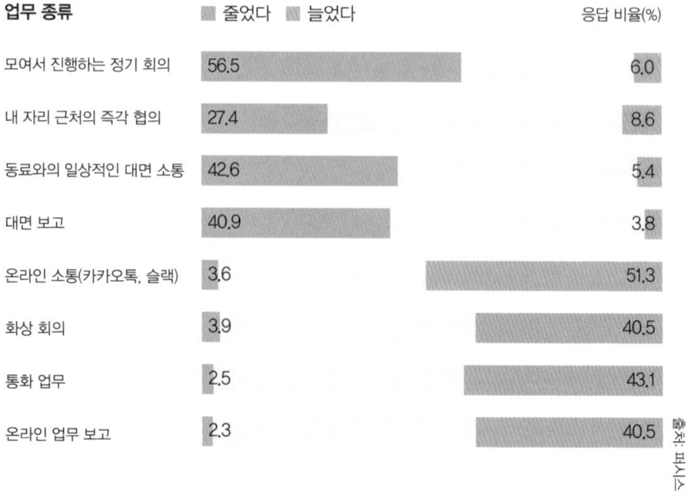

응답 수치는 2020년 11월 설문 당시를 기준으로, 코로나 전과 비교해 해당 업무가 '줄었다' 또는 '늘었다'고 응답한 사람의 비율이다. 전국 주요 도시에 거주하며 주 1회 이상 사무실로 출근하는 2050 직장인 1천 명 대상으로 진행했다.

집이나 위성 오피스, 혹은 카페 등 원하는 장소에서 분산돼 일하므로 동료 간에 서로 연결되는 느낌을 받기가 어렵다. 최근에는 '줌 피로 증후군Zoom fatigue'이라는 용어까지 등장했다. 화상 회의 시 화면에 있는 다양한 사람들의 얼굴이 모두 나를 바라보고 있다는 느낌을 받는 것, 그리고 화면에 비친 자기 얼굴을 계속 바라보는 것은 상당한 정신적 피로감을 불러온다. 이런 상황에서 장기간 지속되는 원격근무에 따른 스트레스를 해결하고 직원들 간의 커뮤니케이션을 촉진하기 위한 방법의 하나로 가상 오피스를 활용하는 기업들이 늘고 있다. 대표적인 가상 오피스 한 곳을 방문해 보자.

"좋은 아침입니다."
평일 오전 9시, IT 기업에 근무하는 ○○ 씨는 작업실로 쓰는 방의 컴퓨터를 켜고 출근을 시작했다. 모니터 화면에 보이는 출근길에는 예쁜 꽃나무가 심겨 있다. 오피스 입구에는 카페도 자리 잡고 있다.
오피스에 들어서자 책상 위로 동료들의 얼굴이 뜬다.
내 아바타를 움직여 동료에게 다가가자 줌 화면이 열리며 자연스럽게 대화가 시작된다. 두 사람의 대화가 시작된 것을 본 다른 한 동료도 자신의 아바타를 근처로 움직여 대화에 참가한다. 내 아바타가 상대와 멀어지면 자동으로 대화가 끊긴다. 업무가 끝난 금요일 저녁에는 직원들이 함께 모여 테트리스 게임을 하고 논다.

○○ 씨가 출근한 곳은 가상 오피스인 '게더타운Gather town'이다. 게더타운은 실리콘 밸리에서 시작된 가상 오피스 서비스로 화상 회의 기능에 메타버스 요소가 결합한 플랫폼이라 할 수 있다. 최근 마이크로소프트나 페이스북은 VR 기기를 착용하고 가상 회의실에 들어감으로써 동료들과 마치 한 공간에 있는 것과 같은 느낌

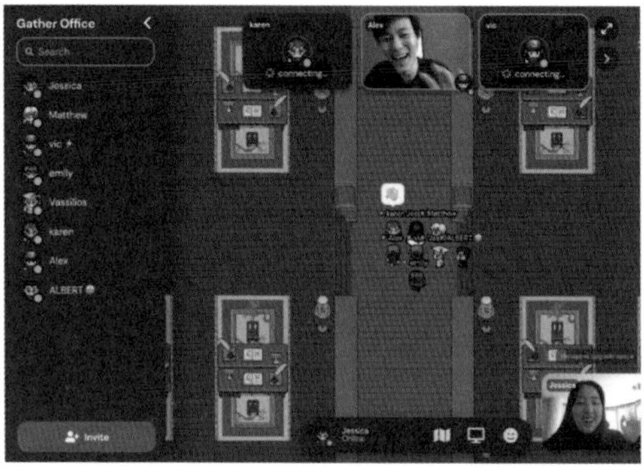

출처: 게더타운

사무실을 고스란히 온라인으로 옮겨놓은 게더타운은
창업 1년 만에 400만 명이 넘는 가입자를 확보했다.

을 받는 서비스를 선보였다. 이들 서비스가 가상 회의실이 필요할 때만 방을 개설하고 링크를 전달해 참가자를 초대하는 시스템이라면, 게더타운은 일상적으로 종일 업무를 볼 수 있는 '온라인상에 위치한 우리 회사'라고 할 수 있다.

실제로 출근하는 것과 같은 현실적인 감각을 전달하고, 사내 커뮤니케이션을 원활히 하기 위해 게더타운을 이용하는 회사들이 늘고 있다. 게더타운은 창업 1년 만에 400만 명이 넘는 가입자를 확보했으며 2,600만 달러(약 317억 원)의 투자를 유치하며 급성장했다. 최신 VR 기기를 이용하지도 않고 리얼한 3D 캐릭터도 없는 게더터운은 어떻게 단숨에 촉망받는 유니콘이 될 수 있었을까?

먼저 게더타운은 화상 회의 시 다수의 얼굴과 내 얼굴을 계속해서 바라보는 데서 오는 피로감이 크다는 것에 주목했다. 이러한 문제점을 해결하고 사람들이 편안하게 소통할 수 있도록 직원들의 분신이 되는 아바타를 도입했다. 내 몸은 집에 있지만 나의 아바타가 나를 대신해 가상 사무실에 출근하며, 직원 간 소통 역시 아바타를 통해 진행하는 것을 기본으로 한다. 한편, 2D를 기반으로 이용자가 위에서 내려다보는 방식으로 화면을 구성함으로써 한눈에 오피스 전체를 볼 수 있어 직관적이다. 아바타를 움직여 여기저기 돌아다니는 것은 마치 게임을 하는 감각과 비슷하다.

무엇보다 흥미로운 점은 게더타운이 우리가 일반적으로 오피스에서 느끼는 경험을 가상 공간에 재현했다는 사실이다. 실제 오피스에서 동료에게 말을 걸 때 메신저를 사용하는 경우가 아니라면, 일단 동료에게 직접 다가가야 한다. 이와 비슷하게 게더타운에서는 내 아바타를 움직여 다른 아바타에게 접근하면 자동으로 화상 회의 프로그램이 실행되고 대화가 시작된다. 또한 실제 오피스에서 다른 동료들의 대화를 듣고 자연스럽게 대화에 참여하는 것과 같은 일상적인 우연 또한 재현하고 있다. 거리에 따라 소리의 선명도가 달라지는 공간 음향spatial audio 기술을 접목해, 아바타가 돌아다니는 도중 일정 거리 안에서 동료들이 대화하고 있으면 해당 목소리가 본인에게도 들린다. 반대로 아바타끼리 멀어지면 점점 소리가 멀어지게 된다. 이 외에도 '집중 스페이스' 기능을 제공해 집중석에 있는 동료에게는 말을 걸지 않도록 유도하며, 화이트보드, 모니터, TV 스크린을 바로 사용할 수 있는 회의실 등 실제 오피스와 최대한 비슷한 업무 환경을 온라인에 만들어놓았다.

원격근무를 지속하는 회사 중에는 '가벼운 정보 교환이 쉽지 않다'거나 '실제 오피스에서는 가능한 커뮤니케이션이 재택근무 이후 잘 되지 않는다'는 고민을 토로하는 곳이 많다. 한 장소에 모여서 일하는 것의 큰 장점은 언제든 편하게 말을 걸거나 잡담하는 것이 가능하다는 점이다. 때로는 의도치 않은 대화에서 아이디어를 얻기도 하고 옆 부서가 시작한 새로운 프로젝트에 대해 알게 되기도 한다. 이와 달리 서로의 모습이 보이지 않으면 아무래도 우연한 커뮤니케이션이 발생하기 어렵고 고립된 느낌을 받기가 쉽다. 게더타운은 비록 온라인 공간이지만 동료가 옆에 앉아 있는 것과 같은 느낌을 최대한 전달함으로써 물리적으로 분산된 직원들을 한곳에 모으고자 하는 것이다.

이러한 장점으로 인해 국내에서도 많은 기업이 게더타운을 활용하고 있다. 2021년 2월 부동산 중개 서비스를 운영하는 직방은 오프라인 근무를 전면 폐지하고, 그 대신 게더타운을 활용한 원격근무 체제로 돌입했다. 세븐일레븐, BGF 리테일, GS 리테일 등 유통 기업과 현대해상은 게더타운을 활용해 채용 상담회를 개최했으며, 삼성화재는 신입사원 입문 교육 수료식을 게더타운에서 진행했다. 부서 워크숍 같은 단체 행사를 게더타운으로 진행하는 곳이 늘어나는 등 코로나 확산 후 업종과 규모를 불문하고 다양한 산업에서 직원들 간의 커뮤니케이션과 팀워크 향상을 위해 게더타운을 활용하고 있다.

원격근무가 고착화됨에 따라 앞으로는 물리적으로 떨어져 일하는 직원들의 소속감을 고양시키기 위한 다양한 시도들이 등장할 것으로 전망된다. 글로벌 경제지 《이코노미스트》는 "재택근무가 장기화하면 직원들의 소통 범위가 소속 부서나 메신저 그룹에 속한 사람들 정도로 한정될 것"이라고 지적했다. 이에 따라 직원들의 팀워크와 소속감을 높이기 위해 다양한 시도를 하는 기업들이 늘고 있다. 《월스트리트저널》은 "직원들이 집에서 일하고 1년에 몇 번 해변에 모여 단합 대회를 갖는 것이 스타트업의 새로운 트렌드가 됐다"라고 전했다. 함께 산악자전거를 타거나 여행을 가는 회사들도 있다. 모여서 일함으로써 자연스럽게 형성됐던 유대감, 소속감, 애사심을 만들어주는 '팀빌딩 활동team-building activities'이라는 시장이 새롭게 형성되고 있는 것이다. 앞으로 기업들은 분산돼 일하는 직원들에게 어떻게 동기 부여를 하고 그들의 소속감을 높일 수 있을지를 고민해야 하는 상황이 됐다. 이제부터는 오피스를 만드는 대신 소속감을 고양시키기 위한 다양한 활동들에 더욱 많은 예산이 사용될 것이다.

하이브리드 근무, 엔데믹 시대의 표준이 되다

이렇게 많은 회사가 재택근무를 시행하고 위성 오피스가 확산되고 있다니 자연스럽게 질문이 생긴다. 그럼 앞으로 재택근무가 새로운 근무 방식으로 정착할 것인가? 누구도 정확한 미래를 예측할 수는 없지만, 코로나와 함께 2년 이상을 보낸 현재의 상황을 통해 미래의 방향성은 어느 정도 예상해볼 수 있다.

우선, 전 세계의 노동자들은 재택근무에 대해 어떤 의견을 가지고 있을까? 지속적으로 재택근무를 원할까? 세계경제포럼WEF이 전 세계 29개국 노동자 1만 2,500명을 대상으로 2021년 5~6월에 걸쳐 실시한 설문 조사에 따르면 응답자의 64%는 "코로나 이후에도 재택근무를 포함한 유연한 근무 환경을 선호한다"라고 답했다. 응답자의 65%는 유연한 근무 환경에서 생산성이 더 높았다고 답했으며, 주 5일 내내 사무실에 출근하고 싶다고 답한 사람은 전체 응답자의 25%에 그쳤다.[7]

재택근무를 포함한 유연한 근무 환경을 선호하는 사람들이 늘어나고 있다. 소모적인 출퇴근 시간, 비효율적인 회의 등에 피로를 느끼는 이들은 유연한 근무 환경에서 생산성이 더 높아진다고 느낀다.

2021년 7월 미국 시카고대학교 경제대학원이 재택근무 중인 사람들을 대상으로 설문 조사를 시행한 결과, 응답자의 40%가 "만약 회사가 사무실로 완전 복귀하도록 강요한다면 직장을 그만둘 것"이라고 했다. 또한 비슷한 수준의 급여라면 주 2~3일 정도 재택근무를 선택할 수 있는 유연성 높은 일자리에 더욱 호의적인 반응을 보였다.[8]

그럼 기업들은 어떤 생각을 가지고 있을까? 앞서 소개한 '국내 매출 100대 기업 재택근무 현황 조사'에서 코로나 종식 후에도 재택근무를 활용할 것인지를 묻는 말에 기업의 56.4%는 '이전 수준으로 복귀'라고 답한 반면, 43.6%는 '지속적으로 재택근무 시행'이라고 답변했다.

그 외에도 다양한 기관에서 진행한 설문 조사 결과를 살펴보면 재택근무로 인해 생산성이 낮아질 것이라는 일반적인 우려와 달리 대부분의 회사는 재택근무 실시 후에도 직원들의 생산성에는 별 차이가 없다는 점에 동의하고 있다. 글로벌 컨설팅 기업인 PwC^PricewaterhouseCoopers^의 미국 사무소가 2021년 1월 미국의 경영진을 대상으로 실시한 설문 조사에 의하면 직원뿐만 아니라 임원진의 70% 이상이 리모트워크^remote work^가 성공적이었다고 답했다. 하지만 의사소통의 질이 낮아진 점에는 아쉬움을 표했으며, 많은 기업이 재택근무와 오피스 근무의 장점을 합친 하이브리드형 근무 방식을 시행할 것이라는 계획을 밝혔다.

미래에는 100% 재택근무?

코로나 확산 초기인 2020년 상반기에는 100% 재택근무가 미래의 근무 방식이 될 것으로 예측하는 의견이 많았다. 하지만 그 예측은 빗나갔다. 코로나의 확산은 분명 많은 기업이 재택근무의 효용성을 실험해보는 계기가 됐지만, 이후의 행방에 대해서는 아직도 의견이 분분하다. 현재는 모든 직원이 다시 오피스로 복귀하는 것이 아니라 재택근무와 오피스 근무를 적절하게 섞은 하이브리드형 근무 모델이 새로운 표준이 될 가능성이 크다는 전망이 지배적이다. 하이브리드 근무 모델이란 언제 어디서나 유연하게 일할 수 있는 근무 방식으로 직원 각자가 그날그날의 업무 특성에 맞춰 재택근무, 오피스 근무, 위성 오피스 근무 중에서 선택하는 것을 의미한다. 즉, 업무 공간에 제약을 두지 않고 직원들이 일하는 장소를 선택하는 '탄력근무제' 혹은 '유연근무제'인 셈이다.

코로나 확산 초기, 많은 사람이 반강제적으로 집에서 근무할 당시에는 재택근무에 대한 평가가 엇갈렸다. 누군가는 출퇴근 시간을 낭비하지 않고 비효율적인 회의에 참여하지 않아도 되며 온전히 업무에 집중할 수 있다고 환영했지만, 또 다른 누군가는 업무 공간과 휴식 공간의 분리가 이루어지지 않는 점과 동료와의 커뮤니케이션이 원활하지 않다는 점에 불편함을 호소하기도 했다.

사람은 제각각 자신이 선호하는 근무 스타일이 있으며, 개인에 따라 집중할 수 있는 장소와 시간대가 다르다. 이러한 '다름'을 존중하고 개개인이 최고의 효율성을 낼 수 있는 환경을 선택할 수 있는 권리를 주는 것이 바로 하이브리드 근무 방식이다. 실제로 전 세계의 많은 기업은 코로나 종식 여부와 관계없이 앞으로는 직원들에게 업무 장소를 선택할 자유를 부여하는 하이브리드 근무 방식으로 전환할 것이라 밝혔다. 일주일에 2~3번만 출근하면 나머지 시간은 근무 장소에 제한을 두지 않는 회사들도 많아지고 있다. 구글 워크스페이스가 발표한 '하이브리드 근무에 대한 글로벌 설문 조사'에 따르면 응답자의 75% 이상이 하이브리드 및 유연 근무가 향후 3년 내 조직의 표준이 될 것이라고 답했다.[9]

여러 사람이 모여서 의견을 교환하고 아이디어를 내야 하는 경우에는 오피스에 출근해 일하지만, 혼자서 집중해야 할 때는 집에서 근무한다. 외부 일정이 있는 경우에는 거점 오피스를 활용하기도 한다. 앞으로 직원들은 자신이 가장 효율적으로 일할 수 있는 장소를 선택할 것이며 기업은 새로운 근무 양식에 맞춰 적절한 인프라를 지원해야 할 것이다.

하이브리드형 근무를 실행하기 위해서는 장소와 관계없이 어느 곳에서든 동일한 업무 환경을 제공하는 업무용 협업 도구와 전자 결재 및 근태 관리 소프트웨어가 필요하다. 직원들이 사무실로 출근하지 않는다면 어떻게 근태 관리를 할 것인가라는 새로운 과제가 떠오르기 때문이다.

이에 대응하여 근무 일정을 관리하고 스케줄을 공유하며 급여 정산까지 제공하는 소프트웨어가 늘고 있다. 카카오엔터프라이즈는 메신저뿐만 아니라 메일, 전자 결재, 근태 관리까지 한 번에 해결하는 업무 환경 플랫폼 '카카오워크kakaowork'를 제공하며 국내 기업들이 하이브리드 근무 형태를 실시할 수 있는 인프라 구축에 앞장서고 있다.[10] 국내의 또 다른 업무 환경 서비스인 '시프티Shiftee'는 근태 관리와 인력 관리를 통합해 제공하는 시스템으로 SK네트웍스, 롯데쇼핑 등 15만 개 이상의 기업을 고객사로 보유하고 있다.[11]

하이브리드 근무를 지원하는 소프트웨어에 대한 수요는 앞으로도 지속해서 증가할 것으로 예상된다. 그뿐만 아니라, 기업들은 단순히 직원들에게 편리한 업무 환경을 지원해주는 것을 넘어 평가를 포함한 인사 제도 전반을 재검토해야 할 것이다. 근무 시간이 아닌 성과와 결과물로 직원을 평가해야 하며, 이를 위해서는

출처: 시프티

재택근무가 늘어나면서 하이브리드 근무를 지원하고 관리하는
소프트웨어 개발도 함께 이뤄지고 있다.

직무별로 결과물이 무엇인지에 대한 명확한 정의도 이루어져야 한다. 더 이상 9시부터 6시까지 사무실 책상에 앉아 있는 것이 '나의 일'을 대변하지 않는다. 일하는 장소와 방식의 변화에 발맞춰 당연히 조직 문화와 경영 방식도 변해야 할 것이다.

도심을 벗어나는 기업들

코로나 확산 초기에는 향후 기업들이 도시를 떠날 것이라는 예측 또한 팽배했다. 재택근무가 활성화되면, 기업들이 비싼 임차료를 지불하면서 대도시에 머물 이유가 없기 때문이다.

실제로 2020년 미국의 IT 기업 휴렛팩커드HP와 오라클Oracle은 실리콘 밸리를 떠나 텍사스 오스틴으로 본사를 이전했다. 재택근무가 새로운 근무 형태로 자리 잡으며, 캘리포니아의 높은 세율과 주거비를 감당하며 굳이 실리콘 밸리에 남을 이유가 없다고 판단한 것이다. 2021년 10월에는 미국의 전기차 기업인 테슬라 또한 오스틴으로 본사를 옮기겠다고 밝히며 최근 캘리포니아에서 텍사스로 이전하는 기업 행렬에 참여했다.

일본의 HR 아웃소싱 기업인 파소나Pasona는 2020년 9월 도쿄 본사의 주요 기능을 관서 지방의 효고현 아와지섬으로 이전한다고 밝혔다. 총 직원 4,600명 중 경영 기획, 인사, IT 시스템 부문에서 일하는 1,200명이 이전 대상이다.

창업자인 야스유키 난부南部靖之는 "아와지섬은 임차료가 수도권의 20% 수준이라, 해당 비용을 절감해 직원들에게 환원할 수 있다"라며 이전을 계획한 의도를 설명했다. 파소나는 아와지섬에 약 1,600평 규모의 새로운 사무실을 임차했으며, 목욕 시설, 바bar를 갖춘 사택과 기숙사도 마련할 예정이다. 직원 일부는 도쿄에 남고 영업 거점은 전국에 두지만, 거래처와 온라인 소통이 가능한 부서의 직원에게는 지방 이전을 권유했다. 물론 이주 여부는 직원의 의사 결정에 맡긴다.

하지만 파소나의 사례가 일반적이지는 않다. 한 기업이 갑자기 도심과 거리가 있는 섬으로 이주를 결정하는 것이 현실적으로 쉬운 일은 아니며, 지금도 여전히 대부분의 기업은 도시에 머물고 있다. 주요 업무 지구가 서울에 집중된 우리나라처럼 일본 기업의 다수는 도쿄에 몰려있다. 2020년 5월 기준, 일본 전체 인구의 12%가 도쿄에 거주하고 있으며 상장 기업의 절반이 도쿄에 본사 혹은 본점을 두고 있다. 그렇다면 과연 어떤 기업들이 대도시를 떠났으며, 그 규모는 어느 정도일까? 이와 관련해서 참고가 될 만한 설문 조사가 있다.

일본의 경제 신문《닛케이日経》가 2019년과 2020년 일본 국내 기업의 소재지 정보를 분석한 결과 도쿄에서 외부로 이전한 기업의 수는 코로나가 확산되기 시작한 2020년 4월부터 급증한 것으로 나타났다. 2020년 전출, 즉 도쿄를 벗어난 기업은 6,700개로 2019년 비해 24% 증가했다. 반대로 도쿄로 전입한 기업의 수는

4,600개로, 도쿄를 떠난 기업의 수가 도쿄로 전입한 기업의 수보다 약 1.5배 많았다. 도쿄뿐만 아니라 다른 대도시에서도 비슷한 흐름이 나타났다. 오사카에서 오사카 밖으로 이전한 기업은 전년 대비 23% 증가했으며, 나고야에서 나고야 밖으로 이전한 기업은 15% 증가해 대도시를 떠나는 기업들이 점차 늘어나고 있음을 알 수 있다.

여기서 주의 깊게 살펴봐야 할 점은 '도쿄를 벗어난 기업이 어디로 갔는가?'다. 이전한 지역을 분석해보면 파소나처럼 먼 섬으로 옮긴 기업은 많지 않고, 대부분 도심에서 1~2시간 이내로 도착할 수 있는 적당한 거리의 교외로 이전한 것으로 나타났다. 가장 많은 기업이 이전한 곳은 도쿄 시부야에서 30분이면 닿는 요코하마였다. 6,700개 기업 중 무려 770개가 도쿄에서 요코하마로 이전했으며 한국의 분당, 일산과 비슷한 도쿄의 위성 도시인 사이타마와 가와구치 등으로 이전한 기업도 많았다.

사원 30명 규모의 한 기계 제조사는 2020년 10월에 요코하마로 이전했는데, 요코하마를 선택한 이유로 통근이 편리하다는 점을 꼽았다. 즉, 원격근무가 확산되고 있지만 100% 원격근무를 전제로 사업을 운영하지는 않는다는 것이다. 또한, 회사가 갑자기 먼 도시로 이전을 결정하면 직원 가족들의 생활에도 큰 영향을 미치기 때문에 대도시 근교로의 이전이 가장 현실적인 대안인 셈이다. 간혹 오키나와 같은 휴양지로 이전한 기업도 눈에 띄나 대부분이 도쿄에서 철도로 이동이 편리한 근교 도시였다.

주로 어떤 기업들이 이전했는지도 궁금한 지점이다. 업종을 조사한 결과 경영 컨설팅사가 약 570개로 가장 많았으며 소프트웨어 개발사가 약 380개로 뒤를 이었다. 즉, 도심에 오피스가 없어도 온라인으로 대응이 가능한 업종이 주로 이전했음을 확인할 수 있다. 규모별로는 중소기업의 이전이 가장 많았는데, 재무 정보를 공개한 1,328개 사 중 90%가 매출 10억 엔(약 100억 원) 미만이었다. 매출 100억 엔(약 1천억 원)이 넘는 기업은 22개 사에 불과했다.

기업이 이전하면 이는 지역 경제 활성화와 해당 지자체의 세수 증가로 이어진다. 따라서 코로나 이후 기업의 이전 수요를 잡으려는 지자체의 움직임도 활발하다. 한 예로 가나가와현의 가마쿠라시는 IT 기업을 이전하기 위한 유치 방안을 내놓고 있으며, 일본 정부는 지방 도시에 위성 오피스를 설치하는 기업에 보조금을 지급하고 있다.

직원 전원이 재택근무를 하거나 굴지의 대기업들이 도심을 벗어나는 것과 같은 극단적인 시나리오가 현실이 되고 있지는 않지만, 확실한 점은 코로나 이전과 비교해 일하는 장소가 분산되고 있다는 것이다. 집이나 위성 오피스에서 일하는 것이 자연스러운 현상이 됐고, 일부 기업은 도시 외곽으로 이전을 계획 중이다.

업무 공간은 지금 역사상 유례없는 변화의 시기를 겪고 있다. 업무 공간의 지각 변동, 그리고 그곳에서 새로운 기회를 찾는 비즈니스를 만나러 가보자.

사무실과 경쟁하는 미술관, 사우나, 열차

코로나로 인해 일하는 공간에 대한 인식이 크게 바뀌면서 오피스가 아닌 업무 공간을 찾는 사람들이 늘었다. 집 혹은 직장이 아닌 '제3의 업무 공간'이라는 커다란 시장이 생겨난 것이다. 집에서만 일하는 것에 지친 사람들, 혹은 집과 업무 공간이 분리되지 않아 업무 효율성이 떨어지는 사람들이 증가하면서 다양한 산업에서 새로운 형태의 업무 공간을 속속 선보이고 있다. 미술관이나 열차가 오피스로 변신하고 있으며 심지어 사우나마저도 책상을 들여 오피스의 구색을 갖추는 재미있는 현상들이 벌어지고 있다.

특히 일본에서 제3의 업무 공간을 만드는 움직임이 강하게 나타난다. 이는 코로나로 인해 급작스럽게 확산된 재택근무와 주택의 평균 면적이 좁은 일본 사회의 특성이 맞물린 결과다. 일본의 경우 4인 가족 기준 약 23평 정도의 면적을 사용하는데 이는 한국과 비교해서도 좁은 편이다. 자녀가 있는 경우에는 책상을 둘 자리가 없는 경우도 흔하며, 재택근무 시 소음 없이 화상 회의를 진행할 공간이 없다고 불편함을 호소하는 사람들도 많다. 좁은 집에서 업무에 집중하지 못하는 사람들은 일할 공간을 찾아 밖으로 나설 수밖에 없다. 최근 '오피스 난민'이라는 신조어가 탄생할 정도로 많은 사람이 업무 공간 확보에 어려움을 겪고 있는 상황에서, 이들을 겨냥한 다양한 공간들이 등장해 관심을 끌고 있다.

시간과 공간의 틈새를 메우는 '제3의 업무 공간'

하이브리드 근무 방식이 정착될수록 일하는 공간은 분산된다. 집에서 일하다가 기분 전환을 위해 카페에서 업무를 보기도 하고, 동료와의 회의를 위해 잠시 오피스로 출근했다가 회의가 끝나면 다시 집으로 돌아와 일을 계속한다. 이렇듯 오피스가 아닌 집이나 카페에서 일하고 외부 미팅을 진행하면 자연스럽게 중간에 빈 시간이 생기는 경우가 많다. 이러한 빈 시간을 효과적으로 활용하고 싶은 사람들의 니즈에 맞춘 비즈니스가 등장하고 있다.

최근 일본에서는 부쩍 박스 형태의 1인용 오피스가 눈에 많이 띈다. 지하철 역사뿐만 아니라 오피스 빌딩의 1층에도 1인용 업무 공간이 설치돼 있어 15~30분 정도 잠시 업무를 처리하거나 화상 회의를 진행할 수 있다. 사무기기 제조사인 후지 제록스Fuji Xerox는 '코코 데스크Coco desk'라는 이름의 박스 형태의 공간을 선보였고,

출처: 텔레큐브

박스 형태의 1인용 오피스. 이동 중에 잠시 업무를 처리하거나 화상 회의를 진행할 수 있다.

텔레큐브TELECUBE라는 회사도 공중전화 부스처럼 생긴 1인용 업무 공간을 상업 시설 및 지하철 역사 내에 설치하고 있다. 대부분의 1인용 박스는 가로, 세로 2m 이내의 사이즈로 대형 모니터가 설치돼 있고 외부의 소음을 차단하는 방음 기능을 갖추고 있다. 벽에서 아로마 향이 나와서 심리적인 안정감을 느끼게 해주는 곳도 있다.

철도 회사인 JR 동일본 또한 '역 안의 셰어 오피스'라는 콘셉트의 1인용 업무 공간 '스테이션 워크STATION WORK'를 도쿄 내 지하철역에 설치하고 있다. 스테이션 워크는 세로 1.2m, 가로 1.2m, 높이 2.3m의 박스 형태로 안에는 책상, 의자, 모니터 등이 설치돼 있다. 역내의 소음을 차단하는 방음 설계와 냉난방 시설도 완비했다. 도쿄에서 일하는 한 회사원은 "전차를 갈아타는 사이에 스테이션 워크를 이용한다. 카페에서는 고객과 전화 통화를 하기 힘든 경우가 많지만, 스테이션 워크는 개인실이기에 소음 및 보안 걱정 없이 통화가 가능하다"라며 1인용 오피스를 사용하는 이유를 설명한다.

박스 형태의 1인용 오피스는 집과 위성 오피스 또는 집과 본사를 이동하는 사이, 때로는 외근 후 오피스로 돌아가지 않고 간단한 업무를 처리하고 싶은 경우 등 짧은 틈새 시간을 의미 있게 활용하고자 하는 사람들을 타깃으로 한 서비스다. 고객사를 방문한 후에 회의 내용을 정리하거나 팀원들과 빠르게 소통이 필요한 경우 근처 카페를 찾아다닐 필요 없이 바로 박스형 1인용 오피스에 들어가서 업무를 처리하는 경우도 많다.

이러한 리모트워커들의 새로운 니즈에 호텔 업계도 주목하기 시작했다. 쾌적한 환경의 호텔에서 일하고 싶어 하는 사람들이 의외로 많다는 것을 발견한 호텔들은 시간 단위로 방을 빌려주며 호텔을 업무 공간으로 활용할 것을 제안한다. 호텔이나 회의실의 빈 곳을 시간 단위로 대여할 수 있도록 매칭시켜주는 서비스도 등장했다. 일본의 '쓰리즈THREES'는 "리모트워크를 호텔에서 쾌적하게"라는 슬로건 아래 몇 시간 단위로 호텔을 빌리는 초단기 공간 대여에 집중한 플랫폼이다. 목적지를 입력하면 해당 지역에서 이용할 수 있는 호텔의 현황을 표시해준다. 가격은 시간당 몇천 원 수준이며 최소 30분부터 15분 단위로 추가 이용이 가능하다.

일본의 한 노래방 체인점도 텔레워크 상품을 출시했다. 밀집된 공간에서 큰 소리를 내는 노래방은 감염 리스크가 높아 코로나 시대에 가장 기피하는 장소 중 하나가 됐다. 이러한 상황에서 가라오케노테츠진KARATEZ은 전 객실에 인터넷과 전원 콘센트 등을 설치해 노래방을 개인 사무실로 사용할 수 있도록 했다. 폐업 직전의 위기에 몰린 노래방이 울며 겨자 먹기로 내놓은 서비스인 만큼, 한 달 동안 무제한 사용할 수 있는 서비스의 요금은 3,980엔(약 4만 원)으로 놀라울 정도로 저렴하다. 일본 최대의 노래방 체인 빅에코BIG ECHO 또한 업무를 보려는 사람들을 위한 '오피스 박스OFFICE BOX' 서비스를 시간당 500엔(약 5천 원)에 제공한다. 노래방은 대체로 역 가까이에 있어 접근성이 좋고 별도로 전용 회의실을 빌리는 것보다 훨씬 저렴하기에 생각보다 이용자가 많다. 코로나로 인해 공간의 가치를 새롭게 발견한 셈이다.

뮤지엄 오피스, 워킹 트레인의 탄생

업무 공간의 변신은 여기서 멈추지 않는다. '설마 이런 곳까지?'라는 생각이 들 정도로 다양한 장소에 새로운 업무 공간이 만들어지고 있다. 미술관, 특급 열차, 국립 공원 등 의외의 장소에 공유 오피스를 개업하는 사례가 속속 등장하고 있으며, 일과 생활 그리고 취미가 한곳에 녹아드는 새로운 라이프스타일이 확산되고 있다.

나가노현에 위치한 미술관인 호쿠사이칸北斎館은 관내의 일부를

출처: 호쿠사이칸

호쿠사이칸은 이용객이 시간대별로 좌석을 지정해 업무 공간으로 활용할 수 있는 뮤지엄 오피스를 운영 중이다.

업무 공간으로 개조해 일반인에게 빌려주는 서비스인 '뮤지엄 오피스Museum office'를 선보였다. 미술관이 공유 오피스를 운영하는 것은 일본에서는 처음 있는 일이다. 도서 코너였던 장소를 개조하여 업무가 가능한 좌석 10석을 설치했다. 큰 창문을 통해 드넓게 펼쳐진 바깥의 자연 광경을 즐길 수 있는 점이 특징이다.

호쿠사이칸의 직원은 "이용객은 일하는 틈틈이 관내를 둘러볼 수 있다. 그러다 보면 새로운 영감이나 아이디어가 쉽게 떠오르지 않을까 한다"라며 뮤지엄 오피스를 시작하게 된 계기를 설명한다. 요금은 반일 이용에 2천 엔(약 2만 원), 종일 이용에 3천 엔(약 3만 원)이며, 이 금액에는 미술관 입장권도 포함돼 있어 관내 책장에 꽂힌 도록도 자유롭게 열람할 수 있다. 미술관은 오부세역에서 가까운 관광지의 중심에 위치해 입지가 좋다. 뮤지엄 오피스를 이용하고자 마을을 방문한 사람에게 오부세의 매력을 전하고 이주 및 지역 활성화를 도모하고자 하는 또 다른 목적도 있다.

나리타 공항과 도쿄 도심을 연결하는 특급 열차인 나리타 익스프레스NEX는 코로나로 인해 외국인 관광객이 없어지고 열차의 운행이 중단되자, 열차를 특정 역에 세워놓고 열차 내 공간을 오피스로 빌려주는 사업을 실험적으로 시행했다. 일본의 철도 및 부동산 기업 도큐부동산東急不動産 또한 2020년 2월 이후 '전차 버스 박물관' 내 전시용 열차 차량을 공유 오피스로 개조해 일반인에게 개방했다. 료고쿠역의 임시 플랫폼에 정차한 상태로 이용하는 방식이며 차량 내에서 인터넷과 콘센트도 사용할 수 있다. 2일간 총 400명이 이용했으며 "의외로 조용해서 놀랐다", "계속하면 좋겠다"라는 의견이 전해졌다.

그뿐만 아니라 업무가 끝나면 바로 놀이 활동을 즐길 수 있도록 야구장이나 유원지 근처에 오피스를 만드는 소위 '놀이 시설 근처 워케이션'도 시도되고 있다. 2021년 10월 초, 일본의 세이부 구죠마에역에 정차하는 전철은 '워킹 트레인Working train'으로 변신했다. 이는 철도 차량을 텔레워크가 가능한 오피스로 제공하자는 기획으로 차량 내부에 콘센트나 프린터 등 업무에 필요한 장비도 설치해놓았다. 워킹 트레인을 기획한 이유는 그날 프로 야구 경기가 있었기 때문이다. 야구팬들이 경기장 근처에서 일을 하다가 업무가 끝나면 바로 눈앞의 야구장에 가서 경기를 즐길 수 있도록 한 것이다. 세이부 철도의 담당자는 "아직 실험 단계지만 고객들이 만족하면 정기적으로 워킹 트레인을 시행하는 방안도 고려 중이다"라고 전했다.

테마파크인 요미우리랜드Yomiuri land는 2020년 10월부터 12월까지 평일 한정으로 유원지 내에서 텔레워크가 가능한 '어뮤즈먼트 워케이션Amusement workation' 플랜을 판매했다. 워터 파크 옆에 테이블을 설치하고 와이파이 환경을 정비해 휴양지에 온 듯한 기분을 느끼면서 일할 수 있도록 한 것이다. 심지어 관람차 내에서도 업무가 가능해서 높은 곳에서 놀이공원을 바라보며 메일을 보낼 수도 있다. '과연 이런 곳에서 일이 될까?'라는 생각이 들지만, 자녀들이 놀이공원에서 즐겁게 노는 동안 그 시간을 활용해 일을 하고 싶은 부모 세대를 타깃으로 한 상품이다.

이 외에도 일하는 중간에 사우나를 즐길 수 있도록 일부러 대중목욕탕 옆에 공유 오피스를 만든 경우도 있으며, 아예 사우나 안에 업무 공간을 마련한 곳도 있다. 도쿄 코엔지 지역에 위치한 한 회원제 공유 오피스는 80년 역사를 가진 오래된 목욕탕에 옆에 있다. 월 2만 엔(약 20만 원)의 비용으로 사무실뿐만 아니라 목욕탕까지 자유롭게 이용할 수 있어, 일하는 틈틈이 목욕탕과 사우나를 이용하려는 이들에게 반응이 좋다. "열심히 일한 뒤 사우나에 들어가면 디지털 디톡스가 된다"라며 만족하는 회원들이 많다.

외국인 관광객이 급감한 국립공원을 오피스로 활용하는 사례도 있다. 일본의 국립공원은 한때 외국인 관광객 증가에 힘입어

2020년까지 방문객을 1천만 명으로 늘리는 목표를 세웠지만, 예상치 못한 코로나의 확산으로 인해 관광객의 발길이 뚝 끊겨버렸다. 일본 정부는 국내 여행객들의 국립공원 내 평균 숙박 일수가 외국인 관광객에 비해 짧은 약 1.3일이라는 점을 포착하고, 워케이션 서비스를 통해 방문객의 체류 기간을 늘리고자 노력하고 있다. 전국 34개의 국립공원에서 일과 휴가를 병행할 수 있는 워케이션이 가능하도록 환경을 정비함으로써 침체된 여행 수요를 회복하고 지역 경제를 활성화시키려는 계획인 것이다. 이에 따라 국립공원뿐만 아니라 전국 약 80개의 온천지에서도 정부 주도로 워케이션을 소개하는 여행 상품을 기획했다. 온라인 업무가 가능하도록 인터넷을 설치하고 시설을 보수하는 온천 200여 곳에 정부는 6억 엔(약 60억 원)가량의 예산을 지원했다.

이와 유사하게 폐교를 활용해 위성 오피스나 워케이션 시설을 만드는 곳도 증가하고 있다. 2019년까지 일본에서 폐교된 공립 초·중·고등학교의 수는 7,583개에 이르며, 코로나 확산 후 각 지역의 특성을 살려 기업이나 분산 오피스를 유치하는 사례가 늘어났다. 한 예로 지바현의 '시라하마 교사シラハマ校舎'는 교실이었던 곳을 오피스 혹은 서핑 숍 같은 상점으로 빌려주거나, 대학의 연구실을 유치하는 등 공간을 새롭게 활용하기 위한 다양한 방법을 모색하고 있다.

캠핑카를 사도 좋은 이유가 하나 더 늘었습니다

재택근무 확산 후 집 내 열악한 근무 환경에 불만을 토로하는 사람 중 자동차를 자신의 일터로 활용하는 사람들이 있다. 캠핑카를 빌려서 사무실로 이용하거나 차량 내부를 일하기 적합한 사양으로 개조한 차를 구입하는 사람이 늘고 있으며, 기업은 이러한 트렌드에서 새로운 비즈니스 기회를 발견하고 있다.

일본에서 캠핑카 셰어링 플랫폼을 운영해오던 카스테이Carstay는 코로나 확산 이후 캠핑카를 캠핑 목적이 아닌 오피스로 사용하기 위해 빌리는 사람이 증가했다는 사실을 알게 됐다. 카스테이는 여기서 아이디어를 얻어, 캠핑카에서 업무가 가능하도록 차량 내부를 개조한 뒤 개인과 법인에 빌려주는 서비스인 '모바일 오피스Mobile office'를 시작했다. 굳이 멀리 가지 않고 캠핑카를 집 근처 주차장에 세워두는 것만으로도 나만의 오피스를 만들 수 있다. 단독주택에 사는 사람은 주차장에 캠핑카를 세워두고 서재나 업무 공간으로 이용할 수 있다. 평일에는 개인 업무 공간으로 쓰다가 주말에는 가족들과 여행을 가는 등 업무와 취미 두 가지 용도로 사용이 가능하다. 캠핑카를 활용하면 업무 공간을 만들기 위해 집을 리노베이션할 필요가 없기에 리노베이션에 드는 비용으로 캠핑카 구입을 고려하는 사람도 의외로 많다.

뿐만 아니라 캠핑카는 그 자체로 '움직이는 오피스'이므로 장기간 재택근무에 지친 경우, 기분 전환에 도움을 줄 수 있다. 캠핑

출처: 카스테이

카스테이의 모바일 오피스. 주차장에 캠핑카를 세워두는 것만으로도 근사한 나만의 오피스가 탄생한다.

카를 끌고 자유롭게 여행하다가 경치가 좋은 곳이나 휴게소 주차장에 차를 세우고 일하는 것이다. "오랜만의 드라이브에 기분이 좋다. 좋은 경치 속에서 일하면 업무 효율도 향상된다"라며 만족하는 사람들이 많다.

이러한 트렌드에 힌트를 얻은 기업들은 재빠르게 관련 서비스를 선보이고 있다. 닛산Nissan은 밴이나 캠핑카를 업무 가능한 환경으로 개조하는 서비스를 제공하기 시작했다. 차 내부에 컴퓨터를 놓을 수 있는 책상 혹은 선반을 만들고 와이파이를 설치하는 것이다. 일본의 또 다른 자동차 제조사 오릭스 오토 코퍼레이션ORIX Auto Corporation은 예전부터 이미 업무가 가능하도록 자동차 내부를 개조하는 서비스를 운영하고 있었는데, 코로나 확산 이후 텔레워크에 자동차를 이용하려는 수요가 증가함에 따라 '이동 사무소 차량 개조' 전문 서비스를 론칭했다. 앞서 소개한 카스테이는 주차장 운영 업체인 해치 워크Hatch Work와 연계해 전국 3만여 개의 주차장에 캠핑카를 개조한 모바일 오피스를 설치해놓고 시간제로 빌려주는 사업도 시작했다.

개인뿐만 아니라 기업 고객도 캠핑카를 업무 공간으로 활용하는 흐름에 적극적으로 동참하고 있다. 자사의 사무실 앞에 자동차를 개조한 모바일 오피스의 설치를 희망하는 기업의 문의도 늘었다고 한다. 필요한 경우 자동차를 끌고 고객사로 이동하여 차 안에서 회의를 하는 등 '이동 회의실'로도 활용할 수 있기 때문이다.

최근 국내에서도 캠핑 붐이 일고 있으며, 캠핑카를 오피스로 변경해주는 업체들이 속속 등장하고 있다. 코로나 확산 후 일과 놀이가 섞인 라이프스타일을 추구하는 사람들도 점점 늘어나는 추세다. 앞으로 오피스 기능을 갖춘 캠핑카를 찾는 사람들이 조금씩 증가하지 않을까 예상하는 이유다.

오피스를 벗어난 사무 공간, 새로운 시장을 열다

대체 오피스 시장이 확대되면서 실로 다양한 산업에서 업무 공간을 제공하는 비즈니스를 시작하고 있다. 호텔 업계를 비롯해 카페는 물론이고 안경 제조사나 캠핑용품을 만드는 회사까지 최적의 업무 공간을 제안하며 기존의 오피스 사업자를 위협하고 있다. 오피스의 정의가 재정립되면서 산업의 경계가 허물어지고 있는 것이다.

사무실이 아니라 호텔로 출근합니다

언젠가부터 호텔에서 즐기는 휴가를 뜻하는 '호캉스hotel + vacance' 라는 말이 유행하기 시작했다. 여행지를 돌아다니기보다 호텔에서 편히 쉬며 시간을 보내는 것이 하나의 휴가 문화로 자리 잡게 됐다. 이러한 분위기 속에서 도심 내 호텔에 머물면서 업무를 하는 사람들이 빠르게 늘고 있다. 더구나 관광객이 줄어들면서 존폐 위기에 처한 호텔들도 재택근무자에게 눈을 돌리며 양측의 니즈가 딱 맞아떨어졌다. 여행객이 줄어 큰 손실을 본 호텔 업계는 재택근무자들을 타깃으로 상품을 개발해 어려움을 극복하고자 한다.

머큐어 앰배서더 강남 쏘도베 호텔은 2020년 6월부터 두 달간 '호텔에서 오피스'라는 서비스를 운영했다. 오전 8시 체크인, 다음 날 오후 7시 체크아웃이 가능하며 비즈니스 전용 라운지를 4시간 동안 무료로 이용할 수 있는 숙박 패키지로 재택근무족을 겨냥한 상품이었다.

특급 호텔들은 코로나 이전에는 관심을 두지 않았던 대실貸室 상품을 출시하기 시작했다. 국내 특급 호텔 중 처음으로 인터컨티넨탈 서울 코엑스가 오전 8시부터 오후 8시까지 머물 수 있는 '하프 데이 스페셜' 패키지를 선보였으며, 파크 하얏트 부산은 오전 7시부터 오후 7시까지 정상 요금의 60% 수준으로 이용할 수 있는 '하얏트 일일 오피스 패키지'를 공개했다. 밀레니엄 힐튼, 롯데시티호텔, 글래드 호텔 등도 비슷한 패키지를 한시적 혹은 정기적으로 운영했다.[12]

미국의 호텔 체인 하얏트Hyatt는 프린터와 스캐너 등 업무 장비를 갖춘 방을 오전 7시부터 12시간 동안 65달러(약 7만 8천 원)에 이용할 수 있는 '오늘의 사무실Office for the day'이라는 패키지를 출시했다. 네덜란드의 호텔 체인인 시티즌 M[citizenM]은 기업 측이 구독료를 호텔에 지불하고 직원들은 원할 때 호텔에서 근무할 수 있는 기업 구독 서비스를 운영하고 있다. 마치 공유 사무실을 계약하는 것처럼 호텔을 업무 공간의 하나로 활용하는 것이다.

도쿄 시내에 위치한 호텔 뉴 오타니Hotel new otani는 '텔레워크 응원' 숙박 상품을 선보였다. 이용객은 2박 3일간 머무는데 체크인은 오전 8시, 체크아웃은 오후 8시에 할 수 있어 최대 60시간 호텔에서 지낼 수 있다. 식사권까지 제공하므로 3일간 방해받지 않고 집중해서 일하고 싶은 사람에게 최적인 상품이다. 호텔 뉴 오타니뿐만 아니라 다양한 호텔들이 긴 이용 시간과 식사, 온천 이용 등을 포함한 워케이션 상품을 선보이며 관광객이 급감해 비어버린 호텔 방을 일하는 사람들로 채우고자 한다.

일본에서는 평일에 공실이 많은 호텔과 재택근무자를 연결해주는 플랫폼 사업도 등장했다. IT 기업 가이악스Gaiax가 운영하는 숙박 예약 서비스 '오텔Otell'은 업무 환경이 갖춰진 객실을 평일 4박 5일간 2~3만 엔(약 20~30만 원)의 요금에 이용할 수 있는 호텔들을 소개한다. 호텔에 따라서는 피트니스 센터나 온천을 마음껏 이용할 수 있는 곳도 있어 업무 외의 시간도 의미 있게 보낼 수 있다. 아침에 오피스가 아닌 호텔로 출근하는 직원들의 모습을 불과 2년 전에는 상상이나 할 수 있었을까? 코로나가 일하는 방식에 거대한 변화를 몰고 왔음을 다시 한번 느끼게 하는 대목이다.

한편, 도심 내 호텔 이용에서 한 걸음 더 나아가, 보다 적극적으로 여행과 일을 섞는 사람들도 많다. 점차 업무와 휴식 공간의 구분이 없어지는 것이다. 영국의 여행 트렌드 분석 기관인 글로브트렌더Globetrender는 앞으로 '홈 오피스'를 '오션 오피스'로 바꾸는 사람들이 많이 늘어나리라 전망했다.

일거리를 가지고 신혼여행지로 유명한 몰디브의 호텔로 떠나는 건 어떨까? 이는 더 이상 뚱딴지같은 소리가 아니다. 몰디브의 고급 리조트 바카루 몰디브스Vakkaru Maldives가 선보인 '워크 웰 리모트워킹 패키지Work Well remote-working package'를 예약하면 프린터 등 업무에 필요한 비품을 원하는 대로 제공해준다. 또한 비서와 비슷한 역할을 하는 스태프가 있어, 미팅 진행을 도와주며 프린트를 대신 해주기도 한다. 바닷가 백사장에서 자유롭게 와이파이를 이용할 수 있는 것은 물론이고 아예 백사장에 '비치 보드룸Beach Boardroom'이라는 회의실까지 마련해놓았다.

일본에서는 코로나 확산 전부터 일과 삶의 균형을 위한 대책의 하나로 여행과 업무를 섞는 워케이션 제도를 추진했다. 가족들과 휴가를 길게 떠나 그곳에서 근무하면서 휴식도 즐기라는 좋은 취지였지만, 그동안은 경직된 기업 문화로 인해 활성화되지 못했던 게 사실이다. 하지만 코로나를 겪으며 분위기가 급변했다. 기업들이 반강제적으로 재택근무를 실시하고 워케이션 도입을 늘리자, 여행지의 호텔들도 앞다퉈 워케이션 패키지를 출시하기 시작했다.

도쿄에서 2시간 거리에 있는 가루이자와는 고급 별장들이 늘어선 일본의 유명 휴양지다. 이곳에 위치한 프린스 호텔Karuizawa Prince Hotel은 지속되는 매출 감소를 해결하기 위해, 급속히 늘어나고 있는 재택근무자들로 눈을 돌렸다. 프린스 호텔은 개인 고객을 대상으로 '워케이션 플랜' 상품을 판매했는데, 2020년 2월부터 7월까지 약 5개월간 900명 정도가 해당 상품을 구매하며, 당초 호텔의 예상치보다 많은 사람이 호텔에 머물렀다. 흥미로운 점은 참가자 대부분이 프리랜서가 아닌 도쿄 수도권에 사는 30~40대 회사원이었다는 사실이다.

또한 프린스 호텔은 개인 고객뿐만 아니라 법인 고객도 호텔을 업무 공간으로 이용하고 싶어 한다는 사실을 파악하고, 2020년 9월부터 법인 대상 상품을 개발하기 시작했다. 우선적으로 원격근무 도입에 적극적인 IT 기업을 중심으로 판매를 시작했는데, 최근에는 직원들의 복리 후생 차원으로 이 같은 숙박 상품의 계약을 검토하는 기업들이 점점 늘고 있는 추세다. 회사가 프린스 호텔과 연간 계약을 진행하면 직원들은 원할 때 언제든지 해당 호텔에 묵으면서 일할 수 있다. 팀워크를 다지고 싶은 경우에는 팀 전체가 짧게는 며칠에서 길게는 몇 주 동안 주재할 수도 있다. 호텔에서는 팀 친목을 위해 골프나 볼링 같은 게임을 무료로 이용할 수 있는 서비스도 제공한다.

이렇게 직원들이 휴양지에서 일하기 시작하면 기업 입장에서는 또 다른 고민이 발생한다. 바로 '업무 효율성이 떨어지지는 않을까?', '직원 관리가 제대로 이뤄질 수 있을까?', '워케이션 시설을 계약한 비용만큼 업무 생산성이 올라갈까?'와 같은 질문들이다. 다행히도 크게 걱정할 필요는 없다. 이미 여러 IT 기업에서 이를 고려한 다양한 서비스를 개발해 선보이고 있기 때문이다.

프린스 호텔은 2021년부터 워케이션 중인 직원들의 생산성 향상을 지원하는 사업까지 시작했다. 2015년부터 워케이션을 도입해 운영하고 있는 미국 기업 세일즈포스Sales force와 함께 생산성 관리를 위한 전용 앱 등을 개발할 예정이다. 호텔의 식사 메뉴 및 액티비티 등을 앱으로 안내할 뿐만 아니라 직원의 체질량 지수와 수면의 질도 측정해 건강 관리까지 책임진다. 또한 실제 일한 시간 및 성과를 팀과 공유하는 등 개별 직원이 얼마나 효율적으로 일하고 있는지를 가시화하는 시스템의 개발도 검토 중이다. 법인 대상의 워케이션 사업을 연간 8~10억 엔(약 80~100억 원) 정도의 규모로 성장시키는 것이 프린스 호텔의 목표다.

원격근무가 확산됨에 따라 호텔을 오피스로 삼거나 휴가지에서 근무하는 사람들이 늘어나면, 호텔 업계는 여태까지 생각해보지 않았던 새로운 역량을 요구받기 시작할 것이다. 지금껏 호텔의 최우선 목적은 고객들이 편하게 머물 수 있는 공간을 만드는 것이었다. 하지만 이제 사람들은 호텔을 선택할 때 편하게 머무를 수 있는 곳인지 뿐만 아니라 효율적으로 업무가 가능한 곳인지도 고려하기 시작했다. 코로나로 인해 어려움을 겪고 있는 호텔 업계는 이 두 가지 니즈를 어떻게 충족시킬 것인가를 고민함으로써 새로운 고객층을 확보할 수 있을 것이다.

일하는 사람을 위한 스타벅스

일본의 안경 제조사 진스JINS는 공유 오피스인 '씽크랩THINK LAB'을 운영한다. 안경 제조사가 어떻게 공간 사업을 시작하게 된 것일까? 진스는 집중력 측정이 가능한 안경형 디바이스를 만들기 위해 최근 수년간 집중력에 관한 연구를 진행하고 있다. 여기에서 얻은 연구 성과를 바탕으로 기온, 습도, 조명, 향기 등을 활용해 '세상에서 가장 집중할 수 있는 장소'를 콘셉트로 한 공유 오피스 씽크랩을 만든 것이다.

뿐만 아니라 진스는 스타벅스와 협업을 통해 여태까지 없던 새로운 형태의 '일하는 사람을 위한 스타벅스'를 만들었다. 2020년 7월 도쿄 긴자에 오픈한 '스타벅스 써클즈Starbucks circles'는 직장인을 주 타깃으로 한 새로운 형태의 스타벅스 매장인데, 일반 스타벅스와 가장 큰 차이점은 진스의 공유 오피스인 씽크랩을 매장 내에 설치했다는 점이다. 별도로 분리된 공간에는 마치 독서실과 같은 1인석이 17석 마련돼 있으며 곳곳에 식물을 배치해 산뜻하면서도 편안한 분위기를 연출했다. 씽크랩의 연구 결과를 활용해 소리, 기온, 습도, 조명 등도 체계적으로 관리한다. 이용료는 1시간에 1,200엔(약 1만 2천 원), 3시간에 2,000엔(약 2만 원)으로 저렴한 편은 아니지만, 이용자가 꾸준히 유입되고 있다.

해당 매장에 씽크랩처럼 유료로 이용 가능한 좌석만 있는 것은 아니다. 스타벅스는 스타벅스 써클즈를 '비즈니스 퍼슨이 업무에 집중할 수 있는 스타벅스'로 명확히 정의하고 다른 매장과 차별화된 공간을 선보이고 있다. 소음 차단 칸막이가 설치된 개인 공간이 4석 설치돼 있으며, 2~12인이 함께 일할 수 있는 '스마트 라운지Smart lounge'라는 공간도 마련돼 있다. '업무에 집중할 수 있는 스타벅스'라는 콘셉트에 맞춰 혼자서 집중할 수 있는 공간뿐만 아니라 다수의 사람이 함께 아이디어를 공유하는 공간까지 충실히 만들어놓은 것이다.

출처: 씽크랩(위), 저자 제공(아래)

스타벅스 써클즈에 들어선 공유 오피스 씽크랩(위)과 매장 내 마련된 1인석 업무 공간(아래). 이용료는 3시간에 약 2만 원이다.

공유 오피스 시장에 제대로 뛰어든 스노우피크와 츠타야 서점

안경 제조사뿐만이 아니다. 일본의 캠핑용품 브랜드인 스노우피크Snow peak는 최근 B2BBusiness to Business 사업에 힘을 쏟고 있는데, 그중 하나가 바로 공유 오피스를 운영하는 것이다. 어떤 이유로 캠핑용품 제조사가 공유 오피스 사업을 시작하게 된 것일까?

최근 업무 분위기를 부드럽게 만들기 위해 벤처 기업을 중심으로 오피스 실내에 텐트를 설치하거나 인공 잔디를 깔고 캠핑용 테이블과 의자를 두는 회사들이 있다. 텐트에 둘러앉아 회의를 하면 좀 더 편안한 분위기에서 의견을 주고받을 수 있고, 큰 비용을 들이지 않고도 쉽게 사무실의 분위기를 바꿀 수 있다는 장점이 있기 때문이다. 또한 사무실 내부를 캠핑용품으로 꾸며놓으면 자유로운 분위기를 가진 회사라는 인상을 줘 기업 브랜딩이나 인재 채용에도 긍정적으로 작용한다.

이러한 기업의 수요에 시장성이 있다고 판단한 스노우피크는 아예 공유 오피스 사업에 진출하기로 결정한 것이다. 스노우피크가 운영하는 캠핑 스타일의 공유 오피스 '오소토osoto'는 실내에 텐트와 캠핑용품을 설치하고 곳곳에 식물을 배치해 자연을 느끼면서 일할 수 있는 곳이다. 한편, 실내뿐만 아니라 야외 공간에도 캠핑형 사무실을 만들어 제공하는데 캠프장이나 호텔의 정원, 빌딩 옥상 등에 텐트와 캠핑용품을 설치하고 팀 단위로 장소를 대여

캠핑장으로 변한 사무실의 모습. 스노우피크는 캠핑 오피스를 통해 설렘과 즐거움을 비즈니스의 힘으로 바꾸라고 제안한다.

할 수 있도록 해 아이디어 회의나 단체 연수에 활용하도록 제안한다. 미팅이 끝난 뒤 저녁에는 바비큐를 하면서 친목을 도모할 수도 있다.

스노우피크 비즈니스 솔루션의 무라세村瀬 대표이사는 "캠핑용품을 활용해 프로젝트의 킥오프 미팅 등을 야외에서 실시하고자 하는 기업이 많다. 대부분의 사무실에는 기분 전환 및 아이디어 도출을 위한 장소가 부족하다. 1년에 몇 번만이라도 밖으로 나와서 일을 하면 사원의 의식이나 조직에 변화가 생긴다"라고 오소토를 찾는 고객의 니즈를 설명했다. 또한 "텐트 안은 주위 환경과 구분돼 의외로 집중하기 쉽다. 의자나 책상의 높이도 오피스의 책상보다 낮아 편안하다. 기분에 따라 바닥에 직접 앉아도 된다. 모두가 둘러앉으면 회의 분위기도 바뀐다. 모두 대등한 기분이 되고 이야기가 고조된다"라며 오소토가 어떤 식으로 업무 효율성에 기여할 수 있는지 밝혔다. 스노우피크는 기업 고객의 지속적인 요청에 힘입어 2023년까지 전국에 약 100여 개의 야외형 공유 오피스를 만들 예정이다.[13]

'라이프스타일을 제안하는 서점'으로 유명한 츠타야蔦屋書店 역시 일하는 장소를 제공하는 공유 오피스 사업을 본격적으로 확대하기 시작했다. 츠타야를 설명하는 데 있어 빠짐없이 등장하는 키워드인 '라이프스타일'에 거대한 변화가 일고 있는 지금, 츠타야 또한 새로운 생활 양식에 맞춰 자신의 비즈니스를 진화시키고 있는 것이다.

츠타야는 이미 운영하고 있는 서점 내에 공유 오피스인 '셰어 라운지Share lounge'를 도입하고 있다. 리조트나 호텔의 라운지에서 간단한 음료와 스낵과 함께 고객들이 편하게 쉴 수 있는 공간을 제공하는 것처럼 서점 안에 일하는 사람들을 위한 라운지를 마련한 것이다. 츠타야의 셰어 라운지에서는 이용료(매장에 따라 상이하나 시간당 약 1만 원 수준)를 지불하면 간단한 스낵과 수프, 알코올 및 무알코올 음료를 무제한으로 먹고 마실 수 있다. 월정액 멤버십(월 3만 엔, 약 30만 원)으로 이용할 수도 있지만, 꼭 멤버십에 가입하지 않아도 시간제 요금으로 누구나 쉽게 이용할 수 있다. 혼자서 집중해서 일할 수 있는 1인용 좌석도 있고 동료와 회의가 가능한 편안한 소파 좌석도 배치돼 있다. 일을 하다가 책을 읽는 것도 가능하기에 머리를 식히거나 아이디어를 얻기에도 최적인 공간이

다. 츠타야는 2024년까지 수도권을 중심으로 100개 지점에 셰어 라운지를 갖추겠다고 발표했다.[14]

> "지금은 개인의 시대, 다양성의 시대입니다. 셰어 라운지는 앞으로의 시대를 이끌어나갈 지식 노동자들이 자극을 받고 아이디어를 찾는 장소를 만듭니다. 더욱 자유롭게, 자신답게 일을 할 수 있는 장소이자 지식 노동자들에게 있어 가장 편안한 장소가 되는 것을 목표로 하고 있습니다."
>
> – 츠타야 홈페이지 소개 글

츠타야의 홈페이지에 적혀 있는 위의 설명처럼, 도서관 느낌이 물씬 나는 공간에서 지적 자극을 받으며 종일 시간을 보내는 사람들이 많다. 혼자서 일하는 사람, 모여서 와인을 한잔하며 의견을 나누는 사람 등 이들에게 있어 셰어 라운지는 오피스이자 회의실이며 휴식 공간이자 동시에 영감을 얻는 공간인 셈이다.

사무실은 이제 기존의 역할에만 머물러서는 안 된다. 일 자체가 목적인 공간을 넘어 동료들과 함께 이야기를 나누고 휴식을 취하기도 하며 결속력을 다질 수 있는 공간으로 진화해야 한다. 이제 오피스 산업의 경쟁자는 오피스가 아니다. 부동산 업자가 아닌 안경 제조사, 캠핑용품 브랜드, 오프라인 서점 등 생각지 못했던 산업에서 각자의 노하우를 활용해 일하는 공간을 만들어내고 있기 때문이다.

출처: 츠타야

서점에 가서 책만 읽는 시대는 지났다. 디지털 노마드를 위한 츠타야의 새로운 도전, 셰어 라운지. 시간당 약 1만 원의 비용으로 일도 하고 차도 마시고 책도 볼 수 있다.

업무 공간의 분산이 의미하는 것

코로나가 종식된 후에도 사람들의 행동 양식은 이전으로 돌아가지 않을 것이란 전문가들의 의견이 많다. 업무에서 외근이나 출장 수요는 회복될 수 있지만, 장소에 구애받지 않고 일하는 리모트워크를 통해 유연한 근무 방식을 경험한 이들은 매일 출퇴근하는 일상으로 다시 돌아가고 싶지 않을 것이다. 회사의 입장에서도 언제 또 닥칠 줄 모르는 전염병의 리스크를 줄이기 위해 오피스를 더욱 분산시켜 나갈 것으로 보인다. 이처럼 업무 공간에 불고 있는 변화가 멈추지 않을 것으로 전망되는 상황에서 각 기업은 어떻게 대응하며 비즈니스의 기회를 찾을 수 있을까?

우선, 일하는 공간이 새롭게 탄생하는 곳을 주목할 필요가 있다. 최근에는 의류 브랜드나 자동차 제조사 등 코로나 확산 이전에는 공간 비즈니스와 전혀 연관 없던 산업 분야에서도 업무 공간을 만드는 사업을 시작하고 있다. 예를 들어 방문객이 줄어든 오프라인 리테일 공간을 매력적인 업무 공간으로 탈바꿈해 새로운 가치를 창출해내는 식이다. 실제로 일본의 정장 판매점인 아오야마青山는 코로나 확산으로 인해 정장이 팔리지 않게 되자 일부 매장의 규모를 반으로 줄이고 대신 공유 오피스를 만들었다. 앞에서 살펴본 다양한 사례처럼 사우나는 땀을 흘리며 피로를 풀 수 있다는 점, 미술관은 작품을 감상하며 아이디어를 떠올릴 수 있다는 점 등 공간이 가진 본래의 특징이 직장인들에게 어떤 효용을 줄 수 있는지를 고민해본다면, 새로운 가치를 지닌 업무 공간을 제안하며 고객에게 어필할 수 있다.

또 다른 중요한 사실은 일과 놀이가 함께 섞인 장소, 일과 취미가 섞인 장소 등 여러 기능이 한곳에 모이는 공간이 늘어난다는 점이다. 앞으로는 해변 근처의 공유 오피스에서 일하다 서핑하러 나가는 사람들의 모습이 흔해질 텐데, 그렇다면 바다 근처에 식당이나 서핑 숍을 열고자 하는 사람은 해당 공간에 업무가 가능한 환경을 마련하는 것도 고려해보아야 할 것이다. 실제로 미쓰이 부동산은 앞으로 건물 유형의 구분이 적어질 것이며, 주거와 사무실, 쇼핑 시설이 한곳에 위치해 코로나와 같은 사태로 인해 지역 봉쇄가 이뤄져도 생활에 문제가 없는 복합 시설을 더 많이 개발할 계획이라고 밝혔다. 이처럼 앞으로 새로운 공간을 만드는 기업은 한 공간 내에 다양한 기능을 포함하는 방법을 더욱 고민해야 할 것이다.

마지막으로 기업의 인사 관리 측면에서 리모트워크의 가능 여부가 구직자가 기업을 선택하는 데 있어 중요한 변수가 될 수 있다. 바꿔 말하면 리모트워크 및 다양한 공간에서 일할 수 있는 인프라를 제공하는 기업은 인재를 끌어오기 유리할 것이며, 직원들은 리모트워크를 기본적인 복리 후생의 일환으로 요구할 것이다. 기업은 법인 차원에서 공유 오피스를 계약해 직원들이 다양한 공간에서 일할 수 있도록 지원하거나, 워케이션 제도를 도입해 직원들의 만족도를 높일 수 있다. 한편, 첨단 기술을 활용해 효율성이 높고 커뮤니케이션이 원활히 이뤄지는 업무 환경을 만드는 것 또한 기업들의 중요한 과제가 될 것이다. 실리콘 밸리의 유수 기업들이 업무 환경에 많은 투자를 하며 멋진 공간을 만드는 것은 단지 보여주기식의 활동이 아니다. 이들은 직원들이 편안함을 느끼고 창의력을 마음껏 발휘할 수 있는 공간을 만드는 데 아낌없이 투자하고 있으며, 이러한 업무 환경의 개선이 결국 생산성 향상으로 이어지게 된다는 사실을 알고 있는 것이다.

미래의 사무실은 어떤 모습일까?

코로나 확산 이후 많은 회사에서 재택근무를 하나의 근무 방식으로 인정했다는 점은 커다란 변화지만, 사무실을 완전히 없애는 데는 이르지 못했다. 이는 원격근무의 선진국으로 불리는 미국도 마찬가지다. 코로나를 인류가 함께 공생해야 할 엔데믹으로 취급하기 시작한 2022년 들어서 구글, 애플, 씨티그룹, 아메리칸 익스프레스 등과 같은 미국의 주요 기업들이 직원들에게 사무실로의 복귀를 요청하고 있다. 한편, 트위터와 모바일 결제 플랫폼 블록BLOCK(전 스퀘어)은 2020년 5월 전 세계 직원들의 무기한 재택근무를 허용했지만, 이들도 사무실을 아예 없애지는 않는다. 사무실에는 일정한 역할이 있기 때문이다.[15]

누군가는 줌과 같은 화상 채팅 서비스를 통해서도 충분히 아이디어를 낼 수 있다고 말할지도 모른다. 일부분 맞는 말이지만 줌을 통한 커뮤니케이션에서는 '세렌디피티serendipity(우연한 만남)'가 발생하기 어렵다. 스타트업의 장점인 팀워크 정신이 옅어지는 것도 간과해서는 안 되는 부분이다. 또한, 업무의 특성상 한곳에 모여 일해야 하는 부서들도 있다.

앞으로는 사무실 출근과 재택근무를 조합해 자신에게 맞는 일하는 방식을 찾는 '최적화' 작업이 점점 더 빠르게 진행될 것으로 예상된다. 이러한 포스트 코로나 시대의 오피스는 과연 어떤 모습일까? 최근 기업들의 움직임을 통해 어떤 업무 공간이 새로운 시대의 표준이 될 것인지 추측해보자.

감염 리스크 방지는 기본

미래 사무실의 가장 기본적인 기능은 무엇보다 감염 리스크를 방지하기 위한 직원들의 건강 관리, 그리고 출입 기록 관리일 것이다. 코로나 확산 이후 건물이나 공공 기관 입구에 설치된 열화상 카메라를 흔히 볼 수 있다. 건물 입구에서 체온 측정 및 마스크 착용 여부를 검사하는 것 또한 당연한 절차가 되고 있다. 마스크를 벗지 않아도 본인 인증이 가능한 안면 인식 기술, 0.3초 만에 얼굴을 인식하는 워크스루walk-through형 안면 인식 게이트 등 생체 인식 기술이 코로나로 인해 더욱 주목받고 있다.

특히 건물 입구와 로비에서는 앞으로도 계속해서 출입과 관련한 다양한 절차들이 실시될 것으로 보인다. 건물 입구는 건물 내

바이러스 확산을 방지하는 데 있어 가장 중요한 지점이기 때문이다. 이제는 건물 운영자나 관리인이 입주 기업 직원들의 건강 관련 데이터를 요구할지도 모를 일이다. 코로나와 같은 팬데믹이 발생하면 신속하게 입주 기업에게 재택근무로 전환하도록 요청해야 하기 때문이다.

직원들이 사무실에 도착하기 전에 미리 자신의 건강 상태를 체크해 앱으로 보고하는 것이 일상적인 절차가 될 수도 있다. 글로벌 IT 기업 세일즈포스는 사무실 출근을 재개하면서 매일 직원들에게 건강 상태 관련 설문 조사Daily wellness check-in survey를 실시했다. 이러한 절차를 통해 기업은 직원의 건강 관련 데이터를 수집하고 이를 질병을 미리 예방하는 데 활용한다. 예를 들어, 직원들의 평균 체온이 올라가는 현상이 발견된 경우 독감 시즌이 시작됐다고 생각하고 바로 분산 근무 체제를 실시하는 등 선제 대응이 가능하다.

조직원의 건강 관리를 위한 플랫폼 서비스를 제공하는 미국 기업 웰에이블Wellable에 따르면, 미국에서는 고용주가 직원들의 건강 문제로 인해 지출하는 비용이 매년 5,300억 달러(약 636조 원)에 달하는 것으로 추정된다.[16] 이러한 금액에 비하면, 앞서 소개한 솔루션들은 상대적으로 저렴한 편이다. 건물 입구의 체온 측정계는 수십만 원 미만으로 설치 가능하다. 세일즈포스는 직원들의 접촉 내역, 오피스 출근 내역, 오피스에 머문 시간 등의 관리가 가능한 '워크플레이스 커맨드 센터Workplace command center'라는 소프트웨어를 출시했는데, 가장 저렴한 서비스는 직원당 5달러(약 6천 원)부터 시작한다. 이미 사용하고 있는 세일즈포스 제품에 추가해서 쓸 수 있으므로 쉽게 도입이 가능하다.

직원들의 건강 관련 데이터를 수집하고 관리하는 상품과 서비스는 코로나 이후 더욱 크게 성장할 것이다. 이미 많은 IT 기업들이 관련 제품을 개발해, 자사의 제품을 사용하는 고객들에게 제안하고 있다. 만약 코로나가 종식되면, 출근 전 건강 상태를 확인하는 절차가 없어질까? 절차의 횟수나 강도를 줄일 수는 있지만 이러한 절차 자체가 없어지지는 않을 것이다. 특히 대규모 공간은 누가 들어왔고 나갔는지 출입 데이터를 지속적으로 주시해야 전염병의 위험에 대비할 수 있다. 사무실 건물뿐만 아니라 학교나 호텔 그리고 대규모 콘퍼런스 등이 진행되는 전시 컨벤션 센터에서도 개인 정보를 수집하여 전염병과 같은 사태가 발생했을 때 바로 대응이 가능하도록 대비할 것이다.

터치리스 오피스의 등장

기업은 사무실 내 밀집을 피하고 움직임을 분산시키기 위해 다양한 기술을 활용하기 시작했다. 대표적으로 버튼이나 패널 등을 직접 접촉하지 않고도 조작할 수 있는 '터치리스touchless' 기술이 활발하게 도입되고 있다. 터치리스 기술은 사람들 간의 접촉을 줄이는 언택트 트렌드에 더해서, 개인과 물리적 공간 간의 접촉을 최대한 줄임으로써 감염 위험을 낮추는 기술로 현재 많은 기업이 개발에 적극적으로 참여하고 있다.

국내에서도 많은 기업이 터치리스 기술 개발에 박차를 가하고 있다. 한국전자통신연구원이 개발한 비접촉 센서는 손가락을 엘리베이터 버튼의 1cm 근처로 가져다 대면 센서가 손가락을 인식해 버튼을 누르지 않고도 엘리베이터 조작이 가능하다.[17] 현대엘리베이터는 엘리베이터 내 접촉을 최소화하는 '클린 무빙 솔루션'을 출시했는데, 승객이 손을 위아래로 움직이면 인식 센서가 움직임을 감지해 엘리베이터를 호출할 수 있다.[18]

일본의 엘리베이터 제조 업체인 후지테크Fujitec 역시 엘리베이터의 버튼을 손으로 누르지 않고 근처에 손을 대기만 해도 적외선 센서를 이용해 가고자 하는 층을 입력할 수 있는 기술을 개발했다. 여기서 한발 더 나아가 미쓰비시전기三菱電機의 엘리베이터는 안면 인식 기술을 활용해 직원의 얼굴과 근무하고 있는 층을 연동하여 얼굴 인증만으로 해당 직원이 일하는 공간으로 이동한다. 엘리베이터뿐만 아니라 터치리스 기능이 담긴 패널도 속속 시장에 등장하고 있으며, 스마트폰으로 가고자 하는 층을 지정할 수 있는 엘리베이터도 있다.

이러한 면에서 바이오메트릭 기술biometric technology, 즉 생체 인식 기술은 향후 크게 성장할 것으로 기대된다. 아직은 지문 인식 정도만 보편적으로 사용되고 있지만, 코로나 이후 안면 인식, 정맥 인식, 홍채 인식과 같은 비접촉형 생체 인식 기술이 많은 주목을 받고 있다. 사람의 출입이 많은 공간에서 접촉 없이 빠르게 신원 확인 및 체온 측정이 가능하기 때문이다.

비접촉식 기술 중에서도 특히 주목받고 있는 것은 안면 인식 기술이다. 한국정보보호산업협회는 2020년 국내 안면 인식 시장 규모를 전년 대비 9.2% 성장한 1,514억 원으로 내다봤다. 리서치 기관인 마켓앤드마켓에 따르면 안면 인식 관련 글로벌 시장은 2020년 38억 달러(약 4조 5,600억 원)에서 2배 이상 성장해 2025년에는 85억 달러(약 10조 2천억 원)에 이를 것으로 전망했다.[19] 보안 솔루션 회사인 에스원이 출시한 워크스루형 안면 인식 솔루션은 마스크를 착용한 상태에서도 0.3초 만에 얼굴을 인식할 수 있다. 이 기술을 활용하면 건물 입구에서 출입 인증을 위해 사원증을 접촉하는 것과 같은 행동이 필요 없으므로 사람이 몰려 밀집이 발생하는 상황을 피할 수 있게 된다.[20]

AI 및 사물 인터넷IoT을 활용해 사무실의 혼잡을 예방할 수도 있다. 소프트뱅크의 본사가 이전한 '도쿄 포트시티 다케시바Tokyo Portcity Takeshiba'는 2020년 9월 오픈한 오피스 빌딩이다. 빌딩 개발사인 도큐부동산과 통신 기업인 소프트뱅크가 협력해 탄생한 이 오피스에는 AI 카메라와 센서 등 1천여 대가 넘는 최첨단 장비가 설치돼 건물의 혼잡도를 실시간으로 측정하고 입주사 직원들에게 전달한다. 이를 통해 직원들의 출근 시간이나 점심시간을 분산시킴으로써 혼잡으로 인한 스트레스와 바이러스 감염 리스크를 줄인다. 빌딩 내 매장이나 화장실의 혼잡도 또한 앱을 통해 실시간으로 확인할 수 있다.

위드 코로나 시대에는 무엇보다 직원들을 감염으로부터 지키는 '안전'이 사무실의 가장 기본적인 기능으로 떠오르고 있다. 이를 위해 터치리스와 생체 인식 등 언택트를 기반으로 한 다양한 기술이 우리 생활 속으로 빠르게 확산되고 있다.

사무실의 새로운 역할을 고민한다

코로나 이후 경영자들의 고민거리 중 하나는 비싼 임차료를 지불하고 있는 사무실이 텅텅 비어버린 것이다. 하루에 몇백만 원 혹은 몇천만 원씩 들여 임차한 공간이 제 역할을 하지 못하고 있다. 하지만 사무실을 아예 없앨 수도 없는 노릇이다. 직원들이 모이는 오프라인 공간은 분명 필요하기 때문이다.

만약 코로나가 종식되면 다시 예전처럼 사무실이 붐비며 활기를 되찾게 될까? 쉽게 속단할 수 없다. 앞서 살펴본 것처럼 이제 사무실은 집이나 카페를 넘어 미술관과 자동차와도 경쟁해야 한다. 직원들은 사무실로 복귀하는 것 외에도 재택근무, 공유 오피스, 제3의 대안 오피스 등 다양한 선택지를 손에 쥐게 됐다. 이 중에서 자신과 가장 잘 맞는 장소를 고를 뿐이다.

사무실은 이제 '직원들이 가고 싶은 곳'이 되어 선택받아야 하는 처지가 됐다. 단지 책상에 앉아 일하기 위해 사무실로 출근하는 직원들은 줄었다. 그들은 사무실에 출근해야만 하는 분명한 목적이 없으면 출퇴근 시간이 아깝다고 느낀다. 사무실은 앞으로 단순한 '업무 환경' 그 이상이 되어야 하며, 직원들이 가야 하는 이유를 제공하지 않으면 안 된다.

2021년 1월, 글로벌 컨설팅 기업 PwC는 미국 내 다양한 산업의 임원 133명과 1,200명의 직원을 대상으로 한 설문 조사를 실시했다. '사무실의 존재 이유, 즉 앞으로의 사무실은 어떤 목적을 가져야 한다고 생각하는가?'라는 질문에 임원들은 '직원들의 생산성을 높이는 곳', '고객사와 만나는 장소', '직원들이 효과적으로 협업하는 장소', '회사의 문화가 만들어지는 곳'이라고 답했다. 반면, 직원들은 사무실의 존재 이유로 가장 먼저 '직원들 간의 업무 협업'을 꼽았고, 그다음으로 '설비와 문서에 대한 접근', '고객사와 동료를 만나는 장소' 순이었으며, 마지막으로 '트레이닝과 커리어 개발이 이루어지는 곳'이라고 답했다. 두 그룹 간에 약간의 차이

앞으로의 사무실은 어떤 역할을 해야 하는가

임원진의 답변	직원들의 답변
1. 직원들의 생산성 향상	1. 직원들이 효율적으로 협업하는 장소
2. 고객과 만나는 장소 제공	2. 설비와 문서에 대한 접근
3. 직원들이 효율적으로 협업하는 장소	3. 고객 및 동료와 만나는 장소
4. 회사 문화 형성	4. 업무 역량 트레이닝과 커리어 개발

출처: PwC

는 있지만 조사 결과를 통해 사무실의 새로운 역할에 대한 힌트를 얻을 수 있다.[21]

정리해보면 미래의 사무실이 담당해야 하는 역할은 직원 간의 협업을 통해 아이디어를 만들어내고, 고객사와 의견을 교환하며, 효율성과 창의성을 높이는 업무 공간을 제공하는 것이다. 직원들은 이러한 니즈가 충족될 때만 사무실로 발걸음을 옮길 것이다. 그럼 이제 차별화된 가치를 제공하는 사무실의 모습을 하나씩 살펴보자.

새로운 아이디어와 네트워킹이 탄생하는 곳

애플의 스티브 잡스는 애니메이션 제작사인 픽사를 인수한 뒤 새 건물을 지을 때 화장실을 한 곳만 설치할 것을 지시했다고 한다. 새 건물은 현관문과 계단 및 복도가 모두 안뜰로 이어져 다양한 부서의 사람들이 자연스럽게 마주칠 수 있는 구조를 갖추고 있었는데, 잡스는 화장실을 건물 안뜰에 하나만 설치해 직원들이 화장실을 가면서 우연한 만남을 가질 수 있도록 의도했다. 이후 직원들의 반발에 부딪혀 결국에는 안뜰을 기준으로 양쪽에 화장실을 설치하게 됐지만, 결과적으로 잡스의 아이디어는 빛을 발했다. 미국의 저명한 기업인이자 작가인 월터 아이작슨Walter Isaacson은 전기 《스티브 잡스》에서 "스티브의 구상은 첫날부터 효과를 발휘했

습니다. (화장실에 가면서) 몇 달 동안 못 만난 사람들을 끊임없이 마주쳤거든요. 그렇게 협력과 창의성을 촉진하는 건물은 본 적이 없습니다"라고 밝혔다.[22]

새 건물을 지을 때 잡스가 가장 중요하게 생각한 것은 '우연한 만남과 임의적 협력을 촉진하는 공간 설계'였다. 창조적인 아이디어는 책상 앞이 아니라 동료와의 우연한 만남에서 온다는 걸 그는 간파하고 있었던 것이다. 이렇듯 공간의 형태는 창의력에도 영향을 미친다.[23]

지금껏 대부분의 사무실은 부서나 팀 단위로 책상을 배치하여 해당 조직을 섬처럼 만드는 공간 구성이 많았다. 개인 업무 공간이 사무실의 대부분을 차지하고 회의실과 공용 공간은 일부였다. 하지만 이러한 관행이 코로나로 인해 뒤바뀌고 있다. 사용자가 지정된 개인 업무 공간은 최소화하고 오히려 공용 공간을 확충하는 경향이 두드러진다. 개인이 집중해서 해야 할 업무는 사무실이 아닌 곳에서도 얼마든지 가능하기 때문이다. 온라인에서도 언제든지 동료를 만나서 의견을 나눌 수 있지만 물리적으로 옆에 같이 있을 때 아이디어를 공유하기 쉽다는 점은 무시할 수 없다. 따라서 앞으로의 사무실에는 직원 간의 자연스러운 만남이 이뤄질 수 있는 공유 공간이 점차 늘어날 것이다. 직원들이 모여서 회의를 하고 아이디어를 창출하는 곳으로서 사무실의 네트워킹 역할이 강화되는 것이다.

가구 업체 이케아 재팬은 주 2회만 사무실로 출근하는 하이브리드 근무 체제로 전환하면서 본사 사무실을 개조했다. 가장 큰 변화는 혼자서 작업하는 개인 공간을 줄이고 '챗 스페이스chat space'라고 불리는 공용 공간을 늘린 것이다. 물론 이는 직원 간의 커뮤니케이션을 유도하기 위한 시도다.

사무용 가구를 생산하는 일본 기업 고쿠요Kokuyo 또한 오피스의 역할은 '직원과 직원 간의 커뮤니케이션이 태어나는 장소'여야 한다고 믿는다. 새롭게 만든 본사의 사무실에서 간부 사원에게는 1인용 책상을 지급하지 않는다. 이들은 마치 식탁과 같은 테이블에 앉아서 근무하는데, 이는 직원들이 언제든 편하게 와서 마주 앉아 이야기할 수 있는 환경을 만들기 위함이다. '사장이 한턱내는 음료'라는 재미있는 이름이 붙은 음료 자판기도 설치했다. 이 자판기는 2명의 직원이 사원증을 동시에 터치하면 음료가 무료로 나오는 구조로, 직원들이 함께 음료를 마시면서 접점을 가지고 대화하는 계기를 만들고자 하는 시도다.

또한 기업들은 용도와 목적에 따라 배치를 바꿈으로써 공간을 유연하게 활용할 수 있도록 사무실을 설계한다. 이에 따라 공간 활용도를 높여주는 오피스 가구에도 관심이 증가하고 있다. 이동과 설치가 쉬운 파티션 및 가볍고 조립하기 쉬운 가구를 활용해 공간을 목적에 따라 바꿔 사용한다. 가구에 따라 동일한 공간이 2~3명이 사용하는 작은 회의실이 되기도 하고 혹은 10명 정도가 모일 수 있는 큰 규모의 회의실로 변신할 수도 있다.《뉴욕타임스》에 의하면 구글이 위드 코로나 시대를 대비해 만든 새로운 사무실은 1인용 격리 모듈 형태의 좌석인 '팀 포드Team Pod'로 구성됐다. 팀 포드는 필요에 따라 쉽게 옮기거나 조립할 수 있는 것이 특징으로 몇 시간 만에 사무실 전체를 재배치하는 것도 가능하다. 회의 시 칸막이가 필요한 경우에는 셀로판 풍선을 부풀려 벽을 만들어주는 로봇도 가동 중이다.

그럼 이렇게 개인 공간을 줄이면서 확보한 공용 공간에는 회의실 이외에 또 어떠한 시설들이 들어설까? 많은 기업이 직원끼리 자연스럽게 만나 대화가 이뤄지는 공간 및 휴식 장소로서 카페를 설치하고 있다. 새로운 사무실은 '업무'를 하는 장소가 아니라 '아이디어가 탄생'하는 장소다. 동료와 함께 아이디어를 모색하고, 치열하게 논의하고, 대안을 발전시키면서, 문제를 해결하는 곳이다. 우연한 만남을 통해 정보를 교환하고 새로운 아이디어가 탄생하며 문제 해결의 단서를 얻는다. 기업은 2명 이상이 만났을 때 이러한 힘이 극대화가 된다는 점을 깨닫고, 직원들이 자연스럽게 어울릴 수 있는 공간과 분위기를 조성하고 있다. 국내의 경우에도 이미 많은 IT 기업에서 사내에 주방과 바를 설치하고 맥주, 와인 등을 비치해 직원들이 편안하게 잡담하기 좋은 장소를 만드는 중이다.

사무실의 모습은 회사와 산업에 따라 다르며, 직원들의 니즈에 맞춰 언제든 바뀔 수 있다. 하지만 최근 새롭게 만들어지는 사무실에는 몇 가지 공통점이 있다. 우선, 업무 공간을 개방형으로 만들어 팀 간, 팀원 간의 협업을 촉진한다. 그리고 개방형 업무 공간에 더해 직원이 혼자서 집중할 수 있는 '콰이어트 구역quite zone'을 만들어 효율적인 업무가 가능하도록 지원한다. 또한 편안한 느낌의 공간과 자연 친화적인 인테리어로 아늑한 공간을 조성하며, 공간의 레이아웃을 상황에 따라 바꿀 수 있는 유연함을 포함한다.

사무실을 어떻게 설계하면 좋을지에 대한 확실한 정답은 없다. 하지만 일하는 방식이 크게 바뀐 지금, 어떤 공간에서 직원들이 팀워크를 최대한 발휘하며 최고의 성과를 낼 수 있을지에 대한 고민은 계속돼야 한다. 근무 방식이 유연해짐에 따라 업무 공간도 함께 유연해져야 하는 것이다.

업무 공간을 둘러싼 거대 비즈니스의 탄생

사무실을 없애는 것이 아니라 사무실 내부를 바꾸는 움직임이 본격화되면서 업무 공간을 하이브리드 근무 형태에 가장 적합한 공간으로 만드는 새로운 비즈니스가 탄생하고 있다. 단순히 혼잡을 피하고 감염을 방지하기 위한 기술을 넘어, 업무의 효율성을 높이고 집중하기 쉬운 환경을 만들기 위한 다양한 아이디어들이 쏟아지고 있는 것이다.

또한 쾌적한 사무실을 만드는 것뿐만 아니라 직원의 움직임을 데이터로 분석해 이를 조직 문화 개선에 참고하려는 시도까지도 엿보인다. 미래형 사무실을 설계하고 동시에 사무실 내에서 수집된 데이터를 자사에서 먼저 활용한 후 이를 상품화해 B2B 비즈니스로 개발하기도 한다. 공조空調 기술을 가진 제조 업체나 사무용 가구 업체들도 새로운 기술을 먼저 자사의 사무실에서 실험한 후 타사에 제안하는 비즈니스 모델로 만들기 시작하고 있다.

사무용 가구 기업 고쿠요의 새로운 실험

재택근무 및 원격근무의 확산으로 일하는 공간이 분산되면서 가장 먼저 타격을 입은 산업은 다름 아닌 사무용 가구 업체다. 이들은 최근의 어려움을 어떻게 극복하고 있을까? 해결책 중 하나는 바로 가구 판매에만 집중했던 기존 사업 방식에서 벗어나 '업무 공간'을 설계하는 공간 비즈니스로 사업을 확장하는 것이다.

국내에는 문구 제조사로 더 유명한 일본의 가구 기업 고쿠요는 매출의 80%가 사무용 가구와 사무용품에서 발생한다. 코로나로 인해 갑작스럽게 사무용 가구 시장이 축소됨에 따라 고쿠요는 사업 포트폴리오를 재검토하지 않으면 안 되는 상황에 부닥쳤다. 이 같은 상황에서 고쿠요는 "일하는 시간 외에도 지적 자극을 얻을 수 있는 환경을 조성함으로써 창조성이 최대한 발휘되는 사무실을 제안할 수 있다면, 여전히 비즈니스 기회가 있다고 본다"라며 사무실 설계 영역에서 미래의 수익을 찾고 있다.

그럼 이들이 만드는 사무실은 어떤 모습일까? 시나가와역 근처에 있는 고쿠요의 새로운 사무실은 자사 직원들을 위한 업무 공간임과 동시에 위드 코로나 시대의 일하는 방식을 실험해보는 장소로서의 역할을 하고 있다.

전반적인 사무직의 업무를 생각해보자. 동료들과 회의를 통해 아이디어를 내고 협업하거나, 혼자 집중해서 자료를 만들고 정리하거나, 단순 반복적인 업무를 처리하는 등 해당 업무를 몇 가지

카테고리로 분류할 수 있다. 이처럼 고쿠요는 직원들의 '업무 활동 카테고리'에 근거해 모든 층을 동일한 구성이 아닌, 층별로 다른 테마가 있는 사무실로 만들었다.

4층은 와이드 모니터, 높이 조절이 가능한 책상, 기능성이 뛰어난 의자 등 고사양의 사무용 가구를 갖춰, 집에서는 집중이 힘들었던 업무를 볼 수 있는 환경을 조성했다. 6층은 이벤트나 발표회를 진행할 수 있는 커다란 무대, 커피를 마시거나 점심을 먹을 수 있는 주방, 사내 동아리 활동이 가능한 광장과 같은 공간으로 구성해, 부서를 초월한 개방적인 커뮤니케이션이 가능한 곳이자 동료들과 교감할 수 있는 장소로 만들었다. 7층은 '혁신이 탄생하는 층'이라는 테마 아래 상품 기획이나 개발 등 디자인 및 제품의 시제품 제작이 가능한 공간으로 설계했다. 8층은 프로젝트나 부서별로 회의를 진행하고 커뮤니케이션할 수 있는 공간으로, 움직이는 칸막이를 설치하는 등 인원수와 용도에 맞춰 회의 공간을

출처: 고쿠요

층별로 다른 테마를 적용한 고쿠요의 사무실.

유연하게 활용할 수 있도록 구성한 것이 특징이다.

한편, 고쿠요는 사무실과 같은 하드웨어적 요소뿐만 아니라 소프트웨어까지 개선의 대상으로 삼고, 2021년 2월부터 자사 직원을 대상으로 '일하는 방식'에 관한 실험을 시작했다. 직원의 책상 등에 300개의 비콘Beacon(위치 정보를 전달하기 위한 전파 수발신기)이 설치돼 있어, 스마트폰을 통해 사무실에서 일하는 1천 명의 고쿠요 직원들이 언제 어디에서 누구와 있었는지 1분 단위로 측정할 수 있다. AI 카메라도 140대나 설치해, 직원들이 어떤 가구나 기기를 이용했는지 분석하는 것 외에도 어떤 부서 간에 커뮤니케이션이 발생했는지, 어느 부서에서 의사소통이 활발하게 이루어지는지를 파악할 수 있도록 한다. 물론 데이터는 전부 익명화되며 개인을 특정하지 않는 범위에서 분석을 진행한다.

지금까지 업무 공간의 설계는 감각이나 추측에 의지하는 경우가 많았지만, 앞으로는 그러한 관행이 사라질지도 모른다. 직원들의 행동 이력을 데이터로 측정해 높은 성과를 낼 수 있는 업무 공간을 만들고, 그 결과를 다시 데이터로 증명하는 것, 이것이 고쿠요가 자사의 직원들을 대상으로 진행하고 있는 실험이다.

실제로 고쿠요가 2021년 2월부터 6개월간 직원들의 행동 데이터를 분석한 결과, 코로나로 인해 사무실에 요구되는 기능에 큰 변화가 있었다는 것을 알 수 있었다. 전체 직원의 출근율은 50% 내외였으며 직원들의 사무실에 머무르는 평균 시간 역시 이전에 비해 현격히 줄어든 반면, 공용 회의 공간에는 사람이 집중되는 모습이 나타났다. 이는 사무실의 역할이 재택근무나 온라인 회의에서는 어려운 '아이디어 교환의 장'이나 '네트워킹 및 의사 결정을 진행하는 장소'로 변화하고 있음을 데이터를 통해 확인한 셈이다. 고쿠요는 사무실이 예상보다 활발히 사용되고 있지 않다며, 직원들이 사무실로 출근을 해도 이용하는 공간은 회의실 등 한정된 공간뿐이라고 밝혔다. 또한 사무실 곳곳을 돌아다니며 자신이 속한 부서나 프로젝트를 벗어나 적극적으로 교류하는 직원은 아주 일부에 불과하다는 점도 드러났다. 고쿠요는 이러한 문제점을 해결하기 위한 개선책을 모색 중인데, 그중 하나로 농작물 재배 공간을 만들어 다양한 부서가 함께 블루베리를 재배하는 것을 검토하고 있다. 직원들이 모일 수 있는 장소와 모이게 되는 계기를 만들어 교류를 촉진하는 것이다. 안면이 없는 경우라도 공동 작업을 통해 서로를 알 수 있는 기회로 만드는 것이 주된 목적이다.

자사 실험을 통해 수집한 데이터에 기반해 고쿠요는 2022년부터 수도권의 대기업을 중심으로 업무 생산성이나 성과를 높이는 사무실을 제안하는 서비스도 시작한다. 여러 부서가 함께 일할 기회가 많은 기업을 대상으로 직원 간의 교류가 탄생하기 쉬운 공간을 설계해주는 것이다.

원격근무가 보편적으로 자리 잡으면서, 업무 효율성을 높이면서도 직원 간의 커뮤니케이션을 촉진하는 업무 환경을 만드는 것은 기업 운영에 있어 빼놓을 수 없는 중요한 화두가 됐다. 이러한 시장성에 주목해, 사무용 가구나 설계를 전문으로 하는 기업뿐만 아니라 다양한 산업군에서 최적의 업무 공간을 제안하며 새로운 비즈니스 기회를 만들고 있다.

내 기분에 따라 변하는 사무실? 스마트 오피스가 온다

구글은 새로운 사무실을 설계하면서 1인용 좌석에 기능적인 부분을 대폭 강화했다. 자체적인 공조 시스템을 탑재해 개인별로 온도와 습도를 조작할 수 있음은 물론, '노이즈 캔슬링noise canceling' 장치도 설치해 외부 소음에 방해받지 않고 일할 수 있다. 이렇듯 직원 개개인이 가장 편안하게 느끼는 공간을 맞춤형으로 제공하는 것 또한 사무실의 새로운 역할이 됐으며, 이러한 흐름에 따라 사무실 내 공기, 온도, 습도, 소리와 같은 눈에 보이지 않는 요소들을 최적으로 제공하는 비즈니스가 속속 등장하고 있다.

SK텔레콤은 2019년 직원 300명을 대상으로 사무실이 스스로 알아서 공간을 운영하는 '5G 스마트 오피스'를 실험했다. AI, 사물 인터넷 등을 활용해 사람과 공간(공간 내 디바이스와 센서)이 실시간으로 데이터를 주고받으며 최적의 업무 환경을 만드는 것이다. 센서를 통해 공간의 습도, 밝기, 공기의 질, 소음과 같은 환경 정보뿐 아니라, 사무기기의 이용 상태, 공간의 이용 빈도 등의 데이터를 수집해 서버에 저장하고 이를 분석하여 최적의 업무 환경을 조성한다. 한 예로 5G 워크스루 시스템을 적용해 출입증 태그나 지문 인식을 하지 않고도 안면 인식만으로 사무실에 출입할 수 있도록 했다. 안면 인식 데이터는 직원의 표정을 통해 현재 기분을 인식하는 '감정 분석'에 활용되며, 개인의 기분에 따라 맞춤화된 휴식 환경을 추천해주기도 한다. 또한 공간 사용에 관한 분석을 통해 사용 빈도가 낮은 공간을 다른 용도로 변경하는 등 공간의 효율성을 높이는 데도 기여한다.[24]

에어컨 제조사로 유명한 다이킨DAIKIN은 인간이 따뜻함과 편안함을 느끼는 공간을 만들어 판매할 계획이다. 여태까지 공조 시스템은 주로 온도와 습도 제어에 머물렀지만, 다이킨은 소리, 빛, AI, 로봇 등을 포함한 다양한 수단과 기술을 활용해 인간에게 가장 쾌적한 환경을 제공하는 차세대 공조 시스템을 만들고 있다. 예를 들어, 고객이 '따뜻한 느낌'을 선택하면 벽면에 나타나는 무늬, 색상, 온도, 습도 등을 따뜻한 느낌으로 바꿔 방의 분위기를 연출한다. AI를 통해 고객의 감정 상태에 맞춘 영상을 골라 재생하거나, 로봇이 고객의 기분을 측정하고 적극적으로 방 안의 분위기를 제안하기도 한다.

이것이 가능한 이유는 인간이 '따뜻하다' 혹은 '푹신푹신하다'고 느끼는 이미지와 색상을 매칭해 AI에게 패턴을 학습시켰기 때문이다. 재미있는 점은 이 과정에 로봇이 참여해 인간과 AI의 가교 구실을 한다는 것이다. 물론 인간이 직접 방 안의 분위기를 연출할 수도 있지만, 로봇과 대화함으로써 함께 공간을 만들어간다는 기분을 느끼며 공감대를 형성할 수 있다.

로봇은 "지금 스트레스 지수가 올라간 것 같은데, 자연에 있는 듯한 느낌으로 바꾸면 어떨까요?"라고 질문하며, 고객의 기분을 관찰하고 공간 분위기를 제안한다. 고객은 이 제안을 무시해도 되지만, 만약 로봇의 제안을 받아들이고 싶다면 로봇을 터치해 방안의 분위기를 바꿀 수 있다. 이 과정에서 로봇은 고객과의 커뮤니케이션을 반복 학습함으로써 상대가 어떤 분위기를 좋아하는지 데이터를 쌓아간다.

그렇다면 이러한 기술을 어떻게 사무실에서 활용할 수 있을까? 예를 들어, 회의에서 아이디어가 떠오르지 않을 때 온도, 습도, 색상 등을 조정해 공간의 분위기를 바꾸면서 직원들에게 새로운 영감을 줄 수 있다. AI가 개인의 취향에 따라 휴식을 취하기 가장 적합한 휴게실 분위기를 연출할 수도 있으며, 같은 공간이라도 각기 다른 이용 목적에 맞춰 다양한 환경으로 제공할 수 있다. 소수의 인원이 공동으로 집중해서 업무를 하는 경우에는 집중력을 높이는 분위기를, 다수가 모여 신제품 개발 회의를 하는 경우에는 아이디어를 내기 쉽고 창의성이 발휘되는 공간 분위기를 연출하는 것이다.

다이킨은 "오감을 자극하는 환경을 만드는 일은 새로운 부가가치를 만드는 공조 기술이다"라며 향후 공간을 만들고 제공하는 것과 관련해 새로운 시장이 열릴 것으로 내다보고 있다. 다이킨은 자사의 미래형 공조 시스템을 기업 측에 제공하고 월 단위로 사용료를 지급받는 방식으로 사업을 준비하고 있다.

또한 공유 오피스와의 협업도 진행 중이다. 현재 다이킨은 파나소닉과 공동으로 공유 오피스를 운영하고 있는데, 소비재 회사인 라이온Lion과 협력해 아로마 향기로 공간의 분위기를 바꾸는 실험도 진행했다. 다이킨이 자체적인 공조 기술을 넘어 소리나 빛, 향기까지 취급하며 공간 비즈니스를 적극적으로 확대하는 배경에는 글로벌 기업을 향한 견제가 숨어있다. 만약 구글과 같은 기업이 에어컨 시장에 진출할 경우 큰 위협이 되기 때문이다. 미국의 IT 대기업뿐만 아니라 최근에는 삼성전자를 비롯한 가전 제조사들도 AI 스피커나 스마트폰을 주축으로 조명이나 공조 시스템을 연동하는 서비스를 선보이고 있다. 이러한 위기감에 직면한 다이킨 역시 공조 기술을 뛰어넘는 새로운 부가 가치를 창출하고자 힘을 쏟고 있는 것이다.

파나소닉 본사 또한 2020년 말 '워크스랩worXlab' 이라 불리는 새로운 스타일의 사무실을 공개했다. 빛, 공기, 소리, 향기, 영상 등 오감을 자극하는 장치들을 활용해 효율적으로 일할 수 있는 공간을 만들었다. 집중석에 설치된 카메라가 일하는 직원의 집중력이 떨어진 것을 감지하면 바람이나 향을 뿜어 자극을 준다. 200개 이상의 센서를 달아 직원들의 위치 정보 등에 관한 데이터를 취득하고 이산화탄소 농도나 습도, 온도 등을 분석해 효율적인 시설 운영에 활용한다.

파나소닉은 이러한 미래형 사무실을 자사의 직원들에게 제공할 뿐만 아니라, 공간 관련 컨설팅 비즈니스로까지 사업을 확장하

다이킨의 공조 기술이 적용된 파나소닉의 오피스. 직원들의 컨디션에 감응하는 센서 기술을 통해 최적의 업무 환경을 조성한다.

고 있다. 파나소닉 공간 솔루션 사업 추진실은 "지금까지의 사무실은 책상이나 의자 등의 가구를 활용해 새로운 공간을 구성하는 데 그쳤으나, 우리는 밖의 자연을 그대로 실내로 들여옴으로써 더욱 일하기 쉬운 환경을 만든다"라고 워크스랩의 장점을 설명했다.

행동 데이터로 조직 문화를 개선하는 법

오늘날 우리는 스스로 인지하지 못하는 사이에 이미 온라인 쇼핑몰에 많은 데이터를 제공하고 있다. 온라인 쇼핑몰이 과거 구매 이력이나 검색 내역 등 각종 데이터를 통해 개인의 취향을 파악하고 관심을 가질만한 맞춤형 제품을 추천하는 것을 우리는 어느새 당연하게 받아들이고 있다. 이와 비슷하게 앞으로는 개인의 업무 방식이나 일하는 방식에 관한 데이터를 수집하는 것 또한 당연해질지 모른다. 앞서 소개한 고쿠요가 직원들의 움직임을 분석해 업무 환경의 개선에 활용하는 것처럼 그와 비슷한 시도가 곳곳에서 나타나고 있기 때문이다.

근무 방식이 바뀌고 있으나 여전히 많은 직원들은 사무실에서 긴 시간을 보낸다. 또한 다양한 업무를 수행하는 과정에서 그들은 각종 시스템 및 업무 도구를 사용해 데이터를 쌓아간다. 예를 들어, 사원증을 활용해 출입문을 통과한다든가 스마트폰을 이용해 회의실을 예약하는 등의 모든 활동이 데이터가 되고 있는 것이다. 이를 적절하게 분석하면 사무실 공간을 효율적으로 활용하는 것을 넘어 조직 문화를 개선하거나 직원 간의 커뮤니케이션을 촉진할 수 있는 방안을 찾을 수도 있다.

일본의 미쓰이물산三井物産은 직원의 움직임을 데이터로 분석해 기업 문화를 바꾸고자 한다. 종합상사인 미쓰이물산은 부서별로 파벌주의 의식이 뿌리 깊게 남아있으며, 부서 간 커뮤니케이션이 잘 이뤄지지 않는 경우가 많다. 이러한 관습을 없애고, 창의적인 아이디어가 창출될 수 있는 환경을 만들기 위해 지금껏 다양한 노력을 해왔지만 쉽지 않았다. 최근 미쓰이물산은 이 같은 조직의 문제를 데이터를 통해 해결하고자 한다. 직원의 움직임을 데이터로 가시화함으로써 효율적으로 일하는 방법을 모색하고 있다. 사무실 내에서 직원들의 이동, 재택근무 시 회의 및 채팅 대화 등의 데이터를 조합해 해석하고, 이를 사무실 공간 설계에 반영해 직원 간의 교류를 촉진하는 것이다.

미쓰이물산은 2021년 5월에 이전한 도쿄의 본사 빌딩에서 직원들의 움직임을 데이터로 분석하기 시작했다. 전 층의 천장에 250개의 비콘을 설치하고 회사용 스마트폰의 앱과 연동함으로써 직원들의 위치 정보를 수집하고 분석한다. 개인 정보 제공에 동의한 직원들만 대상으로 하며, 전체 직원의 약 90%에 해당하는 3,600명 정도가 참여하고 있다. 물론 부서와 직무를 제외한 모든 개인 정보는 가려진다. 직원이 화장실과 같은 프라이버시 공간에 있는 경우에도 층수만 나타나도록 처리한다.

이러한 행동 분석을 실시하는 이유는 사무실 공간의 설계가 효과적인지 검증하기 위해서다. 공용 공간에 사람들이 모이는지, 잘 모이지 않는 장소는 어디인지를 데이터로 확인하고자 하는 것이다. 실제로 이러한 분석을 바탕으로 부서별로 공용 공간의 이용률에 차이가 있다는 것을 알게 됐으며, 데이터 분석 결과에 따라 공용 공간을 증설하거나 이용이 적은 공간에 소파를 들여놓는 등 공간의 활용도를 높이기 위한 대책을 마련했다. 이를 통해 직원 간의 우발적인 만남이 일어나고 의견 교환이 촉진되기를 기대하고 있다. 미쓰이물산은 사내에서 경험을 축적한 후, 공간 내 직원들의 움직임에 관한 데이터를 활용한 사무실 설계와 조직 문화 변화 시스템을 상품으로 만들 계획이다.

물론 기업의 이러한 시도가 직원 개인의 프라이버시를 침해한다는 우려의 목소리도 있을 것이다. 하지만 분명한 사실은 윤리적 옳고 그름을 떠나 이러한 영역에서도 새로운 비즈니스가 탄생하고 있다는 점이다. 코로나를 겪으면서 대부분의 산업에서 디지털 트랜스포메이션이 진행됐고, 바이러스 감염 확산을 방지하기 위해 개인 위치 정보를 제공하는 것에 대한 거부감도 낮아졌다. 모든 것이 디지털 데이터로 관리되기 시작한 오늘날, 기업이 직원의 움직임과 위치 정보를 활용하는 것 역시 그 어느 때보다 쉬워졌다. 앞으로 기업들은 효율적인 업무 환경 구축이라는 명목으로 사무실 내 직원들의 행동 데이터를 당연하게 요구할지도 모를 일이다.

●

●

●

○

○

3

집에 대한 모든 상식을 뒤집다, 주거 공간

사무실의 분산과 업무 공간의 변화는 자연스럽게 주거 공간의 변화를 몰고 왔다. 소위 '직주(직장과 주거) 일치'의 현상이 일어나며 집이 사무실이 되고 회의실이 됐다. 출근을 하지 않게 되면서 더 넓은 주거 공간을 찾아 대도시를 벗어나는 사람들이 늘어났고, 집에서 많은 활동이 이뤄지자 집 안에 자신만의 업무 공간 혹은 취미 공간을 마련하는 등 집에 대한 새로운 니즈가 생겨나고 있다. 주거 공간에 불어닥친 혁명은 단지 집 안 인테리어나 구조의 변화만을 몰고 오는 것이 아니다. '거주지' 혹은 '집'이라는 개념에 대해 근본적인 의문을 던지며, 전에 없던 새로운 비즈니스를 탄생시키고 있다.

원격근무와 대체 오피스는 디지털 노마드족의 확산을 촉진하고 있다. 장소에 구애받지 않고 일하는 디지털 노마드는 그동안 프리랜서들의 전유물로 여겨졌으나, 코로나 이후 근무 방식이 다양해지면서 평범한 직장인들도 실현 가능한 하나의 라이프스타일이 됐다.

디지털 노마드에게 있어 집은 고정된 것이 아니라, 상황에 따라 얼마든지 바뀔 수 있는 변동성이 높은 재화일 뿐이다. 디지털 노마드는 우리가 지금껏 당연하게 여겨왔던 '집은 한곳'이라는 고정 관념을 깨고 동시에 '집은 내구재耐久財며 고정 비용'이라는 개념을 뒤흔드는 새로운 비즈니스 모델을 등장시켰다. 컴퓨터 한 대만 있으면 어디서든 일할 수 있으므로, 꼭 한군데에 정착해서 살 필요가 없다. 2개의 도시에 거점을 두고 왔다 갔다 하며 살거나, 가끔은 지방 도시에서 '한 달 살기'를 실천해볼 수도 있다. 사람들이 분산돼 일하고 거주지에 대한 유동성이 높아지자 호텔은 장기 숙박 상품을 만들고, 아파트를 빌려 숙박 서비스를 제공하는 등 주택, 호텔, 민박 업계 간의 경계가 점차 희미해지고 있다.

국가별 주택 시장의 특성과 주거 문화가 다르기에 앞으로 살펴볼 주거 트렌드가 한국에도 동일하게 적용되리라 단정할 수는 없다. 하지만 지금 주거 공간에 불고 있는 변화는 역사상 없었던 새로운 양상인 것은 분명하다. 주거의 패러다임이 바뀌고 있다. 현재 세계 곳곳에서 일고 있는 변화의 흐름을 인지하고 고정 관념을 파괴하는 기업들과 그들이 만들어내는 혁신적인 비즈니스를 만나보자.

디지털 노마드의 시대가 열리다

인구 이동은 경제와 소비의 흐름을 파악하는 데 있어 중요한 요인 중 하나다. 어느 곳에 사람이 모이는지, 어디에서 어디로 사람들이 이동하는지를 눈여겨봐야 하는 이유는 단순하다. 그들이 곧 잠재적 소비자이기 때문이다. 지역 경제와 상권이 바뀌고 사는 곳이 달라지면, 그에 따라서 자연스럽게 라이프스타일이 바뀌고 소비 성향이 달라지기도 한다. 특히 직주 일치의 시대를 살고 있는 오늘날, 주거지 이동은 전반적인 사회 트렌드를 이해하기 위해 관심 있게 살펴봐야 할 항목이다.

지금껏 우리는 도시에 모여 살았고, 그렇게 사는 것을 당연하게 여겼다. 도시에는 일자리를 비롯해 일상생활에 필요한 인프라와 다양한 편의 시설이 집중돼 있기 때문이다. 2019년 기준 경제협력개발기구OECD 국가들의 경우 국토 전체 면적에서 도시가 차지하는 비중은 6% 정도지만, 전체 인구의 절반에 가까운 48%가 도시에 거주하고 있다. 영국, 네덜란드, 호주는 전체 인구의 70% 이상이 도시에 살고 있고, 한국은 전체 인구의 91.8%가 도시에 거주한다.[1]

코로나의 확산은 '직장 근처의 도시에 살아야 한다'는 사람들의 생각에 물음표를 던지는 계기가 됐다. 알다시피 도심의 집은 좁고 비싸다. 그럼에도 불구하고 통근 시간에 대한 고려와 다양한 인프라가 집중돼 있다는 편리함 때문에 지금까지 사람들은 기꺼이 높은 비용을 지불해올 수밖에 없었다.

도시를 떠나는 사람들

하지만 코로나로 상황이 바뀌었다. 유엔UN에 따르면 전 세계적으로 보고된 코로나 확진자의 90%가 도시에 집중돼 있다. 대도시는 편리하지만, 인구가 많은 만큼 전염병에 취약한 구조다. 통근이 점차 줄어들고, 클릭 한 번으로 모든 물건이 집 앞으로 배달되는 시대에 과연 비싼 금액을 지불하고 좁은 집에서 사는 것만이 정답일까? 최근 이와 비슷한 생각을 하는 사람들이 늘고 있다. 조금만 교외로 눈을 돌리면 훨씬 저렴한 비용으로 쾌적한 환경을 누리며 생활할 수 있기 때문이다.

이를 증명하듯 최근 신문 기사에서 지방으로 이주하는 가족들의 이야기를 종종 접하게 된다. 오늘날 정말 도시를 떠나는 사람들이 많아졌을까? 몇몇 국가의 통계를 살펴보며 확인해보자.

코로나가 확산되기 이전, 미국에서는 지속적으로 도심 집중 현상이 이어져 왔다. 일자리가 도시에 몰려있기 때문이었다. 하지만 코로나를 계기로 뉴욕이나 캘리포니아 같은 대도시를 떠나는 사람들이 늘고 있다. 미국인들이 이주를 결정하는 가장 큰 요인은 높은 생활비다. 특히 실리콘 밸리에서 일하는 직원들이 주로 사는 지역인 샌프란시스코의 베이 에어리어는 높은 물가와 월세로 유명한 곳이다.

원격근무가 확산되자 저렴한 가격에 더 넓은 공간을 가질 수 있는 미국 내 다른 지역으로 이주하는 직원들이 늘어났다. 미국의 온라인 주택 임대 플랫폼인 줌퍼Zumper에 의하면 2020년 6월 샌프란시스코 베이 지역의 임차료는 1년 전에 비해 11.8% 하락했다.[2] 리서치 회사 웹스터퍼시픽Webster Pacific과 운송 업체 유나이티드밴라인즈United Van Lines의 데이터에 따르면 2020년 5월부터 9월까지 베이를 떠나는 움직임은 전년 동기 대비 8% 증가했으며, 또 다른 대도시인 시애틀과 뉴욕의 경우 각각 7% 늘어났다.[3] 그럼 도시를 떠난 사람들은 어디로 이주했을까?

비즈니스에 특화된 소셜 미디어 링크드인Linked in이 미국의 주요 47개 도시권의 데이터를 분석한 결과, 코로나의 확산이 본격화된 2020년 4월부터 10월까지 샌프란시스코 베이 지역과 뉴욕시에서는 인구의 유출이 늘어난 반면, 생활비와 세금이 저렴한 텍사스주 오스틴, 애리조나주 피닉스, 테네시주 내슈빌 등에서는 인구 유입이 늘어난 것으로 나타났다. 미국의 이삿짐 트럭 렌털 업체 유홀U-Haul이 분석한 2021년 인구 유입 자료에서도 인구 유입이 많은 주state 1위와 2위는 텍사스와 플로리다였다. 인구가 증가한 주의 공통점은 소득세가 낮고, 대도시에 비해 물가가 저렴하다는 점이다. 같은 연봉을 받더라도 손에 남는 소득이 더 많고, 대도시에 비해 집값이나 물가가 저렴하기에 더욱 풍족한 생활을 누릴 수 있다. 재택근무의 일상화로 인해, 굳이 비싼 임차료를 지불하면서 뉴욕 맨해튼에 머무를 이유가 없어진 것이다.

앞서 2장에서 미국의 유수 기업들도 텍사스(테슬라)나 휴스턴(HP) 등으로 사무실을 옮겼다고 언급했다. 물론 세금 혜택을 받기 위해 미국 남부로 이전을 결정한 것이지만, 한편으로는 텍사스와 휴스턴이 인재들이 살고 싶어 하는 지역으로 변모하고 있기 때문이라고 해석해도 무방할 것이다.

미국의 경우 이미 Z세대 사이에서 '줌타운Zoom town'이 주목받으며, 지방의 주택 시장이 뜨겁게 달아오르고 있다.[4] 줌타운은 재택근무에 필요한 화상 회의 소프트웨어인 '줌Zoom'과 '타운town'을 합친 말로 원격근무가 일상화되면서 도심에서 멀리 떨어져 살기를 원하는 사람들로 인해 주택 매매의 호황을 누리는 지역을 뜻한다. 1990년대 초반에서 2000년대 초반 사이에 태어난 이들이 뉴욕이나 로스앤젤레스 같은 대도시를 떠나 선택한 곳은 콜로라도주 덴버, 워싱턴주 시애틀, 애리조나주 피닉스 등 상대적으로 규모가 작고 거주비 부담이 덜하면서 생활 인프라가 잘 갖춰진 도시들이었다. 이에 따라 미국의 지방 도시들도 이주 지원 정책 지원금을 운영하는 등 전입을 독려하고 있다. 미국 조지아주 사바나시는 1년 이상 거주하는 사람에게 이주 비용으로 2천 달러(약 240만 원)를 지원한다. 오클라호마주 털사시에서는 이주자에게 1만 달러(약 1,200만 원)를, 캔자스주 토피카시는 주택 구매 시 1만 5천 달러(약 1,800만 원)를 지원하는 등 코로나가 불러온 재택근무 확산을 인구 유입의 기회로 삼고자 하는 것이다.

한국의 인구가 수도 서울에 집중된 것과 비슷하게 일본의 인구는 도쿄에 몰려있다. 고령화 및 핵가족화로 인해 일본의 전체 인구는 2008년 1억 2,808명을 기점으로 감소세로 돌아섰다. 반면, 총인구수가 감소함에도 불구하고 도쿄의 인구는 지속적으로 늘어나 2000년 1,200만 명에서 2020년 5월에는 1,400만 명까지 증가했다. 이런 추세도 코로나로 인해 변화를 맞이했다. 2021년 한 해 동안 도쿄를 떠난 전출자의 수가 전입자의 수를 초과했는데 이는 도쿄도가 통계를 집계하기 시작한 2014년 이후 처음 있는 일이다. 물론 이유는 재택근무가 확산되면서 굳이 도쿄에 머물지 않아도 되는 사람들이 늘었기 때문이다. 연령대별로 살펴보면 30대의 도쿄 이탈이 가장 뚜렷하게 나타났으며, 도쿄에 근접해 있지만 집세와 생활비가 적게 드는 현県으로 이주하는 경우가 50%를 넘었다. 코로나로 인해 인구의 흐름이 역으로 바뀐 것이다.

이주를 고민하는 사람들에게 정보를 제공하는 '고향회귀지원센터'에 의하면 2021년 5월 이주 상담 건수는 전년 동월 대비 3배

가까운 약 2,900건에 달했다. 이주를 희망하는 곳은 시즈오카, 야마나시, 나가노 등 도쿄에서 100~200km 정도 떨어진 지역의 인기가 높았다. 주거비가 많이 드는 도쿄를 벗어나 넓은 집에 살고 싶다는 니즈가 높아지며 본격적으로 이주를 알아보는 사람이 늘고 있는 것이다.

미국, 일본뿐 아니라 전 세계 각지에서 코로나 확산 후 공통적으로 대도시를 벗어나려는 흐름이 감지돼 왔다. 호주 통계청의 자료에 의하면 2020년 2분기 기준, 멜버른이나 시드니 같은 대도시에서 시골로 이주한 사람이 1만 500명에 이르는 것으로 나타났다.[5] 각 도시의 단순 유출 수치를 보면 멜버른에서는 약 8천 명이, 시드니에서는 약 6천 명이 도시를 떠났다. 호주 통계청은 이러한 인구 이동이 역사상 가장 큰 규모라고 밝혔다. 글로벌 시장 조사기관인 입소스Ipsos가 2020년 호주 국민을 대상으로 조사한 결과에 따르면, 응답자의 약 20%가 몇 년 내로 대도시를 떠날 생각을 하고 있다고 밝혔다. 18~34세 연령층에서는 26%가, 50세 이상에서는 13%가 대도시를 떠나고 싶다고 답해, 특히 젊은 세대를 중심으로 지방 이주에 대한 관심이 높다는 점을 알 수 있다.

영국의 경우 런던 거주자 중에서 교외에 집을 구하고자 하는 사람들이 증가했다. 영국의 일간지 《가디언The Guardian》에 따르면, 2020년 런던 근교인 버킹엄셔주의 에일즈베리 베일이라는 지역에 위치한 집의 구매를 검토하고자 방문을 신청한 사람 중 런던 거주자가 차지하는 비율이 2019년 28%에서 1년 만에 44%로 급증했다. 버킹엄셔주는 런던에 인접한 지역이지만 인구 밀도는 런던의 3.3% 수준에 불과한 곳이다. 영국의 《데일리 메일Daily Mail》이 실시한 조사에서도 주로 런던으로 통근이 가능한, 즉 도심과의 접근성이 좋은 지역들이 이주지로 인기가 있었다.[6]

영국 시사주간지 《이코노미스트》가 소매 및 여가 활동, 대중교통 이용량에 관한 구글 데이터를 활용해 자체 개발한 '이탈 지수exodus index'를 살펴보면 2020년 맨해튼과 도쿄, 파리, 런던 등 세계 주요 도시의 지수가 각국의 평균보다 10~20% 낮은 것으로 나타났다. 이는 대도시의 경제 활동의 역동성이 교외 지역보다 떨어진다는 것을 의미한다.

한국 또한 서울을 떠나는 인구가 늘고 있다. 통계청의 '국내인구이동통계'에 따르면 서울은 2020년 3월부터 19개월 연속 인구 순 유출을 보이고 있다. 2021년 1월부터 9월까지 서울을 빠져나간 인구는 약 7만 7천 명에 달하는데, 이는 2020년 대비 2.3배나 높은 수치다. 서울을 떠난 인구는 주로 경기, 인천 등 수도권으로 이동한 것으로 나타났다. 서울 거주자가 인근 지역으로 이동하는 것 또한 높은 주거비가 가장 큰 이유로 지목되고 있다.[7]

코로나는 대도시를 중심으로 생활권이 형성된 다양한 국가에서 '도시 이탈'이라는 현상을 불러왔다. 물론 모든 사람이 도시를 떠날 수 있는 것은 아니다. 아직도 도시는 우리 생활의 중심 역할을 한다. 각종 인프라가 모여 있는 도시의 편리성은 누구도 부인할 수 없다. 또한 코로나 팬데믹이 끝나면 도시가 다시 부활할 것이라는 전망도 있으며, 뉴욕시의 경우 백신 보급이 활성화된 2021년부터 다시 뉴욕으로 들어오는 인구가 늘었다고 보고되기도 했다. 도시를 떠나는 트렌드가 앞으로도 지속될 것인지는 조금 더 지켜보아야 할 것으로 보인다.

다만, 강조하고 싶은 것은 원격근무의 확산이 우리가 선택할 수 있는 거주지의 폭을 넓혔다는 점이다. 도시를 떠나 직장과 멀리 떨어진 전원에서 생활하는 것이 언제든 실현할 수 있는 하나의 선택지가 됐다. '나중에 은퇴하면 다 정리하고 시골에 내려가야지'라는 바람을 은퇴하지 않고도 이룰 수 있게 된 것이다.

또 한 가지 눈여겨볼 트렌드는 서울, 런던과 도쿄의 경우에서 알 수 있듯이 대도시에서 벗어나더라도 도심과의 접근성은 여전히 중요한 고려 사항이라는 점이다. 점차 재택근무와 사무실 출근이 합쳐진 하이브리드식 근무 방식을 적용하는 회사가 많아지면서, 통근을 해야 하는 경우가 아예 사라지지는 않았기 때문이다. 또한 주거 공간은 넓게 사용하면서 원할 때는 언제든 도시로 이동이 가능한 근교 도시는 쾌적성과 편리함이라는 두 가지 니즈를 모두 충족시킬 수 있다. 이렇듯 코로나 확산으로 인한 근무 방식의 변화는 대도시 근교로의 이동을 촉진하고 있다.

디지털 노마드의 증가

디지털 노마드의 라이프스타일을 한 가지로 일반화하기는 어렵지만, 보통 원격으로 일하면서 정기적으로 여행을 하는 '일과 여행이 섞인 삶'을 영위한다. 이러한 디지털 노마드를 위해 공간을 제공하는 비즈니스들은 코로나 확산 이전부터 이미 존재했다. 공유 오피스와 숙박 시설을 함께 제공하는 '코리빙 스페이스Co-living space(이하 코리빙)'가 대표적이다. 저렴한 물가와 우수한 통신 환경으로 인해 전 세계의 디지털 노마드족이 사랑하는 국가인 태국의 '코허브KoHUB'는 바다가 보이는 객실에 머물며 업무를 할 수 있는 코리빙이다. 남미의 '셀리나Selina' 또한 업무 공간과 숙박 시설 그리고 이벤트 전용 공간이 함께 어우러진 형태로 미국, 멕시코, 포르투갈 등 총 20개국에 112개의 지점을 운영 중이다.[8] 이러한 공간들이 숙박 서비스인 에어비앤비Airbnb와 다른 점은 첫째, 업무 공간에 힘을 쏟고 있으며, 둘째, 세탁 서비스를 제공하는 등 주거 편의성을 높임으로써 디지털 노마드들이 업무에만 집중할 수 있도록 지원한다는 것이다.

원격근무가 새로운 표준이 되는 위드 코로나 시대에 도시 이탈 트렌드와 함께 눈여겨볼 것은 디지털 노마드가 점점 더 많아지고 있다는 사실이다. 미국의 인력 소개 업체인 MBO 파트너스MBO Partners의 조사에 의하면 미국에서 자신을 디지털 노마드라고 여기는 사람의 수는 2019년 730만 명에서 2020년 1,090만 명

미국 내 디지털 노마드 증가 현황

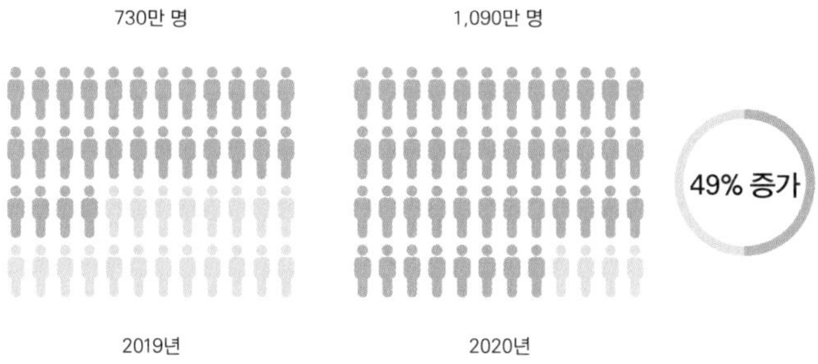

출처: MBO 파트너스

미국 내 고용 형태별 디지털 노마드 증가 현황

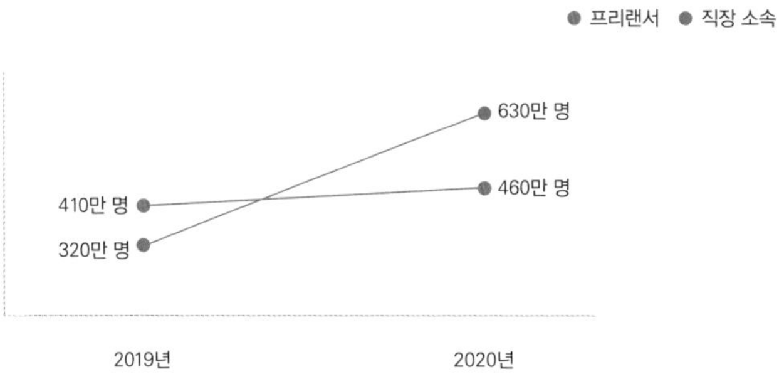

출처: MBO 파트너스

으로 1년 새 무려 49% 증가했다. 직장에 소속된 디지털 노마드는 2019년 320만 명에서 2020년 630만 명으로 96%, 즉 거의 2배로 증가했고, 프리랜서로 일하는 디지털 노마드 역시 2019년 410만 명에서 2020년 460만 명으로 12% 증가를 보였다.[9]

특히 디지털 노마드 중 밀레니얼 세대와 Z세대의 비중이 2019년 48%에서 2020년 62%로 대폭 증가했다. X세대(디지털 노마드의 비중은 2019년 25%, 2020년 22%)와 베이비붐 세대(2019년 27%, 2020년 17%)가 코로나 확산을 염려해 집에 머물며 일하는 반면, MZ세대들은 다른 지역을 자유롭게 오가며 일과 여행을 섞는 라이프스타일을 좀 더 자연스럽게 받아들이고 있는 것으로 보인다.

이들 중 대부분은 집에서 멀지 않은 곳, 또는 해외가 아닌 국내의 다양한 곳을 탐험하며 일하는 디지털 노마드로 추측된다. 이는 코로나로 인해 국제 이동이 힘들어진 요인도 있지만, 하이브리드 근무 방식하에 일정한 주기로 사무실에 출근해야 하는 경우가 많기 때문이기도 하다. 또한 시간대가 달라지는 먼 지역으로 이동하면 시차로 인해 커뮤니케이션이 어려워질 수도 있다. 따라서 동료들과 같은 시간대에 머물며 업무나 회의에 쉽게 대응할 수 있는 근거리를 중심으로 디지털 노마드의 삶을 즐기는 것이다.

이를 방증하듯 미국에서는 밴이나 캠핑카를 이용한 디지털 노마드가 증가하고 있다. 실제로 2020년 기준, 미국 내 디지털 노마드의 17%인 190만 명이 밴을 이용해 여행하며 일하는 노마드 생활을 하고 있는 것으로 나타났다. 이에 따라 차에서 숙박이 가능한 캠핑카의 수요가 급증하고 있으며 캠핑카 공유 플랫폼도 급성장했다. 미국의 '아웃도어시Outdoorsy'는 2014년 설립된 동명의 기업에서 제공하는 캠핑카 공유 서비스로 미국, 캐나다, 호주, 영국을 포함한 전 세계 14개국 약 5만여 개 도시에서 캠핑카 20만 대

일과 여행이 뒤섞인 일상을 쉽게 받아들이는 밀레니얼 세대는 차를 타고 돌아다니며 생활하는 소위 '밴 라이프van life'를 쿨한 라이프스타일로 여긴다. 이를 증명하듯 캠핑카 공유 플랫폼 이용 고객의 대다수는 밀레니얼 세대다.

를 대여해주고 있다. 아웃도어시의 2020년 예약 건수는 2019년 대비 4배나 증가했다.[10]

코로나로 해외여행이 제한되면서 국내에서도 캠핑의 인기가 치솟고 있다. 국토교통부에 따르면 2021년 기준 국내 캠핑카 등록 대수는 약 2만 대로 10년 전과 비교해 19배 이상 급증했다. 캠핑카뿐만 아니라 캠핑용품 및 캠핑장 예약까지 전부 패키지로 제공하는 '캠버camver'라는 캠핑카 공유 서비스도 등장했다. 캠핑카와 캠핑용품을 쉽게 빌릴 수 있고 캠핑장 예약까지 수월하게 진행할 수 있다면, 국내 여행을 즐기며 일하는 밀레니얼 세대들도 늘어날 것이다. 코로나가 촉발한 업무 공간의 분산과 그로 인한 라이프스타일의 변화, 그리고 누구라도 쉽게 캠핑카를 이용할 수 있도록 지원하는 새로운 서비스의 등장은 집을 떠나 색다른 경험을 즐기고 싶은 사람들이 언제든 이를 실현할 수 있도록 도와준다.

자연을 벗 삼아 일하고 싶은 사람들이 꼭 캠핑카에서만 묵어야 하는 것은 아니다. 캠핑카를 이용하면 언제든 이동할 수 있다는 장점은 있지만, 아무래도 잠자리가 집처럼 편하지는 않다. 만약 캠핑카처럼 이동이 자유롭지만, 집과 같은 편안함을 제공하는 '움직이는 집'이 있다면 어떨까? 여기 미국의 스타트업 하우스닷미Haus.me가 디지털 노마드를 위해 만든 이동식 집이 있다.

하우스닷미의 '마이크로하우스microhaus'는 가로 5.8m, 세로 2.2m, 높이 2.5m의 크기로 캠핑카처럼 차 뒤에 매달아 이동할 수 있다. 기초 공사가 필요하지 않는 바닥 구조로 만들었기 때문에 설치가 쉽고, 집 전체를 조립하는데 1~2시간밖에 걸리지 않는다. 바닷가나 숲속 어디든 마음에 드는 풍경을 만나면 집을 세워놓고 즐길 수 있도록 벽에는 유리로 된 통창을 만들었다. 전국을 돌아다니며 일하는 정말 유목민 같은 생활이 가능한 것이다. 또한 마이크로하우스는 미국에서 건축 허가가 필요하지 않은 규모기 때문에 손쉽게 지어 단기 임대로 활용할 수 있다는 장점도 있다.[11]

최근 일본에서도 로그하우스log house(통나무집)를 설계해 판매하는 '베스BESS'에서 '이마고IMAGO'라는 이동식 집을 선보여 화제가 됐다. 베스의 이마고 또한 마이크로하우스와 마찬가지로 차 뒤에 매달아 이동이 가능하다. 총 두 가지 크기로 작은 사이즈(1.75평, 5.8m^2)는 집 마당에 세워놓고 레저나 취미 공간으로 사용이 가능하며 386만 엔(약 3,860만 원)에 판매되고 있다. 442만 엔(약 4,420만 원)의 가격에 판매되는 더 큰 사이즈(3.3평, 11m^2)는 마치

출처: 하우스닷미

차 뒤에 매달아 쉽게 이동할 수 있는 움직이는 집 마이크로하우스.

출처: 베스

이용자가 마음껏 즐기면서 공간의 가능성을 늘리는 이동식 로그하우스 이마고.

세컨드 하우스나 별채의 느낌으로 활용할 수 있다. 단독 주택이 많은 일본의 경우, 집 마당에 세워놓고 이용하다가 그대로 차를 몰고 이동하는 것도 가능하다. 취미 생활이나 업무에 필요한 공간을 만들기 위해 집 내부를 리노베이션하는 대신 이러한 이동형 별채를 활용하고자 하는 사람들의 문의가 늘고 있다고 한다. 이마고를 움직이는 가게로 사용해 부업을 하는 사람들도 생겼다.

베스를 운영하는 알씨코퍼레이션R.C. Corporation은 2021년 통나무로 만든 별채의 인기가 증가하고 해당 제품이 전년 대비 2배가 넘게 판매되자, 이동성을 결합한 로그하우스를 구상하게 됐다. 관계자는 "내 방을 그대로 밖으로 끌고 나가는 콘셉트다. 해안가에서 원격근무를 하면서 자연과 더 가깝게 지내는 생활을 제안하고 싶다"라며 이마고를 고안한 배경을 설명한다.

국경을 넘나드는 디지털 노마드

잠시 눈을 감고 상상해보자. 만약 100% 원격근무가 가능하다면, 1년에 한 번도 사무실로 출근하지 않아도 된다면, 그리고 어떠한 제약도 없이 살고 싶은 곳을 선택할 수 있다면 어디에서 살고 싶은가? 아마 해수면 위로 석양이 아름답게 펼쳐지는 하와이나 여유롭고 느긋한 동남아의 바닷가를 떠올리는 사람이 많을 것이다. 생각만으로도 기분 좋아지는 이러한 상상은 더 이상 상상에 그치지 않고 현실이 되고 있다.

코로나로 국경을 오고 가는 것이 제한되는 가운데 기업에서도 온라인으로 국경을 넘어 업무를 발주하는 움직임이 가속화되고 있다. 온라인상에서 기업과 노동 인력을 연결해주는 호주의 플랫폼 '프리랜서Freelancer.com'의 회원 수는 2019년 4,190만 명에서 2020년 말에는 5,080만 명으로 20% 이상 증가했다. 그 이후로도 회원 수는 꾸준히 증가해 2021년 6월 기준 5,310만 명의 회원이 등록돼 있으며 이는 코로나 확산 전과 비교하면 약 30%가 늘어난 수치다. 영국 옥스퍼드대학교의 조사에 따르면 영어권 국가에서 온라인으로 업무를 중개하는 사업자들에게 의뢰된 업무 건수 또한 코로나 확산 전과 비교해 약 30% 증가한 것으로 밝혀졌다.

미국에서는 이민에 따른 비자 발급 수가 급격히 감소했다. IT 업무 등 전문 기술을 가진 외국인이 미국에서 단기 체류하며 일을 할 수 있게 허용해주는 H-1B 비자의 발급 건수는 2019년 10월부터 2020년 9월까지 1년 동안 약 12만 5천 건으로 전년 대비 30% 줄었다. 이는 자국 내 일자리를 최우선으로 하겠다는 도널드 트럼프 전 미국 대통령이 비자 취득을 까다롭게 만든 이유도 있지만 코로나로 인해 미국으로 입국하지 못한 노동자들이 늘어난 점도 주요한 원인으로 꼽힌다.

이러한 현상에도 불구하고 미국 IT 대기업들의 매출액은 줄어들지 않았으며, 오히려 매출이 증가한 곳이 많다. 인력 수급이 용이하지 않은 상황에서 이들이 코로나라는 커다란 위기를 넘길 수 있었던 이유 중 하나는 화상 면접이나 비대면 미팅으로 직원을 고용하는 리모트 채용을 확대했기 때문이다. 기업 입장에서 리모트 채용은 비자 발급 여부와 관계없이 인재를 채용할 수 있어 서비스 제공이 중단되는 위험을 줄일 수 있다.

앞으로도 국경을 초월하여 일하는 트렌드는 IT 기업을 중심으로 꾸준히 이어질 것으로 예상된다. 국제노동기구는 전 세계 노동자 중 IT 및 금융과 같은 전문직에 종사하는 인구의 약 6분의 1은 원격근무가 가능하다고 밝혔다.[12] 이를 노동력 인구로 추산하면 약 6억 명이 잠재적인 원격근무자가 된다는 계산이다. 한편, 리모트 채용뿐만 아니라 프리랜서로 일을 하는 노동자를 위해 국경을 초월하여 업무를 발주해주는 서비스들도 다수 존재한다. 이러한 서비스를 이용하면 프리랜서는 따로 영업을 하지 않아도 되고 기업 입장에서는 번잡한 비자 발급 절차를 치르지 않아도 된다는 장점이 있다.

국제 경제학자이자 코로나 이전부터 국경을 초월한 원격근무에 관한 연구를 진행하던 리처드 볼드윈Richard Baldwin 스위스 제네바 국제경제대학원 교수는 "원격근무가 노동의 중심이 되는 시대가 온다"라고 주장하고 있다. 그는 "코로나 팬데믹 이전부터 행해지고 있던 텔레워크가 코로나로 인해 가속화됐다. 처음에는 같은 회사와 같은 팀 내에서 원격으로 업무를 했지만, 원격근무에 대한 이해도가 높아지고 익숙해짐에 따라, 이제 누구와도 함께 일할 수 있다는 인식이 퍼지기 시작했다. 자연스럽게 보다 싼 임금으로 인재를 고용할 수 있다는 인식이 기업 측에도 확산되고 있다"라고 말했다. 또한 "기업에서도 국내 노동자를 노동 비용이 저렴한 해외 노동자로 대체하는 것이 용이해졌다. '통신 이주민telemigrants'은 앞으로 더욱 늘어날 것이다. 온라인 업무의 발주자와 수주자를 연결하는 중개 플랫폼의 주가도 상승하고 있다"라고 설파했다.

국경을 넘어선 채용과 일자리가 증가하고 있다는 것은 어떠한 의미일까? 먼저, 노동자의 입장에서는 구직 시장의 글로벌 경쟁이 시작됐다는 뜻이다. 한국에 살면서 미국의 구글 사무실에서 일하는 것이 더 이상 불가능한 이야기가 아니다. 재택근무 인프라와 유연한 조직 문화가 잘 정착된 기업 입장에서는 공간의 제약 없이 전 세계에서 유능한 인재를 고용할 수 있다는 장점을 갖게 된다.

실제로 일본의 인재 서비스 회사인 파소나 그룹은 해외에 살면서 리모트워크로 일하는 외국인 인재를 일본 기업에 소개하는 새로운 서비스를 시작했다. 코로나가 장기화되면서 외국인이 일본을 방문하기 어려운 상황이 지속되고 있지만, 이와 동시에 전 산업에 걸쳐 디지털 트랜스포메이션이 진행되면서 IT 인재에 대한 수요가 급증했기 때문이다. 파소나는 코로나 이전부터 연간 수백 명 규모의 외국인을 일본 기업에 소개해왔다. 그중 약 60%가 일본에 주재하는 외국인이었고 나머지 40%가 모국에서 일본으로 이주해온 경우였다. 하지만 리모트워크가 정착되면서 현지에 있는 IT 인재에게 업무를 의뢰하고 싶다는 기업들의 수요가 증가하며 파소나도 새로운 서비스를 시작하게 된 것이다. 뿐만 아니라 기업들이 사내에서 IT 인재를 육성하는 것은 비용이나 시간 측면에서 많은 투자가 필요하다. 따라서 이제 많은 기업들은 해외에 있는 인재를 활용하는 방향으로 눈을 돌릴 것이다.

코로나 확산 이후 원격근무를 거부감 없이 받아들이게 된 기업 문화와 MZ세대를 중심으로 자리 잡고 있는 여행과 일을 섞는 라이프스타일 그리고 이러한 삶을 가능하게 만드는 다양한 비즈니스의 등장으로 인해 앞으로는 디지털 노마드를 어디서든 쉽게 만날 수 있게 될 것이다. 한국에서 캠핑카를 끌고 전국 방방곡곡을 누비며 여행하지만, 영국 런던에 본사가 있는 회사에서 일하고, 남아프리카 공화국에 사는 회사 동료들과 함께 제품을 개발하는 젊은이들이 우리 주변에 등장하고 있다.

호텔이 집이 되는 세상, 주거의 고정 관념을 깨다

시간과 장소에 구애받지 않고 일하는 근무 형태가 확산되면서 밴을 이용해 돌아다니는 디지털 노마드족이 늘어나고 있지만, 일반 직장인들이 이보다 더 쉽게 실행할 수 있는 라이프스타일은 바로 휴가지에서 머물며 일하는 워케이션일 것이다. 원격근무로 인해 강원도 양양에서 한 달 살기를 하면서 일하다 서핑을 즐기는 삶이 가능해졌다. 새로운 라이프스타일에 생기면 자연스럽게 그들의 니즈에 맞는 새로운 서비스가 탄생하기 마련이다.

"시골에 나만의 별장이 있어 가끔 그곳에서 머물면 좋을 텐데."
"제주도, 양양, 부산 등 전국의 다양한 곳에 내가
머물 수 있는 공간이 있다면?"
"다음 달은 제주도에서 한 달간 일하고, 그다음 달은
경주에서 한 달간 지낼 수 있다면?"

이러한 니즈에 가장 적극적으로 대처하고 있는 곳은 바로 호텔 업계다. 이들은 호텔의 개념을 '여행하면서 짧게 머무는 장소'가 아니라 '장기적으로 집처럼 편안하게 머무는 곳'으로 새롭게 포지셔닝하면서 다양한 고객을 유인하고 있다.

호텔을 집으로 삼는 사람들

코로나 확산 이후 자주 들을 수 있는 단어 중 하나는 바로 워케이션이다. 매일매일을 돌아다니며 살 수는 없더라도 1년에 두세 번은 한 달 살기를 떠나거나 한 달에 한 번 정도는 장소와 분위기를 바꿔 근무하는 것이 충분히 가능해졌다.

에어비앤비의 창업자 브라이언 체스키Brian Chesky는 2021년《중앙일보》와의 인터뷰를 통해 "코로나 이후 원하는 곳 어디서든 일할 수 있는 워케이션 시대가 열리며, 여행의 혁명이 올 것이다"라고 말했다. 또한 그는 "코로나 이후 아마존, 포드, PwC 같은 수많은 기업이 영구적인 원격근무 제도를 발표했다. 근무 형태가 유연할수록 적은 비용으로 전 세계에서 다양한 재능을 가진 직원을 고용할 수 있기 때문이다. 주 5일 출근할 필요가 없다면, 우리는 언제든 집을 떠나 어디서든 일할 수 있다. 실제로 2021년 3분기 에어비앤비 예약의 45%는 일주일 이상, 20%는 한 달 이상의 장기 숙박이었다"라고 설명했다.[13]

이러한 트렌드를 배경으로 국내 호텔 업체는 적극적으로 한 달 살기와 같은 장기 숙박 서비스 시장에 뛰어들고 있다. 관광객들이 주로 여행과 휴식을 위해 이용하던 호텔의 역할이 '주거'로까지 확장되고 있는 것이다. 이제 '거주지'의 유형에 아파트나 주택뿐만 아니라 호텔도 하나의 선택지로 포함해야 할지도 모른다. 국내 호텔들은 장기 투숙객을 위해 아예 공간을 재구성하거나 생활 서비스를 추가로 제공하는 등 다양한 전략을 취하고 있다.

장기 투숙객 유치에 가장 적극적인 호텔 중 하나인 서울드래곤시티는 2020년 10월, 장기 투숙객을 위해 생활 편의 시설을 모은 '두두라운지'를 오픈했다. 호텔 2층의 아케이드 공간을 개조해 공유 주방, 세탁실, 휴게 공간을 마련했으며, 라운지의 인기가 높아지자 2021년 3월에는 공간을 확장하여 대형 스크린, 포켓볼 등의 엔터테인먼트 시설까지 설치했다.

출처: 서울드래곤시티

생활 편의 시설과 엔터테인먼트 공간을 갖춘 호텔이 늘고 있다. 이제는 호텔에 내 집처럼 머물며 여유로운 라이프스타일을 즐길 수 있다.

'호텔 리빙 공간'이라는 새로운 콘셉트를 전면에 내세운 곳도 등장했다. 서울 명동의 더블에이 호텔을 리모델링한 '디어스 명동'은 5층부터 7층까지의 3개 층은 단기 투숙 객실, 8층부터 12층까지의 5개 층은 장기 투숙 객실로 구분했다. 장기 투숙객의 경우 객실 요금에 관리비, 청소비, 세탁비 등 모든 서비스가 포함돼 있다는 점이 특징이다. 그뿐만 아니라 공유 주방과 전용 라운지를 비롯해, 우편함과 택배 수령이 가능한 택배실까지 마련해놓았다. 디어스 명동은 공간의 절반 이상을 주거 시설로 운영하는, 즉 호텔과 주거가 결합한 새로운 형태의 공간인 것이다.

호텔에 장기 투숙하고 싶은 사람들과 호텔을 중개하는 플랫폼인 '호텔에삶'도 등장했다. 호텔에삶 김병주 대표는 매거진《호텔앤레스토랑》과의 인터뷰에서 호텔이 장기 투숙지로서 매력적인 이유에 대하여 다음과 같이 전한다.

"호텔 장기 투숙에 대한 수요는 밀레니얼 세대를 중심으로 이뤄지고 있는데, 밀레니얼 세대는 공유하는 문화에 익숙하며 남에게 보이는 시선을 중요시한다. 이러한 의미에서 '호텔'이라는 공간이 주는 자체적인 의미가 있다. 또한 24시간 프런트가 운영되기 때문에 치안이 좋고, 조식, 룸 청소 등 호텔에서만 즐길 수 있는 서비스가 있다는 점도 큰 메리트로 작용한다."[14]

여태까지 주로 여행객을 대상으로 단기 숙박을 제공하던 호텔 산업이 주거의 영역에 진입하여 장기 투숙이라는 새로운 시장을 만드는 트렌드는 일본에서도 마찬가지다. 최근 장기 숙박 서비스

호텔에서 살지 못할 이유가 무엇인가? 편하고, 안전하고, 서비스도 만점이다.
여행객보다 장기 숙박객이 점차 호텔의 주요 고객으로 떠오르고 있다.

는 일본의 호텔들이 가장 눈독을 들이는 분야가 됐다.

일본은 특히 '2020 도쿄 올림픽'을 준비하면서 많은 호텔이 새로 지어졌다. 하지만 올림픽이 1년 연기되고 그마저도 무관중으로 진행되면서 외국인 관광객이 전멸하다시피 했고, 지금까지도 일본의 호텔 업계는 매우 힘든 시기를 보내고 있다. 이러한 상황에서 그들이 주목하는 고객군은 코로나로 인해 늘어난 원격근무자들이다. 원격근무의 확산과 새로운 활로를 모색하는 호텔 업계의 니즈가 만나 새로운 시장이 탄생하고 있는 것이다.

실제로 코로나 이후 호텔에 장기간 머무르는 사람이 증가하고 있다. 호텔 예약 시스템을 제공하는 일본의 스타트업 메트로 엔진Metro Engines의 조사에 의하면 2020년 9월부터 2021년 8월까지

1년간 호텔에서 7박 이상 숙박한 사람의 비율은 10.36%로 전년의 4.87%와 비교해 2배 이상 증가했다.

코로나가 장기화되며 낮은 객실 가동률로 인해 힘든 시기를 보내고 있는 일본의 호텔들은 이러한 트렌드를 바탕으로 국내 원격 근무자들을 대상으로 한 장기 숙박 서비스를 경쟁하듯 선보이고 있다. 특히 평소에는 머물기 힘든 고급 호텔들이 단기 숙박 요금에 비해 저렴한 가격으로 장기 숙박 서비스를 출시하고 있다.

일본을 대표하는 고급 호텔이자 130년의 역사를 자랑하는 제국 호텔帝国ホテル은 2021년 2월 '서비스 아파트먼트(정액제 임대)'라는 신사업을 선보였다. 서비스 아파트먼트는 36만 엔(약 360만 원)으로 한 달(30박) 동안 제국호텔에 살 수 있다는 점에서 큰 화제가 됐다. 평소 전체 931개의 객실 가운데 절반 정도는 해외 방문객이 차지하던 제국 호텔은 코로나 확산 후 외국인 관광객이 줄어들자 객실 운영을 두고 고민에 봉착했다. 이를 타개하기 위한 방안으로 서비스 아파트먼트를 시범적으로 운영해보기로 했는데 결과는 말 그대로 대성공이었다. 3개 층을 개조해 준비한 99개의 방이 예약을 시작한 첫날 오전 중 완판된 것이다.

서비스 아파트먼트를 이용하는 사람들의 수요는 예상보다 다양했다. 사무실이 필요한 1인 사업자, 일하면서 휴식을 취할 수 있는 개인 공간을 가지고 싶은 기업의 임원진을 비롯해, '잠시 긴자에 살아볼까?'라는 마음으로 신청한 평범한 부부도 있었다. 공용 공간에는 전자레인지, 세탁기, 건조기, 다리미 등이 비치돼 있으며, 식사와 세탁 서비스도 유료 옵션으로 제공하고 있다.

예상보다 수요가 크자 제국 호텔은 2021년 5월에 객실의 수를 총 200개로 확대했는데, 객실 가동률은 70~80%에 달한다. 해외의 특급 호텔 중에는 장기 체류자를 위한 스위트룸이나 서비스 아파트먼트를 운영하는 호텔이 꽤 있었지만, 일본에서는 이러한 수요에 대응하는 서비스가 거의 없었다. 하지만 원격근무로 인해 호텔에서 장기 투숙하는 라이프스타일이 가능해지면서 관심을 갖는 사람들이 늘어난 것이다. 제국호텔은 집과 호텔의 경계를 무너뜨리며 새로운 주거 서비스를 만들었다는 평가를 받고 있다.

제국호텔의 성공에 자신감을 얻은 것일까? 호텔 뉴 오타니도 아침, 점심, 저녁 3식에 청소와 세탁이 포함된 장기 숙박 상품인 '신·슈퍼 도쿄케이션新·スーパ Tokyocaton'을 발표했다. 약 8평(27.3m²) 크기의 방에 머무는 상품으로 6박, 12박, 30박 중 선택할 수 있으며 가격은 각 12만 엔, 18만 엔, 39만 엔(약 120만 원, 180만 원, 390만 원)이다. 이 외에도 인터콘티넨탈 호텔(30박, 39만 엔부터), 게이오 플라자 호텔(30박, 16만 엔부터) 등 일본의 유명 호텔들이 연달아 장기 숙박 상품을 선보이고 있다.

한국과의 차이점은 월 숙박료 300만 원 이상의 고급 호텔들이 적극적으로 참여하고 있다는 사실이다. 호텔 업체는 재택근무자를 포함한 비즈니스 고객을 타깃으로 상품을 기획했지만, 모객 과정에서 의외로 다양한 고객층이 존재한다는 점을 알게 됐다. 월 수백만 원의 비용을 지불하며 호텔에 머무르는 이들 중에는 해외

여행이 막히자 기분 전환을 위해 1년에 한두 달 정도 호텔을 집으로 삼는 사람들도 많다. 이처럼 지금껏 개척되지 않았던 '호텔 장기 숙박' 분야에서 시장성을 발견한 호텔들이 속속 비즈니스에 뛰어들면서, 색다른 테마를 가진 한 달 살기 프로그램으로 차별화를 꾀하는 곳들도 등장하기 시작했다.

일본의 리가 로열 호텔 그룹RIHGA ROYAL HOTELS은 2021년 10월부터 사고, 병 등의 후유증으로 인해 재활 치료가 필요한 사람을 대상으로 한 장기 숙박 상품을 선보였다. 병원이 아닌 호텔의 편안한 환경에서 고급스러운 서비스를 즐김과 동시에 재활 치료까지 진행한다. 병원에서 사용하는 전문적인 치료 시설을 완비하고 전문 치료사가 재활을 돕는다. 한 달 숙박료는 196만 엔(약 2천만 원)으로 결코 저렴한 비용은 아니지만, 초고령 사회인 일본에서는 승산이 있다고 판단한 것이다. 리가 로열 호텔의 대표이사는 TV 도쿄TV Tokyo와의 인터뷰에서 "호텔을 이용하는 방법이 다양해지고 있으며, 이러한 니즈에 대응하지 않으면 안 될 정도로 현재 호텔 업계의 경영 상태는 매우 심각하다. 우리도 계속 새로운 돌파구를 모색하는 중이며, 그 일환으로 '리하빌리티 투어리즘rehabilitee tourism(재활 치료 여행)'이라는 형태로 호텔을 이용하는 방식을 제안하게 됐다"라고 상품 출시 배경을 설명한다.

도쿄 신주쿠에 위치한 게이오 플라자 호텔 도쿄KEIO PLAZA HOTEL TOKYO는 2021년 2월부터 한 달에 21만 엔(약 210만 원)으로 묵을 수 있는 장기 숙박 상품을 출시했는데, 판매 개시 후 2시간 만에 완판되며 큰 성공을 거뒀다. 이후에도 지속적으로 예약이 들어오고 문의가 잇따르는 등 장기 숙박 상품에 대한 시장의 수요가 의외로 높다는 점이 확인되자, 호텔은 특별한 콘셉트를 가진 장기 숙박 상품을 출시하며 서비스를 확장하고 있다. 한 예로 다이어트를 원하는 고객을 대상으로 한 상품인 '미 베케이션 30美 Vacation 30'은 호텔 옆에 위치한 퍼스널 트레이닝 전문 피트니스 센터인 라이잡RIZAP과 협업으로 진행한다. 주 2회(월 8회) 1대 1 맞춤 지도를 받을 수 있으며, 피트니스 센터의 다양한 운동 기구를 언제든 사용할 수 있다. 그뿐만 아니라 호텔에서 저당질 조식을 제공해 식단 관리를 돕고, 요가 매트를 포함한 운동 도구를 빌려 방 안에서 라이잡이 제공하는 트레이닝 동영상을 보면서 운동하는 것도 가능하다. 즉, 해당 상품은 장기간 머물면서 다이어트를 하거나 건강한 몸을 만들고 싶은 사람을 대상으로 한 프로그램으로 가격은 1인 기준 30박에 49만 8천 엔(약 500만 원)이다.

"특별한 피트니스 서비스를 받을 수 있기에 또는 이곳에서만 제공하는 메뉴를 먹을 수 있기에 게이오 플라자 호텔에 가는 고객이 많아졌으면 한다. 즉, 우리 호텔이 고객의 목적지가 되는 '데스티네이션 호텔'이 되고 싶다"라고 호텔 관계자는 설명한다.

많은 호텔 업체가 자신들이 이미 가지고 있던 하드웨어와 높은 수준의 서비스를 무기로 주거 시장에 진출하고 있다. 때론 외부의 전문적인 서비스와 결합해 집에서는 누릴 수 없는 차별화된 경험을 제공하며 새로운 고객층을 겨냥하기도 한다.

아파트인데 호텔이라고?

한편 호텔이 주거 시장에 진입하는 것과 정반대의 움직임도 일어나고 있다. 바로 아파트가 호텔이 되는 비즈니스 모델이다.

미국에 등장한 신종 부동산업은 그 정체가 살짝 모호하다. 2012년 미국 샌프란시스코에서 사업을 시작해 조금씩 세력을 확장하고 있는 스타트업 손더Sonder Corp는 아파트면서 호텔이기도 한 주거 공간을 임대해주는 플랫폼이다. 손더는 아파트 전체를 빌려서 호텔식 서비스를 접목한 '아파트 호텔'이라는 명칭의 장기 및 단기 임대 상품을 제공하는데, 2018년까지 약 20만 명이 머물렀다. 2019년 1억 4,300만 달러(약 1,716억 원), 2020년 1억 1,600만 달러(약 1,392억 원)의 매출을 기록한 손더는 현재 8개국, 38개 도시에서 1만 개가 넘는 아파트 호텔 객실을 운영 중이다.

손더는 아파트 건물의 일부를 임차하고 세탁기 등을 설치한 후 주변 4성급 호텔보다 약 20~30% 정도 낮은 가격에 제공하는 비즈니스로 언뜻 보면 우리가 익숙하게 알고 있는 에어비앤비와 비슷해 보인다. 하지만 손더가 직접 아파트를 관리하면서 숙박 서비스의 질을 일정하게 유지한다는 점에서 차별화된다. 에어비앤비는 집주인이 누구냐에 따라 서비스의 차이가 크며 이는 지금까지도 주요한 고객 불만 요인 중 하나다. 손더는 아파트를 직접 관리함으로써 이러한 리스크를 없앴을 뿐만 아니라 피트니스 센터 같은 편의 시설도 갖춰 이용객들의 만족도를 높였다.

출처: 손더

아파트 호텔이라는 새로운 개념을 도입한 손더. 집처럼 편안한 공간을 찾는 여행객들 사이에 인기를 끌고 있다.

아파트 호텔이 초기에 타깃으로 설정한 고객은 거주자가 아닌 일반 여행객이었다. 에어비앤비와 마찬가지로 호텔보다는 집처럼 편안한 공간을 찾는 여행객들이 늘며 인기를 얻었다. 코로나 팬데믹이 시작될 당시에는 아파트 호텔의 성장세가 주춤했지만, 재택근무가 지속되면서 워케이션을 즐기려는 사람들이 아파트 호텔을 찾으며 수요가 다시 늘어났다. 아파트 호텔은 요리할 수 있는 주방이나 세탁기 등 생활 가전이 마련돼 있어 장기간 머물기에 적합하기 때문이다. 실제로 손더의 2021년 3분기 누적 매출은 6,750만 달러(약 810억 원)로 전년 대비 55% 상승했다.[15]

센트럴Sentral 또한 미국의 로스앤젤레스와 시애틀 등에 손더와 같은 아파트 호텔을 운영하는 회사다. 센트럴의 경우 고객이 출장 등의 이유로 임차한 방을 사용하지 않을 때, 이를 다시 단기로 다른 고객에게 임대하는 것이 가능해 임차료를 절약할 수 있다. 또한 고객은 센트럴이 운영하는 아파트 내에서는 도시 간의 이동이 허용되기에 다양한 도시를 돌아다니며 지내는 것이 가능하다.[16]

한국에서도 최근 다양한 주거 형태를 쉽게 찾아볼 수 있는데, 그중 하나가 코리빙이다. 코리빙은 화장실과 작은 부엌, 침대와 같은 기본 시설을 갖춘 개인실에 더해, 다른 사람들과 함께 이용하는 다양한 공용 공간이 마련된 공유 주거의 형태다. 때로는 호텔처럼 청소나 조식 서비스를 제공해주기도 한다. 혼자 살더라도 좋은 환경에서 살고 싶어 하는 밀레니얼 세대의 니즈가 높아지면서 등장한 새로운 주거 공간이다.[17]

이쯤 되면 뭐가 뭔지 복잡하게 느껴지기 시작할 것이다. 공유 주거 공간이 호텔 같은 서비스를 제공하기 시작하고, 호텔은 장기 숙박 상품을 통해 주거용으로 변신하고 있다. 미국에서는 아파트를 빌려 호텔 사업을 한다. 하루만 빌려 쓸 수도 있지만 전세처럼 2년 동안 임차해 사용할 수도 있다. 여기서 가장 중요한 점은 '호텔은 여행 시 잠깐 머무르는 공간이고 집은 장기로 거주하는 곳'이라는 개념으로 양분화됐던 숙박 및 주거 시장의 경계가 점점 모호해지고 있다는 사실이다.

전국에 내 집이 있다, 다거점 생활의 확산

재택근무라는 새로운 라이프스타일의 등장과 집을 소유하지 않아도 다양한 곳의 집을 원할 때마다 빌려 쓰는 것이 가능한 서비스들이 생겨나면서 자연스럽게 생활 거점을 두 군데 이상 가지는 사람들이 늘어나고 있다. 다소 낯설게 느껴지지만 이들은 갑자기 등장한 신인류가 아니다. 일본에서는 코로나 확산 전부터 여러 거점을 돌아다니며 생활하는 사람들이 있었는데, 이러한 라이프스타일을 가능하게 한 일등 공신은 바로 '주거 구독 서비스'다.

일본 최초의 주거 구독 서비스인 아도레스ADDress는 월 4만 엔(약 40만 원, 동반 1인 포함)을 내면 아도레스가 빈집을 활용하여 만든 전국 200개의 숙박 시설에서 머물 수 있는 서비스로 한 숙박 시설에서 연속으로 최소 7일부터 최장 14일까지 머물 수 있다(2021년 10월 기준). 아도레스를 이용하면 일주일은 오키나와 바닷가 근처에서 머물다가 다음 주는 교토의 고즈넉한 마을에서 지내는 것이 가능해진다. 사업 초기에는 프리랜서나 시간적 여유가 있는 개인 사업가가 주로 서비스를 이용했으나, 코로나 확산 후 직장인을 중심으로 가입자가 폭발적으로 증가하며 아도레스의 회원 수는 2020년 7월, 6개월 만에 3배로 급신장했다.

아도레스의 자체 조사에 의하면 2021년을 기준으로 서비스의 이용자는 20~40대가 많으며, 원격근무나 워케이션의 용도로 이용하는 고객의 비중이 80%에 달했다. 이들 대부분은 본래 주거지가 있지만 아도레스를 세컨드 하우스나 별장처럼 활용하고 있다. 나머지 20%는 아예 집 없이 자유롭게 이동하며 살아가는 '아도레스 호퍼Address hopper'라고 불리는 사람들이다.

코로나 이후 회원이 급증하자 2020년 6월부터 아도레스는 빈집에 이어 빈 호텔을 활용하는 서비스도 출시했다. 호텔이나 료칸りょかん(일본의 전통을 살린 고급 숙박 시설)의 방을 한 달 단위로 빌려 전용 개인실로 이용할 수 있는 서비스다. 외국인 관광객이 급감한 호텔 측과 회원이 급증함에 따라 숙박 거점의 수를 늘리고 싶은 아도레스의 니즈가 맞아떨어진 결과다. 그뿐만 아니라 추가 요금을 내면 자신의 전용 침대를 신청하거나 해당 호텔에 거주지 등록을 할 수도 있기에 마음만 먹으면 집을 빌리거나 소유하지 않고 아도레스 서비스만 이용해 살아가는 것도 불가능한 일은 아니다.

아도레스가 일본 전국의 빈집을 활용한 주거 구독 서비스라면, 일본을 넘어 해외의 다양한 호텔을 정액제로 이용할 수 있는 서비스도 있다. 하프HafH는 2021년 5월을 기준으로 총 36개국에

809개 거점을 운영하고 있으며, 일본 내에서는 580개의 호텔에서 숙박이 가능하다. 하프 또한 코로나 확산 후 회원 수가 빠르게 증가하고 있다. 물론 아직은 코로나로 인해 어느 정도 제한이 있지만, 해외 주요 도시의 호텔까지도 구독 서비스로 이용할 수 있다는 점, 그리고 자신의 예산에 맞는 다양한 상품이 준비돼 있다는 점에서 20대를 중심으로 인기를 끌고 있다. 이러한 주거 구독 서비스는 큰돈을 들이지 않고도 매주 혹은 매달 환경을 바꿔가며 다양한 장소에서 살 수 있는 라이프스타일을 실현 가능하게 만들었다는 점에서 일본에서 큰 화제가 됐다.

전국의 호텔을 돌아다니며 살다

'다거점 생활자'가 앞으로도 꾸준히 증가할 것으로 전망됨에 따라, 호텔 업체는 한곳의 호텔에만 머무는 장기 숙박 상품을 넘어 전국에 위치한 호텔들을 돌아다니며 살 수 있는 소위 '다거점 숙박 상품'을 속속 출시하고 있다.

도큐 호텔Tokyu Hotels은 2021년 4월 일본 전국 39개의 도큐 호텔과 리조트형 호텔인 도큐 베케이션Tokyu Vacation의 리조트 시설을 자유롭게 이동하며 지낼 수 있는 서비스인 '츠기츠기つぎつぎ('차례차례'라는 뜻, 호텔을 옮겨 다니는 움직임을 표현)'를 출시했다. 39개의 숙박 시설은 도시뿐만 아니라 유명 관광지인 카루이자와, 하코

네, 고베, 오키나와, 미야코지마 등에 골고루 분포돼 있다. 요금은 30박에 18만 엔(약 180만 원), 60박에 36만 엔(약 360만 원)으로 동반 1인까지 함께 머물 수 있으며 숙박을 원하는 호텔이 여유가 있는 한 계속해서 예약이 가능하다. 30박과 60박 두 종류의 상품을 각각 50명씩 시험적으로 모집했는데 933명이나 응모하며 높은 경쟁률을 보였다.

전체 응모자 중 727명은 30박 상품을 신청, 206명은 60박 상품을 신청했는데, 신청자의 연령대는 20~30대가 30%, 40대가 20%, 50대가 23%, 나머지는 60대로 폭넓은 연령 분포를 보였다.

출처: 도큐 호텔

도큐 호텔이 선보인 다거점 숙박 상품 츠기츠기. 도큐 호텔의 전국 39개 지점을 자유롭게 이동하며 지낼 수 있어 고객들로부터 좋은 반응을 얻었다.

주로 젊은 프리랜서나 현역에서 은퇴한 세대일 것이라는 예상과 달리 신청자의 과반수는 일반 직장인이었다. 코로나 확산 후 원격 근무가 새로운 근무 형태로 완전히 정착한 회사가 증가했기 때문이다.

이런 서비스는 회사가 100% 원격근무를 채택하지 않고 주 2~3회 출근하는 하이브리드 모델을 적용하더라도 얼마든지 이용할 수 있다. 평일에는 도심의 호텔에서 직장으로 출근하고 금요일 밤에는 하네다 공항 옆의 도큐 호텔에서 1박을 한 뒤 토요일 이른 아침 비행기로 여행을 떠나는 시나리오를 쉽게 떠올릴 수 있다.

사실 츠기츠기의 사업 아이디어는 도큐 호텔의 사내 기업가 육성 제도의 일환으로 2016년 처음 제안된 한 기획에서 출발했다. 앞으로는 복수의 거점을 옮겨 다니며 사는 라이프스타일이 뉴노멀이 될 것이라는 전망이 무려 6년 전에 이미 나왔던 것이다. 그러나 당시만 해도 원격근무나 워케이션의 개념이 생소했고 이러한 제도를 도입한 회사들이 극히 소수다 보니 아이디어가 사업화로 이어지지 못했다. 하지만 코로나로 인해 도큐 호텔의 객실 가동률은 10%대로 떨어지고 2020년 호텔 리조트 부문이 312억 엔(약 3,120억 원)의 영업 적자를 기록하자, 파묻혀 있던 다거점 숙박 상품의 가치가 재조명되면서 빛을 발하게 됐다. 츠기츠기의 신청자가 쇄도하며 인기가 높아지자 도큐 호텔은 숙박 가능 시설을 78개까지 늘렸다.

미쓰이 가든 호텔Mitsui Garden Hotels 또한 코로나로 변화된 라이프스타일에 맞는 월정액 상품을 출시했다. 전국에 위치한 미쓰이의 호텔 35곳 어디서든 머물 수 있으며 요금은 월 15만 엔(약 150만 원, 동반 1인 포함)부터 시작한다. 1박당 5천 엔(약 5만 원)꼴로, 비용 면에서도 상당히 매력적이다. 미쓰이 가든 호텔 또한 100명 한정으로 준비한 상품에 800명이 넘는 사람들이 신청해, 이용자를 선정하기 위해 추첨을 진행해야만 했다.

이러한 다거점 거주 방식은 숙박과 거주의 경계를 모호하게 넘나드는 새로운 개념이다. 답답한 도시를 벗어나 새로운 지역에서 살아보는 경험을 원하는 사람들은 점차 늘어날 것이다. 새로운 도시로 이주하는 것은 무척 큰 용기가 필요한 일이지만, 정해진 기간만 새로운 도시를 경험하는 것은 훨씬 실행하기 쉽다. 이를 위한 서비스 역시 이미 시장에 자리 잡고 있다. 디지털 노마드의 삶이 그 어느 때보다 가깝게 다가온 지금이다.

'원격근무 ≠ 재택', '워케이션 ≠ 여행지'

워케이션이라고 하면 사람들은 으레 도시를 벗어난 섬이나 숲과 같은 휴가지에서 근무하는 것을 상상하지만 꼭 그런 것만은 아니다. 앞서 소개한 호텔 구독 서비스 하프가 자사의 서비스 이용 현황을 분석해 발표한 '2020년 도시별 숙박 순위'에 따르면 고객들이 가장 많이 머문 도시는 의외로 도쿄였다. 전체 숙박 중 약 30%

가 도쿄에서 발생했는데, 이는 많은 사람이 도심의 호텔을 일과 휴식 장소로 활용했음을 의미한다. 숙박 일수 기준으로 보면 도쿄에서도 가장 번잡한 지역인 시부야나 롯폰기의 호텔이 가장 인기가 많았으며, 가장 많은 사람이 이용한 호텔은 도쿄 시부야의 더 밀레니얼 시부야The Millennials Shibuya였다. 더 밀레니얼 시부야는 업무 공간을 포함한 공용 공간이 전체 면적의 20%를 차지할 정도로 업무나 네트워킹 등에 최적화된 호텔이다.[18]

이런 통계는 도심에 살면서 도심의 호텔로 출근하는 스테이케이션stay + vacation이 의외로 많다는 사실을 보여준다. 실제로 가족 이외의 사람과는 접촉 없이 계속 집에만 틀어박혀 일하는 것에 답답함을 느끼는 사람들이 적지 않다. 또한 어린 자녀가 있다면 집에서 업무에 집중하기 쉽지 않다. 이에 따라 기분 전환을 위해 도심에 있지만, 집이 아닌 장소에서 일을 하는 것도 워케이션의 한 양상이 되고 있다. 한 예로 하프는 코로나 확산 후 원하는 호텔에서 1박(월 2,980엔)이나 3박(월 9,800엔)이 가능한 정액제 상품을 출시해 잠시 집을 떠나 호텔을 업무 공간으로 삼고자 하는 직장인들의 수요를 잡고 있다.

국내에서도 비슷한 결과의 설문 조사를 찾아볼 수 있다. 호텔 검색 서비스를 제공하는 호텔스컴바인은 2021년 1월 1일부터 5월 25일까지 최소 15박 이상의 장기 숙박을 검색한 데이터를 분석해 발표했다. 가장 인기가 높았던 장기 숙박 도시는 서울(47%)과 제주도(46%)로 나타났으며, 서울 지역 중에서도 을지로, 명동,

종로 등 업무 지구가 밀집된 중구가 1위를 차지했고 강남권(강남구·서초구·송파구)과 종로구가 그 뒤를 이었다.[19]

이러한 설문 조사를 통해 알 수 있는 것은 이제 더 이상 호텔이 여행을 가서 머무는 곳에 한정되지 않는다는 점이다. 또한 '원격근무라면 집에서만 일할 것이다', '워케이션이라면 무조건 지방으로 떠날 것이다'와 같은 고정 관념이 깨지고 있다는 사실이다.

원격근무의 본질은 장소에 구애받지 않고 일한다는 것이다. 집에서 집중이 안 된다면 사무실로 가는 것이 아니라 카페, 공유 오피스, 호텔 등 자신이 가장 집중할 수 있는 최적의 환경을 찾아 스트레스 없이 일해야 한다. 그런 의미에서 기업들은 이제 '원격근무 = 재택근무'가 아니라는 점을 상기할 필요가 있다. 원격근무가 새로운 근무 기준이 된 지금은 매달 아니 매주 사는 곳을 바꿔가며 지내는 삶이 가능하다. 이제 호텔은 여행 가서 며칠 머무는 곳이 아니며 집은 한곳이라는 개념도 무너지고 있다. 호텔은 장기 숙박 상품을 앞다퉈 선보이고 있고, 아파트 사업자는 집을 단기로 이용할 수 있는 상품을 개발해 새로운 라이프스타일의 정착을 돕고 있다.

물론 위와 같은 주거 트렌드가 국내에도 동일하게 적용될 것이라 장담할 수는 없다. 일본과 미국은 월세 시장이 발달해 한국보다 주거의 이동성이 높다는 차이점도 존재한다. 하지만 이러한 트렌드가 던지는 시사점은 우리에게도 유효하다. 아도레스의 경우 20~30대 직장인의 이용률이 다른 연령대에 비해 압도적으로 높았는데, 국내의 경우에도 경험을 중시하는 MZ세대 중에는 이런 라이프스타일을 '쿨'한 삶으로 여기는 이들이 많다. 또한 부동산 가격의 상승으로 인해 점점 집을 구하기 힘들어지는 젊은 세대가 집을 소유하지 않고 다양한 장소에서 색다른 경험을 하는 주거 방식을 더욱 적극적으로 추구할지도 모를 일이다. 이러한 삶을 가능하게 하는 비즈니스 모델은 이미 빠른 속도로 등장하고 있다.

장소의 제약 없이 일하는 근무 방식, 일과 여행이 뒤섞인 새로운 라이프스타일이 탄생하면서 주거 공간에 대한 정의가 바뀌고 있다. "집이 어디인가요?"라는 질문에 대답하기 곤란해하는 신인류의 등장에 대비할 때다.

외박하면 월세를 깎아주는 아파트가 있다?

디지털 노마드로 생활하며 집을 자주 비우다 보면, 월세처럼 고정적으로 지출하는 주거비가 아깝다고 느껴질 수도 있다. 그럴 경우 '외박하면 월세를 깎아주는' 아파트를 활용해보면 어떨까?

도쿄 시부야역에서 3분 거리에는 '리렌트 레지던스 시부야 Re-rent Residence, 渋谷'라는 이름의 맨션(한국의 아파트와 같은 개념)이 있다. 가구, 가전이 전부 설치된 약 11평(37m²) 크기의 월세가 19만 9천 엔(약 200만 원)으로 시부야역 앞이라는 지리적 이점을 감안하더라도 결코 저렴한 금액은 아니다. 하지만 이 맨션의 가장 큰 특징은 '외박하면 월세가 줄어든다'는 것이다. 외박을 하기 3일 전에 전용 앱에서 외박을 신청하면 1박당 6천 엔(약 6만 원)의 월세가 할인된다(최대 15박). 즉, 15일간 집을 비우는 경우에는 9만 엔(약 90만 원)이 할인돼 19만 9천 엔의 월세가 10만 9천 엔까지 내려간다.

어떻게 이런 방식이 가능할까? 바로, 거주자가 집을 비울 경우 빈방을 다른 사람에게 빌려줘 이익을 내고 그 이익의 일부를 거주자에게 돌려주는 구조이기 때문이다. 자기 집을 다른 사람에게 빌려주고 숙박비를 받는 에어비앤비와 비슷하지만, 거주자가 직접 방을 빌릴 사람을 찾아다닐 필요가 없기 때문에 훨씬 편리하다. 맨션을 운영하는 측에서 단기로 머물 고객을 찾아 방을 빌려주며, 거주자는 떠나기 전에 방 안의 사물함에 자신의 물품을 전부 넣어두기만 하면 된다. 고객이 퇴실하면 전문 업체가 알아서 청소까지 해주며, 스마트폰으로 제어할 수 있는 스마트키를 이용하므로 보안도 우수하다. 물론, 거주자 입장에서는 주소 등록도 할 수 있고 우편물도 받아볼 수 있는 엄연한 '내 집'이다. 즉, 리렌트 레지던스 시부야는 임대 부동산의 장점을 가지면서도 호텔처럼 활용 가능한 새로운 세그먼트의 거주지라고 할 수 있다. 그럼 이러한 방은 과연 어떤 사람들이 빌릴까? 맨션을 개발한 도큐부동산은 "사람들의 라이프스타일이 변하고 있다. 리렌트 레지던스는 2개의 거점을 두고 생활하는 사람들, 여행을 하면서 살아가는 사람들을 타깃으로 한 공간"이라고 고객층을 명확히 정의하고 있다.

실제로 리렌트 레지던스에 사는 거주자를 만나보자. 다음은 도쿄 내 한 IT 회사에서 근무하는 30대 초반 남성의 사례다.

"코로나로 인해 완전한 리모트워크 생활이 시작됐다. 예전부터 꿈꿔왔던 전원생활을 위해 도쿄에서 그리 멀지 않은 치바의 미나미 보소에 빈집을 구입했다. 하지만 친구들과 지인들이 모두 도쿄에 있기에 한 달 중 절반은 치바의 시골에서, 반은 도쿄에서 지낸다. 도쿄에서 지낼 곳을 알아보는데 호텔은 내 짐을 놓을 수 없다는 점이 불편하다. 셰어 하우스도 고려해봤지만 다른 사람과 함께 공간을 공유하는 것을 그다지 좋아하지 않는다. 혼자만의 공간이 확보되고 개인 물건도 놓을 수 있으면서 한 달을 다 채워서 있지 않아도 되는 곳을 찾고 있다."

원격근무가 확산되면서 도시와 시골, 혹은 도시와 다른 도시를 왔다 갔다 생활하는 것이 어렵지 않게 됐다. 월요일부터 목요일 오전까지는 도쿄에서 근무하고 목요일 밤에 바닷가로 향하는 삶이 프리랜서의 전유물이 아니게 됐고, 이러한 라이프스타일에 맞는 새로운 형태의 계약도 등장하고 있다.

도큐부동산과 협업해 건물을 운영·관리하는 벤처기업 유니토unito의 대표는 TV 도쿄와의 인터뷰에서 "라이프스타일의 변화 및 업무 방식의 다양화는 앞으로도 계속 진행될 것이라고 생각한다.

'필요할 때 필요한 만큼만 사용하는 집'을 새로운 문화로 만들고 싶다"라고 전한다. 이용한 만큼만 월세를 지불한다는 점에 납득하는 젊은이들이 의외로 많아 유니토에서 운영하는 동명의 플랫폼은 서비스 개시 후 18개월 만에 월간 이용자 수가 수백 명을 넘어섰다.

앞서 살펴본 서비스들은 주거비인 월세가 고정비가 아니라 사용한 일수만큼 지불하는 변동비가 될 수 있다는 점을 보여준다. 집은 '정착하고 소유하는 곳'에서 '접속access하고 공유하는 공간'으로 변화하고 있다. 인생의 가장 큰 투자이자 고정 자산이라고 여겼던 집마저도 이제는 필요한 만큼만 사용하고, 사용한 만큼만 비용을 지불하는 곳이 되고 있는 것이다.

'하우스'에서 '홈'으로, 미래의 집은 어떤 모습일까?

한국에서는 국민의 70%가 아파트에 산다. 빠른 경제 성장을 겪으며 효율성이 최우선 가치가 된 한국에서, 아파트는 좁은 국토를 효율적으로 활용하기에 가장 적합한 주거 형태이기 때문이다. 지금의 아파트는 개인의 취향이 아닌 '표준화'를 가장 중요시한 공간이다. 가족들이 모이는 거실과 주방 그리고 가족 구성원들이 각자 방을 하나씩 갖는 획일화된 구조는 한정된 공간에서 얼마나 기능적인 생활이 가능한지에 주안점을 두고 설계된 것이다.

그동안 우리에게 집은 일터에서 돌아와 잠시 쉬는 곳, 잠을 자고 다시 에너지를 충전하는 곳의 이미지가 강했다. 하지만 코로나 팬데믹은 집이라는 공간에 대해 근본적으로 다시 생각해보는 계기를 선사했다. 이제 집은 단순히 쉬는 공간이 아니다. 업무도 하고 취미 활동도 즐기는 생활 플랫폼으로 인식이 변화하고 있다. 또한 국민 소득 수준이 높아지고 많은 이들이 자신의 '취향'에 집중하게 되면서, 집을 바라보는 관점과 주거 가치관이 달라지게 됐다. 이에 따라 당연히 주거 공간에 대한 새로운 니즈도 탄생했다. 효율성을 중시하여 설계된 기존의 집 구조에서 답답함을 느끼기 시작한 사람들이 늘어나고 있는 것이다.

코로나는 우리에게서 자유의 일부를 빼앗아 갔다. 전염병이 확산되는 불안한 시대에 다시 자유를 되찾으려면 과연 어떻게 해야 할까? 그 해답 중 하나는 바로 자신만의 공간을 가지는 것이다. 이는 집을 단지 자산 형성의 수단으로만 바라보는 것이 아니라 나만의 공간, 내가 가장 편안하게 있을 수 있는 공간으로 바라보는 인식의 전환과도 흐름을 같이한다.

하루의 대부분을 보내는 주거 공간. 앞으로 소비자들은 이곳에 어떤 역할을 요구하며 어떠한 공간에서 살고 싶어 할까? 코로나 팬데믹 이후 집은 과연 어떻게 변할지 살펴보자.

내가 사는 공간이 내가 누구인지 말해줍니다

소비 전문가들은 소득과 사회 수준이 향상될수록 사람들의 관심사와 소비가 '의 → 식 → 주'의 순서로 확대된다고 본다. 처음에는 패션과 외모에 신경을 쓰다가 이후에는 식생활에 관심을 갖고 마지막에는 주거 공간에 관심을 두기 시작한다는 것이다. 코로나 확산 전부터 국내에서도 이러한 경향이 강하게 감지돼 왔다.

한동안 소셜 네트워크 서비스SNS에는 마치 호텔처럼 꾸민 집을 인증하는 사진들이 인기를 끌었다. SNS에서 홈 인테리어가 주목받는 주제로 떠오른 현상은 사람들이 집이라는 공간을 더 이상 휴식을 취하고 잠만 자는 곳이 아니라 자신의 취향을 드러내는 곳으로 인식하기 시작했다는 증거다.《트렌드 코리아 2021》에서도 앞으로 집은 매매를 통한 자산 형성 수단으로서의 물리적인 '하우스house' 이전에 거주자의 행복과 가치를 발현하는 정서적인 '홈home'으로서의 가치가 뚜렷해지리라 전망했다. 집을 가장 안전한 재산 증식의 방법으로만 여겼던 사고에서 벗어나, 이제 사람들은 집이 나의 라이프스타일을 얼마나 충족시키고 대변할 수 있는지를 중요하게 여기기 시작했다.

집은 개인의 취향을 총체적으로 드러낼 수 있는 곳이다. 특히 오늘날 소비의 주체가 된 MZ세대는 자신만의 스타일과 개성을 표출하고자 하는 욕구가 강하다. 집을 잘 꾸민다는 것은 곧 자신의 취향을 잘 안다는 것을 의미한다. 개성을 드러내고 싶어 하는 MZ세대에게 비슷비슷한 구조를 가진 한국의 아파트는 만족스럽지 않다. 대신 '나는 이런 멋진 취향을 가진 사람이야'라는 사실을 드러낼 수 있는 공간을 가지고 싶어 한다. 이들은 집을 집이 아닌 곳처럼 꾸미는 데 여념이 없다. 고급 가구를 활용해 호텔처럼 깔끔하게 침실을 꾸미기도 하고, 빔프로젝터를 설치해 집을 나만의 작은 영화관으로 만들기도 한다. 집을 카페, 바, 헬스장으로 만들기 위해 흔쾌히 지갑을 열고 충분한 시간을 투자한다.

'나만의 취향으로 꾸며진 공간'을 가지고 싶은 욕구는 자연스럽게 인테리어와 리모델링 시장의 확대로 이어진다. 건설산업연구원은 국내 인테리어 및 리모델링 시장의 규모가 2023년에 49조 원을 넘어설 것으로 내다봤다.[20] 2000년 9조 1천억 원의 규모에서 2010년 19조 원, 2016년 28조 4천억 원, 2020년 41조 5천억 원으로 그 증가 속도 또한 매우 빠르다. 10년 만에 시장이 2배 넘게 성장한 셈이다. 통계청에 의하면 국내 홈퍼니싱home furnishing 시장 또한 2015년 12조 5천억 원의 규모에서 2023년에는 18조 원까지 성장할 것으로 전망된다. 국내의 대표적인 인테리어 전문 플랫폼 '오늘의집'의 앱 누적 다운로드 수는 2019년 500만 건에서 2020년 4월 1천만 건으로 2배나 증가했다. 위드 코로나 기간을 거치며 2021년 8월에는 앱 다운로드 수가 2천만 건까지 상승하는 놀라운 기세를 보여주었는데, 이는 인테리어에 대한 소비자들의 높은 관심을 증명하는 셈이다.

획일화된 구조의 주택 대신, 자신의 개성이 드러나는 공간을 설계할 수 있는 집도 등장하고 있다. 삼후종합건설에서 만든 '퍼즐주택PUZZLE HOUSE'은 개개인의 취향에 맞춘 집을 짓는 것에 집중한 다세대 주택이다. 예를 들어 반려동물에 특화된 주택의 방은 바닥에 미끄러지지 않는 특수 코팅을 하고 방음 시설을 강화하며, 현관 근처에 반려동물의 발을 씻길 수 있는 장소를 마련하는 식이다. 요리를 좋아하는 사람들을 위한 집에는 넓은 주방을 갖추고, 오토바이를 좋아하는 사람들을 위해서는 전용 주차 공간을 확보

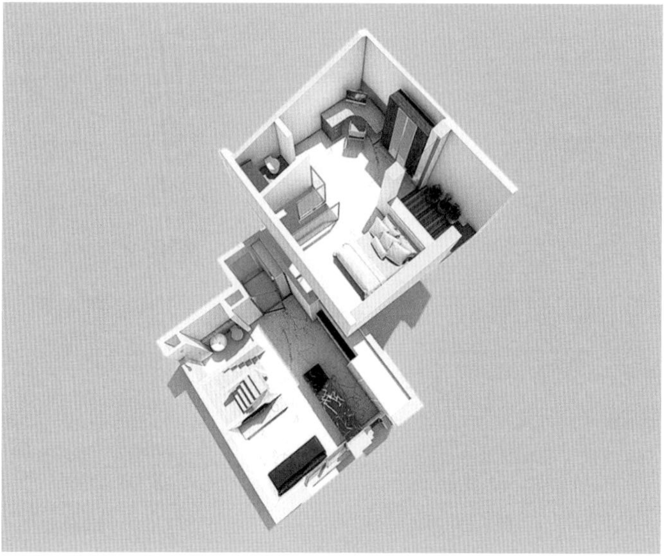

출처: 퍼즐주택

퍼즐주택은 다양한 커스터마이징을 통해 살기 좋은 집을 만드는 것을 목표로 한다. 자유로운 공간 구성으로, 나의 성향에 맞게 같은 구조를 다른 공간처럼 조성하고 꾸며서 살 수 있다.

하는 등 입주자의 취미와 라이프스타일에 맞춰 집을 설계한다. 이러한 개인 맞춤형 주거 공간을 만들어주는 사업이 등장했다는 것은 집에 대한 인식과 집을 통해 충족하고 싶은 가치들이 바뀌고 있다는 사실을 증명한다. 소유보다 경험에서 행복을 느끼는 시대, 집에서 이전보다 더욱 많은 시간을 보내는 시대에 집은 말 그대로 삶의 경험과 질을 좌우하는 공간이 됐다.

레이어드 홈: 더 넓게, 더 유연하게

2020년 코로나 팬데믹이 급습한 이후 집이라는 공간의 중요성이 강조되며 집에 대한 니즈도 달라졌다. 일상생활을 마친 후 잠자고 쉬는 등 주로 휴식 공간의 역할을 하던 집이 코로나 이후 재택근무, 온라인 수업, 홈 트레이닝, 그리고 취미 생활을 즐기는 공간이 되며, 집이 담당하고 있는 기능이 확장되고 있는 것이다. 《트렌드 코리아 2021》은 '레이어드 홈Omni-Layered Homes'이라는 개념을 제시하며 단순 주거라는 집의 기본 기능 위에 새로운 기능들이 더해지고 있는 현상을 소개했다. '집에 콕 박혀 지낸다'는 뜻의 '집콕'처럼 새로운 주거 트렌드를 표현하는 신조어들도 우후죽순으로 생겨났다. 집에서 주로 생활하는 사람들을 가리키는 '홈 루덴스Home Ludens'라는 말도 유행하고 있으며, 글로벌 컨설팅사 맥킨지는 홈 오피스, 홈 헬스케어, 홈 엔터테인먼트 등 집 안에서의 소비가 증가하는 현상을 '홈 네스팅Home Nesting'이라는 용어로 설명하고 있다. 집이 업무 공간이 되고 영화관이 되며, 때로는 나만의 피트니스 센터가 되는 등 다양한 용도로 활용되고 있는 것이다.

집에 머무는 시간이 길어지고 일과 휴식의 역할을 동시에 수행하게 되면서, 사람들은 주거 공간의 기능과 형태를 다시 생각해보게 됐다. 집이 일상의 중심이 되자 자연스럽게 기존에는 알아채지 못했던 공간의 한계가 느껴지고, 이로 인해 변화된 일상에 적합한 주거 공간을 새로 찾게 된 것이다. 가족 구성원 각자가 집에서 일을 하거나 수업을 받는 날이 늘어나면서 자연스럽게 더 넓은 공간에 대한 니즈도 증가했다.

2021년 2월, 부동산 플랫폼 직방은 고객 1,517명을 대상으로 코로나 확산 이후, 주거 공간 선택 시 중요하게 고려하는 요인은 무엇인지 묻는 설문 조사를 진행했다. 설문 결과에 의하면 '쾌적성 및 공원이나 녹지 공간으로의 접근성'이 31.6%로 가장 많았으며, '발코니, 테라스, 마당, 다락' 등 여유 공간이 중요하다는 대답이 22.8%로 뒤를 이었다.[21] 일본의 부동산 대기업인 오픈하우스OPEN HOUSE가 2021년 5월에 약 600명을 대상으로 실시한 주거 환경 관련 설문 조사에서도 응답자의 80%가 '주거 환경의 설계나 집 안 환경을 더욱 좋게 만들고 싶다'라고 말했다. 집의 구조 및 설비에 관해서는 '집에서 업무나 공부가 가능한 장소'를 요구하는 사람이 약 80%에 달했다.[22]

코로나 확산 이후 자녀가 있는 재택근무 직장인들을 중심으로 도심에서 벗어난 외곽의 넓은 주택을 구매하려는 수요가 늘어났는데, 이는 집이라는 한 공간에서 가족 구성원 모두가 각기 다른 활동을 동시에 수행하면서 자연스럽게 1인당 필요 면적이 넓어졌기 때문이다. 도심에서는 높은 임차료로 인해 충분한 공간 확보가 불가능하고, 이에 따라 근교로 이동하는 사람들이 증가하고 있다고도 볼 수 있다.

최근 미국에서는 단독 주택 1층에 자동차를 보관하기 위한 용도로 만든 창고인 개라지garage를 사무실이나 바 등 자신의 필요에 따라 다양한 공간으로 변신시키는 사례가 늘고 있다. 더 나아가 개라지 자체를 주거 공간으로 리모델링해 임대 사업을 진행하는 경우도 있다.[23]

단독 주택이 많은 일본에서도 최근 차고가 딸린 집인 이른바 '개라지 하우스'가 인기다. 도쿄 도심에서 1시간 정도 떨어진 교외 지역에 위치한 개라지 하우스의 분양에 정원의 3배가 넘는 사람들이 신청해 그 인기를 실감하게 했다. 개라지를 자신만의 피트니스 센터로 꾸미거나, 취미 활동을 하는 아틀리에atelier나 사무실로 사용하는 등 활용 방법도 제각각이다. 비슷한 맥락으로 최근에는 별채의 인기도 높아지고 있다. 앞서 소개한 로그하우스 전문 브랜드 베스는 2021년 1월부터 11월 사이 자사의 별채가 총 132동 팔렸다고 발표했는데, 이는 2020년 대비 20% 증가한 수치며 2016년 제품 발매 이후 최대 판매량이다. 한화로 약 1,300~1,500만 원 정도의 적지 않은 가격임에도 불구하고 꾸준히 문의가 증가하고 있는데, 이는 리모트워크가 확대되면서 프라이버시가 유지되는 개인실을 원하는 사람들이 많아졌기 때문이다. 최근에는 단순히 업무를 위한 장소를 넘어 취미 공간으로 활용하기도 하며, 때로는 별채를 활용해 부업이나 사업을 시작하는 사람들도 늘고 있다. 이러한 창고와 별채 같은 '집도 사무실도 아닌 제3의 장소'를 원하는 경향이 앞으로 지속될 것으로 보인다.

더욱 넓은 주거 공간이 요구되면서 집 안 내부를 리모델링하려는 수요 또한 자연스럽게 늘고 있지만, 리모델링이 필요 없도록

출처: 베스

코로나가 장기화되면서 일상에서도 '비일상스러운' 공간을 가지고 싶다는 욕구 또한 별채의 인기가 지속되는 요인 중 하나다.

아예 처음부터 특정 공간을 다양하게 활용할 수 있는 유연한 설계도 등장하고 있다. 소위 '알파룸'이라고 불리는 공간이다. 알파룸은 아파트 평면을 설계하면서 남는 자투리 공간으로 예전에는 주로 창고로 사용됐지만, 최근에는 서재, 놀이방, 침실 등으로 그 사용 영역이 확장되고 있다. 라이프스타일 및 취미 생활의 다양화가 목적이 정해지지 않은 작은 공간을 자신의 취향에 맞게 사용하고자 하는 수요를 불러온 것이다. 알파룸은 전용 면적으로 계산되지 않고 서비스로 제공하는 공간이기에, 알파룸이 있는 집은 기존 평수보다 더 넓게 느껴진다. 고객이 원하는 용도에 맞게 사용할 수 있는 알파룸의 인기가 점점 높아지면서, 건설사들 또한 알파룸 제공을 적극적으로 어필하고 있다.

최근에는 알파룸에 더해 베타룸까지 등장하며, 비록 크기는 크지 않지만 가족 구성원 각자가 자신만의 공간을 가지고 업무, 게임, 취미 등의 활동을 즐길 수 있는 설계가 인기를 끌고 있다. 국내 건설사들은 '라이프스타일룸', '룸인룸', '멀티룸', '캥거루 하우스' 등 다양한 이름으로 새로운 설계를 선보이고 있는데, 이들의 공통점은 독립된 공간을 제공하거나 집의 구조를 통합 및 분리할 수 있도록 하는 등 가족 구성원의 라이프스타일에 따라 공간을 유연하게 사용할 수 있도록 한다는 점이다.[24] 집 안으로 가족 구성원들의 모든 활동이 집약되면서 천편일률적인 평면 설계로는 고객들의 다양한 욕구를 충족시킬 수 없는 것이다.

한국에 비해 주택 면적이 좁은 일본에서도 공용 공간을 확충하거나 집 내부를 유연하게 활용할 수 있는 주거 공간이 눈에 띄게 증가하고 있다. 일본 미쓰이부동산은 2020년 가을 도쿄의 카치도키 지역에 판매하기 시작한 대형 분양 아파트에 약 90평(300m²) 면적의 텔레워크 전용 공간을 만들어 주민들이 사용할 수 있도록 했다. 텔레워크 전용 공간에는 개인 업무가 가능한 공간뿐만 아니라 회의실도 마련했다. 또한 방 2개 이상의 집을 구매하는 사람은 방을 서재로 만들 수 있는 옵션도 준비했다.

다목적 공간에 대한 요구가 늘면서 벽을 자유자재로 움직이며 용도에 맞춰 공간을 바꿀 수 있는 설계도 등장했다. 호주의 건축 사무소 우즈 베이곳Woods Bagot은 'AD-APT'라고 불리는 새로운 집의 형태를 선보였다. AD-APT는 움직이는 벽과 투명 스크린을 이용해 내부 공간을 용도에 따라 구분해 사용하는 것이 가능하다. 제한된 공간을 상황에 따라 바꿈으로써 공간의 활용도를 높이는 것이다. 예를 들어 오전 7시부터 오후 7시까지는 데이 모드Day Mode로 거실, 식사 공간, 주방, 그리고 작업 공간을 2개 만들어 사용한다. 오후 7시 이후인 나이트 모드Night Mode에는 거실을 좁히는 대신 침실을 2개 만든다. 주말에는 거실을 커다랗게 만들어 아이들이 마음껏 놀 수 있도록 하거나 가족이나 친구들이 모일 수 있는 공간을 제공하는 것도 가능하다.

가족 구성원이 집에서 다양한 활동을 하게 되면서 이전보다 더 넓은 공간이 필요해졌다. 하지만 주택 면적을 넓히는 것은 추가 비용 발생 등 현실적인 제약이 많다. 따라서 공동 주택은 내부 면적을 줄이는 대신, 업무 공간, 피트니스 센터와 같은 공용 공간을 넓힐 가능성이 크다. 그뿐만 아니라 용도에 따라 다양하게 활용 가능한 공간을 제공하는 설계도 늘어나고 있다. 재택근무에서 시작된 라이프스타일의 변화를 반영한 공간 설계가 앞으로 주택 판매를 촉진하는 핵심 역할을 할 것으로 보인다.

한편, 앞서 업무 공간의 변화에서 바이러스 감염 위험을 줄이는 안전한 공간을 다루며, 이를 위해 데이터와 최신 기술로 제어하는 스마트 오피스를 살펴봤다. 이와 마찬가지로 '안전'과 '스마트'는 주거 공간에서도 중요한 키워드가 되고 있다.

데이 모드

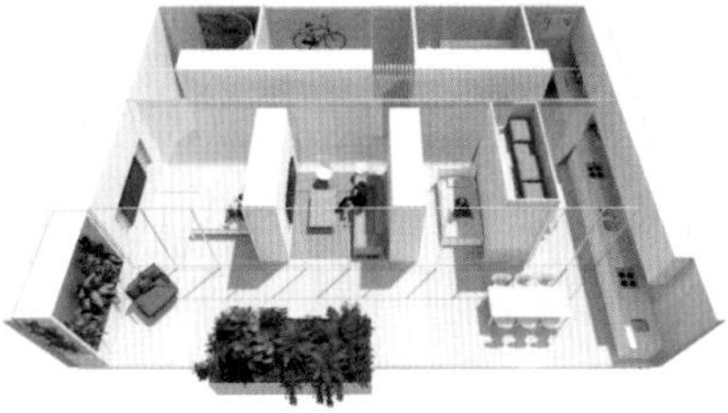

나이트 모드

플레이 모드

출처: 우즈 베이곳

용도에 맞춰 자유자재로 공간의 구성을 바꿀 수 있는 우즈 베이곳의 AD-APT.

감염 걱정 NO! 안전하고 쾌적한 집

2018년 국내의 종합 부동산 개발 회사인 피데스개발이 분양한 한 아파트의 모델 하우스에는 '공동 현관 에어샤워 부스'가 등장했다. 압축 공기를 쏴서 옷에 묻은 오염 물질을 털어내는 이 시설은 산업 현장에서는 흔히 볼 수 있었지만, 주거 공간에 적용된 사례는 없었기에 당시 화제가 됨과 동시에 과연 꼭 필요한 시설인가 하는 반응도 다수 존재했다. 하지만 2년 후 오피스 빌딩에는 에어샤워 부스는 물론 발열 체크기, UV 제균기, 열화상 카메라 등이 설치되는 것이 일상이 됐고, 이제는 아파트 단지 내에 에어샤워 부스가 설치된다고 해도 전혀 이상하지 않다.

코로나는 지금껏 당연시 여겨지던 아파트 내부 설계를 바꾸고 있다. 한국토지주택공사LH가 공모한 공동 주택 설계에는 그동안 우리가 봐왔던 것과는 전혀 다른 구조의 아파트 설계가 제안됐다. 현관문을 열면 바로 거실이 바로 나오는 일반적인 아파트와는 다르게, 현관문을 열면 바로 건식 세면 공간이 나온다. 그리고 바로 옆에는 드레스룸이 위치해 집 안으로 들어가기 전에 손을 씻고 옷을 갈아입도록 유도한다. 드레스룸 옆에는 세탁실이 있어 오늘 입었던 옷을 세탁실에 놓고 거실로 들어갈 수도 있다. 이러한 공간 구성을 통해 바이러스가 거실로 유입되는 것을 차단하는 것이다.

SK건설 또한 현관에 중문과 신발 살균기를 설치하고, 중문 외 별도의 공간을 마련해 집 안에서 내부와 외부를 한 번 더 분리했다. 신동아건설도 현관에서 거실로 가는 사이의 별도 공간을 '클린존'으로 만들고 바이러스 차단이 가능한 공기 청정기와 건식 세면대를 놓았다. 롯데건설, 현대건설 등 대형 건설사들은 새로 분양하는 아파트에 공기 필터링 시스템을 도입하고 있다.[25]

일본에서도 감염 방지를 위한 언택트 설비가 주택 설계에 도입되고 있다. 2021년 11월, 요코하마시에 완공된 신축 아파트에는 비접촉 엘리베이터가 도입됐다. 적외선 빔 센서를 활용한 비접촉 버튼에 손을 가까이 가져가면 엘리베이터를 호출하거나 가고자 하는 층을 지정할 수 있다.

이렇듯 최근 주택 건설 업체들은 위생 관리, 바이러스 차단 등 코로나 이후 새롭게 등장한 거주자의 니즈에 대응할 수 있는 주택 상품을 기획해 선보이고 있다. 코로나로 인해 환기가 중요해지면서 창문을 열지 않고도 깨끗한 공기를 집 안으로 끌어들이고 쾌적한 습도를 유지하는 환기 및 공조 시스템을 설치하기도 한다. 이제 주거 공간에서도 위생과 보건이 핵심 가치로 떠오르며 바이러스 차단에 특화된 설계가 각광받고 있는 것이다.

한편, 쾌적성을 중시하며 공기 정화와 환기에 대한 요구가 점차 커지고 있는 요즘, 건축가들은 '테라스'에 주목하기 시작했다. 집 안에 있으면서도 외부로 확장된 공간인 테라스를 활용해 바비큐를 즐기거나 홈파티를 열어 자연을 한껏 느낄 수 있기 때문이다.

2장 업무 공간의 변화에서 소개한 일본의 캠핑용품 업체 스노우피크는 사무실 임대업뿐만 아니라 주택 사업에도 관여하고 있

인기가 없는 1층 아파트가 가장 빨리 팔린 비결은 무엇일까? 스노우피크는 1층 세대의 베란다를 확장해 편안하게 휴식을 취하고, 음식을 먹고, 누워서 잠도 잘 수 있는 '반 외부 공간'을 선보였다.

다. 일반적으로 아파트에서는 1층에 위치한 집이 가장 인기가 없다. 보안 및 사생활 보호 측면에서 불리할 뿐만 아니라 조망이 좋지 않아 고층보다 낮은 가격에 거래되는 경우가 부지기수다. 이러한 상황에서 스노우피크는 미쓰이부동산의 아파트 건설에 참여해 가장 인기 없는 1층을 가장 매력적인 선택지로 변신시켰다. 1층 집의 베란다를 확장하고 공용 공간인 정원과 연결해 1층 입주자가 아파트의 정원을 자기 공간처럼 이용할 수 있도록 설계한 것이다. '반 외부 공간'이라고 이름 붙인 이곳에 스노우피크는 차양을 설치하고 테이블과 의자를 배치해, 햇살을 받으며 아침을 먹어도 되고 가족이 함께 누워서 쉴 수도 있는 아웃도어 공간으로 만들었다. 이례적으로 아파트의 고층과 1층의 가격을 동일하게 설정했음에도 불구하고 1층 집이 가장 먼저 팔렸다.

많은 사람들이 집 안에서도 자연을 느끼고 싶어 하지만, 아파트가 많은 한국에서 이를 실현하는 것은 쉽지 않은 일이다. 이때 아파트의 공용 공간을 활용해 자연을 접할 기회를 늘리는 것은 매우 효과적인 선택지다. 스노우피크가 시공에 참여한 도쿄 하루미 지역의 한 아파트는 약 150평의 공용 마당에 텐트 설치 및 바비큐 파티가 가능한 캠핑장을 갖추고 있다. 아파트 주민들은 필요한 캠핑 도구를 무료로 빌릴 수 있으며, 스노우피크의 직원이 정기적으로 아파트를 방문해 주민들을 대상으로 텐트 및 그늘막 설치법 등을 강의해준다.

도쿄 하루미 지역은 최근 고층 아파트가 연이어 개발되고 있는 곳으로, 아파트의 미분양을 피하려면 다른 아파트에는 없는 차별화된 매력 포인트를 만들 필요가 있었다. 게다가 이곳은 역에서 도보 약 15분 정도의 거리에 위치해 다른 아파트들에 비해 역 접근성이 떨어지는 편이기도 했다. 그러나 스노우피크는 이러한 단점을 자연과의 융합이라는 콘셉트 아래, 아웃도어 체험을 제공하면서 보완해나갔다. 실제로, 아이를 키우는 30~40대 부부 중에는 도심에 살면서도 자연을 가까이서 접할 수 있다는 점이 마음에 들어 집을 구입했다는 이들이 종종 있었다. 또한 코로나 확산 초기 외출이 제한되면서 실내 생활에 답답함을 느낀 많은 주민이 아파트 마당에 텐트를 치고 잠시나마 숨통을 틔우는 장면을 자주 목격할 수 있었다.

1인 가구를 위한 공간에 주목하라

주거 공간의 변화를 살펴볼 때 빼놓을 수 없는 트렌드는 바로 1인 가구의 증가다. 이는 글로벌 공통 현상으로 2020년 기준 전 세계에서 여섯 가구 중 한 가구는 1인 가구로 나타났다. '가족'이라는 단어를 들었을 때 떠오르는 부모와 두 자녀로 구성된 4인 가족의 이미지는 더 이상 대한민국 가족의 모습을 대변하지 않는다. 2021년 한국의 1인 가구는 전체 가구의 40%에 육박하고 있으며, 4인 가족은 20% 미만으로 그 비중이 점차 감소하는 추세다. 1인 가구와 2인 가구를 합한 비중만 전체의 60%에 달하지만, 아직까지도 집을 짓는 기준은 4인 가족에 맞춰진 경우가 많아 현실과 다소 괴리가 있다.

작지만 온전한 나만의 집, 협소 주택이 뜬다

1인 가구의 증가와 집값 상승이 맞물려 등장하는 글로벌 트렌드 중 하나는 협소 주택의 확산이다. 협소 주택은 이름 그대로 약 15평 이하의 토지에 건축된 좁고 작은 집을 뜻한다. 작은 집에 대한 관심은 변화된 가치관을 반영하고 있는데, 협소 주택을 선택하는 사람들은 '평생을 주택 담보 대출에 저당 잡힌 삶을 살기 싫어서' 또는 '물건을 줄이고 단순하게 사는 미니멀리즘을 실천하고 싶어서'와 같은 이유로 작은 집을 선택한다. 또한 비록 규모가 작더라도 온전한 나만의 집, 나만의 공간을 가지고 싶다는 열망 역시 협소 주택에 대한 관심을 높이는 데 일조하고 있다.

영국 방송사 BBC에 의하면 미국에서는 약 1만 명이 협소 주택을 뜻하는 '타이니 하우스tiny house'에 사는 것으로 추정된다. 절대적으로 많은 숫자라고 할 수는 없지만, 미국 협소 주택 협회ATHA, American Tiny House Association의 이사는 "타이니 하우스 운동이 커지고 있다. 점점 더 많은 이들이 타이니 하우스를 선호한다"라며 협소 주택의 미래를 밝게 전망한다.[26]

서구권에서는 공간과 에너지를 절약하는 사회적 움직임으로서 타이니 하우스에 주목하기도 한다. 영국의 타이니 하우징 컴퍼니The Tiny Housing Co.에 따르면 타이니 하우스는 제작 시 일반 주택보다 건축 자재가 덜 들 뿐만 아니라, 생활 속에서 발생하는 에너지 소모량 역시 영국 주택 평균치의 20~30%에 불과한 수준이라고

작지만 온전한 나만의 집, 타이니 하우스가 뜨고 있다. 도시의 높은 집값에 대한 부담감, 미니멀리즘 및 친환경 라이프스타일의 확산, 한곳에 정착하지 않아도 되는 이동성 등은 타이니 하우스가 확산되는 주된 요인으로 꼽힌다.

한다. 또한 태양광 패널을 설치해 에너지 자급자족이 가능하도록 설계할 수도 있다.

글로벌 가구 업체 이케아는 협소 주택과 관련한 다양한 프로젝트를 진행하고 있다. 협소 주택 전문 업체인 이스케이프홈스Escape Homes와 손잡고 침실, 거실, 주방과 욕실이 있는 약 5평짜리의 이동식 협소 주택을 6만 3,350달러(약 7,600만 원)에 판매했다. 이 집은 단지 크기가 작은 것에 그치는 게 아니라, 바퀴가 달려 이동이 가능하며 친환경적인 요소를 갖춘 집으로 최근 선호되는 라이프스타일 트렌드를 반영하고 있다. 이스케이프홈스의 창업자 댄 도브로윌스키Dan Dobrowolski는 《비즈니스 인사이더Business Insider》와의 인터뷰에서 "사람들이 코로나로 인해 도시의 아파트로부터 벗어나 자신만의 안전한 장소로 옮겨가면서, 작은 집에 생활하는 것이 핫한 트렌드가 되고 있다"라고 말했다.[27]

최근 등장하는 협소 주택은 바퀴를 달아서 이동이 가능하도록 만드는 경우가 많기 때문에, 도시에서 벗어난 환경을 원하는 이들에게 타이니 하우스는 하나의 선택지가 될 수 있다. 미국에서 타이니 하우스를 제조하여 판매하는 뉴 프런티어 타이니 홈즈New Frontier Tiny Homes의 대표이사 데이비드 라티머David Latimer에 의하면 타이니 하우스를 주거지로 삼으려는 이들과 별장으로 사용하려는 이들이 반반이라고 한다. 끝을 모르고 치솟는 집값과 전염병 위험이 도사리는 도시 생활에 지친 사람 중에는 자신의 삶에 있어 정말 중요한 것이 무엇인지를 고민하는 이들이 점차 늘고 있다. 물질적 가치에 집착하지 않는 가치관을 가진 사람들이 바퀴가 달린 타이니 하우스를 끌고 다니며 생활하는 모습이 곧 대중적인 라이프스타일 중 하나로 정착할지도 모를 일이다.

작아지는 만큼 더 똑똑해지는 집

협소 주택은 단지 공간을 작게 만드는 것만이 핵심이 아니다. 오늘날 협소 주택은 스마트홈과 같은 기술 트렌드와 결합해 새로운 형태의 공간을 탄생시키고 있다. 대표적인 사례로 샌프란시스코의 '범블비 스페이스Bumblebee Spaces'가 있다.[28]

전 세계 인재들이 몰려드는 실리콘 밸리는 부동산 가격이 매우 높은 지역으로, 범블비 스페이스의 창업자들은 샌프란시스코에서 소득의 40% 이상을 주택에 지출하는 것에 비해 주택 공간의 활용도는 그리 높지 않다고 생각했다. 급상승하는 주택 가격과 임차료로 인해 주거 공간이 점점 작아지고 있기 때문이다. 이에 따라 범블비 스페이스는 공간 활용을 극대화하는 방안으로 4개의 벽면과 바닥에 더해 천장에 집중하기 시작했다.

범블비 스페이스의 공동 창업자인 산카샨 머시Sankarshan Murthy는 "그동안 바닥과 사방까지 총 5개의 벽면을 사용했다면, 이제는 천장이라는 여섯 번째 벽면을 활용하려는 것입니다"라며 범블비 스페이스의 특징을 소개했다.

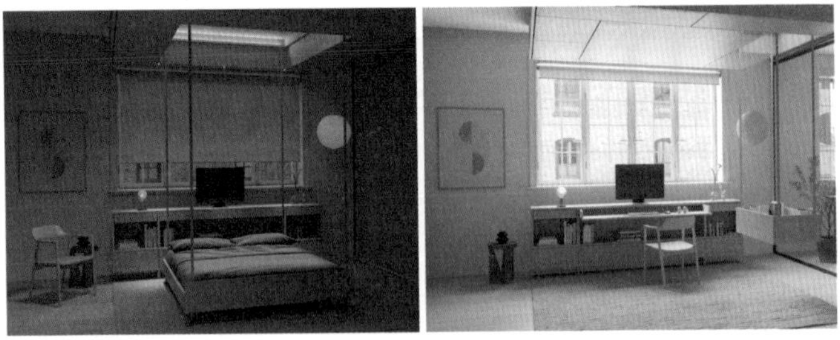

출처: 범블비 스페이스

천장을 이용해 공간 활용을 극대화한 집도 등장했다. 침대(좌)와 수납장(우)을 평소에는 천장에 붙박이 형태로 두었다가 필요시 바닥으로 내려 사용하는 모습.

범블비 스페이스는 천장에 가구를 배치해놓고 필요할 때마다 가구를 아래로 내려 사용함으로써 공간 활용을 극대화하는 시스템이다. 예를 들어 스마트폰 앱을 통해 아침에는 침대를 천장 위의 공간으로 올려 숨기고, 밤이 되면 다시 내려서 자는 것이다. 또 하나 재미있는 기능은 앱을 통해 각 수납공간에 어떤 물건이 있는지 확인하는 것이다. 천장의 각 수납공간에는 카메라가 달려있어 굳이 수납공간을 내려서 확인하지 않아도 어디에 무엇이 있는지 쉽게 알 수 있다. 또한 사용자의 생활 습관을 바탕으로 특정 상황에 따라 미리 행동을 예측해서 필요한 물건이 든 수납장을 내려주는 기능도 있다. 예를 들어 거주자가 외출 시 자동차 열쇠와 신발이 든 수납장을 자동으로 내려주는 것이다.

산카샨 머시는 애플과 테슬라 출신이고, 또 다른 공동 창업자인 개럿 레이너Garrett Rayner 또한 테슬라 엔지니어 출신으로 범블비 스페이스는 기술과 안정성에 심혈을 기울였다. 천장에 가장 효율적인 구조로 장착할 수 있는 승강 장치와 미세한 움직임을 조정하는 어셈블리assembly 기술, 바닥에서 일정한 크기의 장애물을 감지하면 하강을 자동으로 멈추는 기술 등을 활용해 안전성을 확보하고 있다. 이처럼 협소 주택의 확산과 동시에 최신 기술을 적용해 작은 공간을 최대한 활용하는 방안들이 앞으로도 활발히 개발될 것으로 전망된다.

20대 1인 가구는 왜 코리빙을 선호할까?

최근 국내에서는 결혼 전에 독립하는 20대 1인 가구가 증가하고 있다. 불과 얼마 전만 해도 통학이나 통근이 불가능하지 않는 이상, 부모님과 함께 한집에 사는 것을 당연하게 여겼다. 결혼을 하면서 자연스럽게 독립하는 것이 일반적인 모습이었으나, 이제는 이러한 모습이 바뀌고 있다. 근거리에 부모님의 집이 있더라도 결혼 전에 독립하는 젊은 1인 가구들이 늘고 있는 것이다. 통계청에 따르면 2020년 기준 20대 1인 가구는 126만 명으로 2015년 대비 43%나 증가했다. 오늘날 Z세대는 주거비를 줄여서 돈을 모으는 것보다 자기 시간을 중시하는 경향이 강하다.

이렇듯 독립하는 1인 가구가 늘어남에 따라 비록 좁더라도 자신만의 공간을 가지고자 하는 니즈 역시 증가하고 있다. 동시에 작은 공간을 어떻게 100%, 아니 120% 활용할 수 있을지가 공간 비즈니스의 새로운 과제로 떠올랐다. 가구 업체 혹은 기술 업체들은 이러한 트렌드에서 새로운 기회를 발견할 수 있을 것으로 기대하고 있다.

1인 가구에게 인기 있는 주거 형태 중 하나는 개인의 방은 작게 가지면서 거실 같은 공동 공간은 함께 공유하는 코리빙이다. 이는 공동 주거 방식 중 하나인 셰어 하우스와는 다르다. 코리빙의 경우 침실이나 화장실 같은 개인 공간은 철저히 분리하지만, 커뮤니티를 활용해 활발한 교류가 가능하다. '때로는 혼자, 때로는 같이'의 느슨한 연대를 지향하는 코리빙은 현재 전 세계적으로 큰 인기를 끌고 있으며, 다양한 기업이 코리빙 비즈니스에 진출하고 있다. 미국의 '커먼Common', 영국의 '올드 오크Old Oak', 일본의 '소셜 아파트먼트Social Apartment' 등이 대표적이며, 국내에는 패스트파이브가 운영하는 '라이프온투게더'를 비롯해 '로컬 스티치', '커먼타운', SK디앤디가 운영하는 '에피소드' 등 다양한 코리빙 공간이 있다.[29]

코리빙에서는 개인의 프라이버시는 지키면서도 라운지와 같은 공용 공간에서 커뮤니티를 형성하고 다양한 서비스와 콘텐츠를 즐기며 취향까지 공유한다. 예를 들어, 라이프온투게더는 독서, 조깅, 아침 기상 등의 프로그램을 통해 개인의 경험을 공유하며 루프톱 와인 파티 등과 같은 커뮤니티 활동을 제공해 입주자들이 자연스럽게 어울리고 소통할 수 있는 장치를 만들고 있다.

왜 젊은 1인 가구들은 코리빙을 선호할까? 주력 소비자인 MZ

출처: SK디앤디

'더 나은 도시 생활'을 콘셉트로 하는 커뮤니티 기반의 주거 문화 브랜드 에피소드. 코리빙 스페이스는 느슨한 연대를 지향하는 MZ세대의 니즈와 맞아떨어지며 큰 인기를 끌고 있다.

세대는 사람들과 교류하고 취미 생활을 공유하는 등 경험을 넓히는 것에 큰 가치를 둔다. 자신만의 공간을 가지면서도 타인과 연결돼 새로운 자극을 받을 수 있는 공간 역시 필요로 한다. 즉, '공간'이라는 하드웨어뿐만 아니라 그곳에서 제공하는 '경험'이라는 소프트웨어에서도 매력을 느끼는 것이다. 코리빙 서비스는 '커뮤니티'와 '연결'이라는 눈에 보이지 않는 가치를 제공한다. 단순히 장소를 제공하는 것처럼 보이지만, 물리적 공간을 넘어 커뮤니티 형성이 가능하며 나와 취향이 비슷한 사람을 만나서 교류할 기회를 제공하는 것이 코리빙의 핵심이다. 라이프온투게터의 캐치

프레이즈인 '취향 있는 사람들의 집, 라이프온투게더'에서 여실히 드러나듯이 코리빙은 공간과 함께 콘텐츠를 제공함으로써 삶의 질 자체가 높아지도록 돕는다.

앞으로 1인 가구의 증가는 더욱 가속화될 것으로 전망된다. 자연스럽게 1인 가구를 위한 주거 공간에 대한 니즈도 증가할 것이다. 물리적인 공간의 효율성을 극대화하는 방안을 마련하는 것과 동시에 콘텐츠 면에서는 어떻게 '느슨한 연결'을 창출할 수 있을 것인지에 대해 보다 깊은 고민이 필요한 때다.

홈트부터 홈텐딩까지, 홈코노미의 무한 확장

집이 생활의 중심이 되면서 외부에서 수행하던 많은 활동이 집 안으로 들어오고 있다. 홈트(집 + 트레이닝), 홈텐딩(집 + 바텐딩), 홈문센(집 + 문화센터) 등 집과 관련된 새로운 단어들의 등장은 이러한 트렌드를 여실히 보여주고 있다.

코로나 확산 초기 업무 공간과 생활 공간을 분리해 업무 효율을 높일 수 있도록 집 안에 자신만의 홈 오피스를 만들고자 하는 수요가 폭발적으로 증가했다. 이러한 추세는 재택근무의 정착과 함께 앞으로 지속적으로 성장해나갈 것으로 전망된다. 글로벌 시장 조사 업체인 리서치앤드마켓Research and Markets이 발행한 보고서에 따르면 글로벌 홈 오피스 가구 시장 규모는 2020년 30억 달러(약 3조 6천억 원)에서 2030년 76억 달러(약 9조 1천억 원)로 2배 이상 성장할 것으로 예상된다.[30] 재택근무의 정착과 1인 기업을 포함한 스타트업의 증가가 시장 확대를 견인하는 중요한 요소다.

코로나 이전부터 1인 기업과 프리랜서가 증가하면서 국내 가구 업계도 홈 오피스 시장을 겨냥한 상품에 힘을 쏟기 시작했다. 퍼시스 그룹은 1인 기업 전용 브랜드인 '데스커'를 출시했고, 에넥스 또한 1인용 사무 가구를 판매하기 시작했다. 그러다 코로나 확산 후 홈 오피스 시장이 급격히 성장하자 국내 가구 업체들은 더욱 발빠른 대응을 보여주고 있다. 까사미아의 2020년 상반기 홈 오피스 가구 매출은 전년 하반기 대비 약 75% 성장했으며, 일룸의 홈 오피스 제품 매출은 2020년 상반기 기준으로 전년 대비 약 20% 성장하는 등 국내의 가구 업체 대부분에서 홈 오피스 가구 매출이 성장세를 보였다.

이렇게 홈 오피스 시장이 빠르게 성장하자 B2B 사업, 즉 기업 고객을 주요 타깃으로 영업을 하던 가구 업체들은 개인 고객으로 판로를 개척하지 않으면 안 되는 상황이 됐다. 오피스용 가구 중심의 리빙 브랜드 리바트 하움도 개인 고객을 대상으로 신제품 라인을 출시하는 등 여러 업체들이 비즈니스 모델을 다각화하며 변화된 수요에 대응하고 있다.

한편, 의외로 기업 고객이 홈 오피스 가구를 구입하는 경우도 있다. 일본 최대의 레시피 사이트를 운영하는 쿡패드cookpad는 코로나가 확산된 2020년 2월부터 350명의 전 직원을 재택근무로 전환했다. 동시에 복리 후생 차원에서 희망 직원을 대상으로 홈 오피스용 책상과 의자를 지원했다. 약 40여 명의 직원에게 홈 오피스 가구를 제공하는 데 총 100만 엔(약 1천만 원) 이상의 비용이

출처: 데스커DESKER

재택근무가 활성화되면서 홈 오피스 시장이 급성장했다. 기업 고객을 주 타깃으로 하던 가구 업체들은 재택근무자 및 1인 기업을 포함한 스타트업 고객을 대상으로 다양한 제품을 선보이고 있다.

들었지만, 직원들의 만족도가 높았다며 의미 있는 결정이었다고 전했다. 쿡패드는 "직원들이 사무실에서 일할 때와 동일한 생산성만 낼 수 있다면 100만 엔은 비싼 금액이 아니라고 생각한다"라고 말했다. 이렇듯 홈 오피스 가구의 수요가 꼭 개인에게서만 발생하는 것은 아니다. 쿡패드와 같이 재택근무가 자리 잡으면서 직원들의 업무 효율성을 높이기 위해 복리 후생 차원에서 인테리어 가구를 찾는 기업들이 늘어날 수도 있는 일이다.

집에서도 마치 피트니스 센터에 있는 것처럼

바이러스가 확산되면서 여타의 실내 밀집 시설과 마찬가지로 피트니스 센터도 문을 닫아야 했으며, 회원들의 이용이 급감한 실내 체육 시설의 피해는 현재도 진행 중이다. 반면 피트니스 센터를 가지 못하는 사람들이 늘어나며, 홈 트레이닝 산업이 급성장했다. 미국의 시장 조사 업체 리포트앤드데이터Reports and Data에 의하면 2020년 36억 달러(약 4조 3,200억 원) 규모의 글로벌 피트니스 앱 시장은 2028년 180억 달러(약 21조 6천억 원)로 5배 가까이 성장할 것으로 추정하고 있다.[31]

미국에서는 최신 기술이 적용된 진일보한 헬스케어 기기들이 인기를 몰고 있다. 그중에서도 최근 가장 크게 이슈가 된 곳은 펠로톤Peloton과 미러Mirror다. 펠로톤은 실내 자전거를 통해 온라인 스피닝 수업을 제공하는 회사로 일정 금액의 구독료(12.99~39달러)를 내면 미국의 유명 트레이너들의 강좌를 들으며 함께 운동할 수 있다. 즉, 자전거 머신을 판매하는 것과 동시에 온라인 수업의 구독 서비스까지 제공하는 비즈니스 모델인 것이다.

2018년 미국에서 론칭한 미러는 벽걸이형 거울을 통해 트레이너와 실시간으로 소통하며 운동하는 홈 트레이닝 플랫폼으로 코로나 팬데믹 이후 이용자 수가 빠르게 증가했다. 요가부터 라틴 댄스까지 약 50여 가지 이상의 다양한 운동이 가능하며, 초급부터 고급 과정까지 모두 갖추고 있어 누구나 쉽게 운동을 시작할 수 있다. 운동 콘텐츠가 실시간 스트리밍되면서 트레이너에게 피드백을 받는 등 현장감을 느낄 수 있는 것도 미러의 장점이다. 실시간 수업에 참여하면, 트레이너가 스마트 워치와 연동된 참가자들의 심박수를 확인할 수 있고, 이를 통해 개별 참여자의 운동 상태를 확인하고 격려하기도 한다. 또한 실시간 수업뿐만 아니라 녹화 수업을 다시 보면서 운동하는 것도 가능하다.[32]

홈 피트니스 시장의 성장이 예상되면서 투자 자금도 몰리기 시작했다. 2021년 8월, 삼성전자의 투자 전문 자회사인 삼성넥스트가 홈 트레이닝을 가능하게 하는 디지털 피트니스 기업에 연달아 투자를 확대했다.[33] 캐나다의 아비론Aviron에 450만 달러(약 54억

출처: 미러

미러는 오프라인 피트니스 센터에서 경험할 수 있는 트레이너의 경험과 노하우를 디지털로 전달함으로써 운동에 있어 시간적, 거리적 제약을 해소하며 큰 호응을 얻고 있다.

원)를 투자했으며, 미국의 오베 피트니스Obe Fitness의 시리즈 A 투자에도 참여했다. 아비론은 가정용 로잉 머신Rowing machine을 개발 및 생산하는 스타트업이다. 로잉 머신은 조정 스포츠 선수들이 실내에서 운동할 때 쓰는 기구로 전신에 자극을 줄 수 있으며 칼로리 소비가 높다는 장점으로 인기를 얻고 있다. 아비론은 다른 사용자와 경주할 수 있는 기능 등 수백 가지 옵션을 통해 집에서 지루하지 않게 로잉 머신을 이용한 운동을 할 수 있도록 돕는다. 삼성넥스트가 투자한 또 다른 기업인 오베 피트니스는 실시간 운동 수업 영상을 제공하는 스타트업이다. 삼성전자는 이러한 투자뿐만 아니라, 자체적으로도 스마트 TV용 '삼성 헬스' 서비스를 론칭해 스트레칭, 근력 운동, 요가 등 다양한 종류의 홈 트레이닝 콘텐츠를 제공하고 있다.

최근 엔데믹 흐름을 타고 피트니스 센터들은 다시 점진적으로 운영을 재개하기 시작했다. 하지만 오프라인보다 상대적으로 저렴한 비용과 장소의 제약이 없다는 점은 온라인 피트니스 서비스가 갖는 무시할 수 없는 장점이다. 재택근무가 이어지면서 업무 중간에 잠시 짬을 내어 운동하거나 머리를 식히기 위해 몸을 움직이려는 사람들이 많아지고 있다. 이럴 때 굳이 밖에 나가지 않고도 원거리의 트레이너와 연결돼 마치 수업을 받는 것처럼 집에서 운동을 할 수 있다는 점은 계속해서 지속적인 수요를 창출할 수 있을 만큼 충분히 매력적이다.

실제로 미국의 많은 피트니스 센터들은 온라인 스트리밍으로 수업을 제공하고 있다. 미국의 이퀴녹스Equinox는 2020년 3월 코로나가 시작되자마자 피트니스 모바일 앱을 출시하여 고객들이 집에서도 운동할 수 있도록 했다.[34] 흥미로운 점은 피트니스 센터가 다시 문을 열었음에도 불구하고, 피트니스 센터 내에서도 여전히 모바일 앱을 사용하여 운동하는 사람들이 있다는 점이다. 앱과 연동된 장치를 통해 운동 강도와 심박수 등 자신의 운동 상황을 실시간 확인할 수 있기 때문이다.

앞으로는 피트니스 센터를 이용하는 것과 홈 트레이닝을 적절히 섞어 자신의 스케줄과 신체 컨디션에 맞춘 가장 적합한 방법으로 운동을 지속하는 사람들이 늘 것으로 보인다.

4

리테일 아포칼립스 시대의 생존 전략, 상업 공간

코로나 확산으로 인해 가장 힘든 시기를 겪고 있는 곳은 오프라인 상업 공간일 것이다. 물론 오프라인 리테일은 코로나 확산 이전부터 고전을 면치 못하고 있었다. 미국의 리테일 테크 컨설팅 업체인 코어사이트 리서치Coresight Research에 따르면 코로나 확산 전인 2019년에 문을 닫은 미국의 오프라인 매장 수는 총 9,302곳이었다. 상업 공간 중에서도 특히 대형 쇼핑몰이나 백화점의 실적은 온라인 쇼핑이 등장한 이후 지속적으로 내림세를 보이고 있다. 이러한 상황에서 코로나의 출현은 치명타가 됐다. 100년이 넘는 역사를 가진 미국의 유명 백화점 JC 페니J.C. Penny도 코로나를 이기지 못하고 쓰러졌으며, 아세나 리테일Ascena Retail, 스테이지 스토어Stage Stores, 에이치앤엠H&M 등 의류 및 유통 업계의 대형 체인이 운영하는 오프라인 점포 중 약 4,500개가 폐업 수순을 밟았다. 벼랑 끝에 몰린 리테일 기업들은 재빨리 사업 모델을 온라인으로 전환하고 있지만, 위기를 타파하기에는 역부족이다.

이러한 상황에서 오프라인의 상업 공간들은 할 수 있는 모든 방법을 동원하며 시장에서 살아남기 위해 다양한 변신을 꾀하고 있다. 고객이 급감해 유휴 공간이 된 매장을 다른 용도로 전환하거나, 마냥 고객이 찾아주기를 기다리는 것이 아니라 역으로 고객이 있는 곳으로 찾아가는 이동형 매장을 운영하기도 한다. 오프라인에만 존재하는 판매원의 접객 서비스를 온라인에서 활용하려는 시도도 엿보이며, 오프라인 공간을 다른 브랜드에 빌려주거나 고객 행동 데이터를 수집하는 장소로 만들기도 한다. 이 같은 변화의 대부분은 코로나 이전부터 감지돼 온 현상들이다. 단지 코로나가 기폭제가 돼 더욱 빠르고 극적인 변화가 일고 있을 뿐이다.

그렇다면 과연 오프라인 상업 공간은 언젠가 사라지게 될까? 많은 전문가는 오프라인 리테일이 앞으로도 계속 존속할 것이라 예측한다. 하지만 이는 지금까지와는 다른 형태라는 전제하에서다. 앞으로 오프라인 공간이 살아남기 위해서는 온라인이 전해주지 못하는 가치가 무엇인지 명확히 정의하고 이를 어떻게 전할 것인가를 고민해야 한다. 이번 장에서는 위드 코로나 시대의 오프라인 리테일은 어떠한 역할을 해야 하며, 이를 바탕으로 최근 상업 공간에서는 어떤 비즈니스 모델이 새롭게 탄생하고 있는지 정리해보고자 한다.

유통 공룡의 예견된 몰락

코로나 확산 후 쇼핑의 주 무대가 온라인으로 옮겨가면서 오프라인 매장들은 고전을 면치 못하고 있다. 하지만 쇼핑의 디지털 전환은 코로나로 인한 일시적인 현상이 아니다. 전문가들은 오프라인 리테일이 위기에 놓인 것은 코로나 이전부터 존재하던 오프라인 유통 업계의 구조적인 문제에서 기인한다고 분석한다.

2018년, 미국 백화점의 상징과 같은 시어스Sears의 파산 기사가 언론을 도배했다. 126년의 전통을 자랑하던 시어스의 몰락은 아마존으로 대변되는 온라인 유통이 오프라인을 넘어선 대표적인 사건으로 회자된다. 2017년부터 미국의 대형 유통 기업들이 매장을 폐점하고 파산을 신청하는 사례가 이어졌으며, 오프라인 유통의 몰락을 대변하는 용어인 '리테일 아포칼립스Retail Apocalypse'라는 말이 연일 미국의 신문을 장식했다.

잠시 데이터를 통해 확인해보자. 미국의 온라인 소매 판매액은

2019년 5,980억 달러(약 717조 6천억 원)로 2010년 1,700억 달러(약 204조 원)에서 3배 이상 성장했으며, 온라인 쇼핑 침투율 또한 2010년 5.5%에서 2019년 14.2%로 상승했다. 한국의 경우 온라인 쇼핑 거래액은 2010년 25조 2천억 원에서 2019년 134조 6천억 원으로 5배 이상 증가했으며, 온라인 쇼핑이 전체 소매에서 차지하는 비중은 2010년 7.1%에서 2019년 21.4%로 증가했다. 코로나가 확산되기 전부터 이미 소비의 무대가 오프라인에서 온라인으로 옮겨가고 있었던 것이다.

이렇듯 리테일 아포칼립스는 미국에만 국한된 현상이 아니다. 유럽과 일본 등 전 세계적으로 온라인 쇼핑이 확대되면서 오프라인 매장이 폐쇄 혹은 축소되는 현상을 보이고 있다. 네덜란드의 백화점인 브룸앤드레스만V&D은 2015년 12월 파산을 신청했고, 영국의 경우에도 가전 유통 체인인 마플린Maplin이 2018년에 파산을 신청했다. 169년의 역사를 가진 백화점 하우스 오브 프레이저House of Fraser도 일부 매장을 폐쇄했으며, 유통 업체 테스코TESCO 역시 90개의 매장을 정리하는 등 오프라인 매장의 파산 혹은 폐점이 줄을 이었다. 일본 백화점 업계의 매출 또한 2014년 6조 8천억 엔(약 68조 원) 규모에서 지속적으로 감소하여 2019년 6조 3천억 엔(약 63조 원)을 기록했으며, 특히 인구 감소 현상이 심각한 지방 도시를 중심으로 백화점들이 줄줄이 폐점했다.

코로나 팬데믹이 덮친 2020년, 리테일 아포칼립스 현상은 더욱 더 심화됐다. 사람이 많이 몰리는 장소에서 확산되는 코로나의 특성으로 인해 많은 국가에서 상업 시설을 일시적으로 휴업하는 조치가 이뤄졌기 때문이다. 코로나 확산 초기인 2020년 초에는 식료품점과 약국 등 실생활에 필수적인 리테일을 제외한 모든 상점이 문을 닫으며, 일상생활이 반강제적으로 비대면으로 전환됐다. 소비자들 또한 언택트 소비를 선호하게 되면서, 이전에는 온라인 쇼핑을 하지 않았던 사람들까지 온라인에서 물건을 구입하기 시작했다.

이는 온라인 쇼핑의 폭발적인 성장을 가져왔다. 2020년 미국 이커머스 유통의 시장 규모는 7,920억 달러(약 950조 40억 원)로 2019년 대비 32.4% 증가했으며, 전체 리테일에서 온라인이 차지하는 비중도 15.8%에서 19.6%로 급상승했다.[1] 2020년 한국 온라인 소매 판매액은 161조 원으로 2019년 대비 1년 만에 19%나 증가했다. 다른 국가들 역시 마찬가지로, 2020년 코로나 팬데믹 기간 동안 온라인 쇼핑액은 폭발적으로 증가했다.

코로나는 오프라인 쇼핑에 전적으로 의지하던 고령층까지도 온라인 쇼핑을 경험하도록 만들었다. 신선 식품 중심의 장보기 플랫폼 마켓컬리의 경우 2020년 1~3월 사이 50대 이상 회원 수의 증가율이 전년 동기 대비 94%, 약 2배가량 늘었다고 밝혔다. 오픈마켓인 G마켓 역시 2021년 1분기에 50대 이상 고객이 많이 늘어났을 뿐만 아니라, 50대 이상 고객이 전체 구매에서 차지하는 비중과 거래액이 모두 증가했다고 발표했다.[2] 한편, 의류와 같이 실제로 착용해보고 구매를 결정하게 되는 상품도 매장이 휴업함에 따라 어쩔 수 없이 온라인으로 구매하는 경우가 늘어났다. 코로나는 실제로 물건을 보지 않고 구매하기 주저되던 품목마저도 온라인으로 구매하도록 소비자들의 행동을 바꾼 계기가 된 것이다.

소비자들이 물건을 구입하는 공간이 오프라인에서 온라인으로 옮겨가며 2020년 한 해 동안 미국에서 파산한 유통 기업의 수는 무려 51개에 달한다. 여기서 한 가지 궁금증이 생긴다. 그렇다면 기업의 파산 및 축소로 인해 매장이 없어진 자리에는 과연 어떤 일들이 벌어졌을까?

매장 대신 공유 오피스를 입점시킨 백화점

오프라인 매장에 사람들이 방문하지 않고 폐점하는 곳들이 늘어나면서 상업 시설에 유휴 공간이 생겨나게 됐다. 재택근무가 활성화되면서 마치 집이 근무지로 바뀐 것처럼, 상업 공간의 용도 변경은 코로나 팬데믹 이후 가장 쉽게 찾아볼 수 있는 트렌드 중 하나다. 가장 비근한 예는 상업 시설이 공유 오피스로 바뀌는 사례다. 상업 시설을 방문하는 고객은 줄어든 반면, 대체 오피스에 대한 수요는 계속 늘어나면서 매장을 공유 오피스로 바꾸는 사례도 증가하고 있다.

한편, 상업 시설이 사라지고 그 자리에 공유 오피스가 들어서기도 하지만, 상업 시설이 그대로 존재하면서 상품을 판매하는 면적을 줄이고 대신 공유 오피스를 테넌트tenant•로 채우기도 한다. 코로나 이전부터 리테일과 공유 오피스가 결합하려는 시도가 보이긴 했지만, 코로나 이후 이러한 흐름이 본격화되고 있다.

미국 뉴욕의 고급 백화점인 삭스 피프스 애비뉴Saks Fifth Avenue와 세계 최대의 공유 오피스를 운영하는 위워크WeWork가 만나 백화점의 일부 층을 업무 공간으로 전환한 '삭스웍스SaksWorks'라는 공유 오피스를 선보였다. 삭스 피프스 애비뉴 맨해튼 지점을 포함하여 뉴욕 북동부 지역에 총 5개의 공유 오피스를 만들었다. 매월 299달러(약 36만 원)를 내고 멤버십에 가입하면 집과 사무실이 아닌 제3의 공간을 가질 수 있다. 삭스웍스 대표 에이미 넬슨Amy Nelson은 "오랜 재택근무로 피로함을 느끼는 직장인들에게 집 이외의 공유 오피스라는 색다른 근무지를 제공할 수 있게 된 점을 기쁘게 생각한다"라고 말했다.[3]

삭스웍스는 코로나로 인해 매출이 떨어진 백화점이 실적을 보완하기 위해 만든 단기적인 대책에 그치지는 않을 것이다. 뉴욕에서 삭스 피프스 애비뉴를 운영하는 캐나다 기업 허드슨즈 베이Hudson's Bay는 백화점 비즈니스를 통해 쌓은 자신들의 접객 능력과 멤버십 기반이 공유 오피스를 운영함에 있어서도 차별화된 가치를 만들 수 있다고 보고 있다. 넬슨은 "사무실과 집의 모습을 모

• 건물의 전체 또는 일부를 임차 계약하여 오피스나 상점으로 이용하고, 그에 대한 비용을 지불하는 기업 또는 사람을 의미한다.

출처: 삭스웍스

팬데믹의 여파로 매장 매출이 줄어든 백화점들은 공유 오피스에서 그 해답을 구했다. 미국의 삭스 피프스 백화점이 위워크와 손잡고 만든 삭스웍스도 그중 하나다.

호하게 만들어 공간 구성에 적절하게 활용했다고 생각한다. 30분 운동 후 샤워와 사우나를 하고 미팅에 참석하는 것이 바로 미래의 일하는 모습이다. 누구도 8시간 계속 앉아있어야 하는 책상뿐인 오피스로 돌아가고 싶어 하지는 않을 것이다"라고 말했다.[4]

아예 리테일과 오피스를 결합하는 사례도 관찰된다. 2021년 10월, 한국의 이마트와 비슷한 일본의 대형 슈퍼마켓 체인인 이온AEON은 '이온몰 나고야 노리타케 가든AEON Mall Nagoya Noritake Garden'이라는 시설을 선보였다. 전체 건물 6층 중 1층부터 3층까지는 리테일이 들어서고 4층부터 6층까지는 '비즈리움 나고야BIZrium, 名古屋'라는 이름의 공유 오피스가 들어섰다. 이곳의 콘셉트는 'Work Life Blend Office', 즉 일과 삶의 밸런스(균형)를 찾는 것이 아닌, 일과 삶이 블렌드(혼합)된 라이프스타일을 지원하는 것이다.[5]

이온은 쇼핑몰을 기획하면서 상권 조사를 실시했는데, 이를 통해 반경 5km 내에 약 32만 세대, 63만 명의 인구가 살고 있으며 이 중 20~50대 직장인 독신자가 50%를 넘고, 이들의 재택근무 비율과 외식 비중이 높다는 점을 알게 됐다. 이러한 고객층을 겨냥해 상업 시설과 오피스를 결합한 콘셉트의 공간을 기획한 것이다. 물론 상업 시설 내에는 레스토랑과 푸드 코트를 강화해, 일하다 언제든 편하게 외식할 수 있는 환경을 만들었다. 이커머스의 확산으로 어려움을 겪는 리테일 공간을 새롭게 활용함과 동시에 일하는 공간과 쇼핑하는 공간을 결합함으로써 소비자들의 시간을 절약하겠다는 목적이다. 일하는 공간이 분산되고 언제든 원하는 곳에서 일하는 사람들이 늘어나면서 상업 시설도 새로운 라이프 스타일을 반영한 공간으로 변신하는 중이다.

다크 이코노미의 확산, 물류 센터가 된 대형 마트

편리함을 추구하는 것은 인간의 본능적인 욕구 중 하나다. 이러한 욕구로 인해 온라인 쇼핑을 비롯해, 일일이 주문하지 않아도 알아서 배달해주는 구독 서비스가 인기를 끌고 있다. 코로나는 이러한 트렌드를 더욱 강화했으며, 온라인 쇼핑과 배달 서비스의 이용이 증가하면서 도심 내 공간들이 집에서의 활동을 서포트하기 위한 지원 부서 역할을 하기 시작했다. 오프라인 쇼핑몰이 떠난 자리에 도심형 물류 센터가 들어서거나 혹은 매장의 일부를 물류 센터로 바꾸고 있는 사례가 등장하고 있는 것이다. 여태까지 식당에는 당연히 있어야 한다고 생각했던 테이블과 의자, 종업원은 사라지고, 온라인으로 들어온 주문을 처리하기 위해 주방만 마련해놓은 곳들이 늘었다. 주방만 있는 다크* 키친Dark kitchen, 매장 없이 창고만 있는 다크 스토어Dark store 등 다크 이코노미Dark Economy가 점차 그 영역을 넓혀가고 있다.

* 매장에 불이 꺼졌다는 뜻에서 '다크'라는 말이 붙었다.

최근 언론에는 '마이크로 풀필먼트 센터Micro-Fulfillment Center'라는 단어가 자주 등장한다. 풀필먼트 센터란 상품의 배송과 보관, 포장, 재고 관리 등의 과정이 이루어지는 물류 창고를 의미하는데, 온라인 쇼핑이 발전하면서 풀필먼트 센터도 크게 성장했다. 풀필먼트 센터는 보통 도심보다 상대적으로 임차료가 저렴한 외곽 지역에 분포했으나, 코로나 확산 후 도심 내에 풀필먼트 센터를 구축하는 움직임이 속도를 내고 있다. 도심 내 풀필먼트 센터는 교외에 위치한 대형 물류 창고에 비하면 공간이 협소하고 보관할 수 있는 상품의 종류가 제한적이지만, 고객과의 거리가 최소화돼 배송 시간을 단축할 수 있다는 장점이 있다. 온라인 쇼핑몰의 경쟁이 치열해지면서 새벽 배송, 당일 배송 등 짧은 배송 시간으로 차별화를 시도하는 기업들이 많다. 이들은 고객과 가까운 지역에 창고 설치를 확대하고 있으며, 이러한 도심 내 물류 창고를 마이크로 풀필먼트 센터라고 부르는 것이다.

마이크로 풀필먼트 센터를 구축하는 움직임은 코로나 이전부터 이미 시작됐다. 이스라엘의 물류 로봇 스타트업인 패브릭Fabric은 2019년 세계 최초로 도심 지하 시설에 1,670m^2 규모의 마이크로 풀필먼트 센터를 세웠다. 이곳은 원래 고층 빌딩의 주차 공간이었으나, 패브릭은 이를 개조해 이스라엘 최대 의약품 및 화장품 판매 업체인 슈퍼팜Super-Pharm의 물류 시설로 활용하고 있다.[6]

미국은 이러한 마이크로 풀필먼트 센터의 도입이 가장 활발한 나라 중 하나다. 물류 시장에 관한 연구를 수행하는 미국의 로지

스틱스 IQLogistics IQ에 의하면, 2026년까지 미국에서는 마이크로 풀필먼트 센터가 2,000개 이상 만들어지고, 누적 매출도 100억 달러(약 12조 원)를 상회할 것으로 예측된다. 특히 2025년까지 전체 신선 식품 유통의 10%가 마이크로 풀필먼트 센터를 통해 이뤄질 것으로 보는데, 이는 신선 식품의 온라인 배달이 활성화되면서 신선도 유지를 위해 도심 내에 물류 창고를 설치하는 움직임이 확대되고 있기 때문이다.

국내 대형 마트들 또한 이러한 흐름에 부합해 움직이고 있다. 마트를 방문하는 사람들이 줄어들면서 넓은 공간에 상품을 잔뜩 진열해 놓을 필요가 없어지자, 오프라인 매장을 리뉴얼해 물류 센터로 변화시키고 있는 것이다. 이마트는 140개 매장 중 100개 매장에 물건을 고르고pick 포장한다pack는 의미의 'PP센터'를 구축해 온라인 몰인 SSG닷컴의 주문을 처리한다. 홈플러스는 전국 138개의 매장 전부를 온라인 주문에 대응할 수 있는 물류 센터로 바꾸겠다는 목표하에 이미 123개의 매장을 온·오프라인 쇼핑이 모두 가능한 소위 '쇼킹(Shopping + picking)' 공간으로 바꾸었다. 온라인 배송이 큰 비중을 차지하는 매장은 아예 물류 기능을 확장해 풀필먼트 센터로 구축하기도 했다. 롯데마트 또한 고객이 온라인으로 주문하면 가까운 매장에서 2시간 내로 상품을 준비해 배송할 수 있도록 일부 매장에 온라인 주문을 처리할 수 있는 자동화 설비를 구축하고 있다.[7]

이러한 움직임은 오늘날 오프라인 매장이 제품을 판매하는 역할이 아닌 온라인 배송을 지원하는 기능으로 변화하고 있음을 보여준다. 외식하던 장소가 배달 음식을 만드는 주방으로 바뀌고, 사람들이 직접 방문해 쇼핑하던 장소가 집에서 쇼핑하는 사람들에게 배송될 물건을 쌓아놓는 창고로 바뀌었다. 즉, 소비가 오프라인에서 온라인으로 대거 이동함에 따라 물류 센터가 추가로 필요해졌고, 이때 이미 가지고 있는 도심 곳곳의 매장을 배송 센터로 활용함으로써 물류 센터 구축에 드는 비용을 줄이고 고객 만족도를 높이는 것이다.

스타트업들도 도심 내 풀필먼트 센터를 이용한 사업에 적극 뛰어들고 있다. 자체 오프라인 매장 없이 물류 센터만 운영하는 다크 스토어식 비즈니스 모델의 스타트업이 세계 각지에서 등장하며 관련 시장이 확대되고 있다.

뉴욕에서는 이미 '15분 배송'을 약속하는 소위 '퀵 커머스quick commerce' 간의 경쟁이 치열하다. 도어대시Doordasy, 인스타카트Instacart 등 기존 플레이어를 비롯해 다수의 스타트업이 시장에 진출하고 있다. 도어대시는 신선 식품, 냉동식품 등 2천 개 이상의 품목을 15분 만에 배달해주는 '울트라 패스트Ultra-fast' 배송을 도입하였으며, 인스타카트 또한 2022년 2월부터 15분 배송을 시행 중이다. 코로나 팬데믹 이후 뉴욕에서 퀵 커머스를 시작한 스타트업은 고릴라Gorillas, 프릿지노모어Fridge No More를 포함해 무려 10여 곳에 달할 정도로 경쟁이 치열해지고 있으며, 그중 일부는 수익을 내지 못하고 비즈니스를 접기도 했다. 《월스트리트저널》에 의하면 미국 내 다크 스토어를 운영하는 스타트업에 70억 달러(약 8조 4천억 원)의 투자금이 흘러든 것으로 나타났으며, 시장 조사 업체 리서치앤드마켓은 다크 스토어를 통한 장보기 시장 규모가 2020년 2,715억 달러(약 325조 8천억 원)에서 2024년 6,633억 달러(약 795조 9,600억 원)로 2배 이상 성장할 것으로 전망하고 있다.[8]

스타트업뿐만 아니라 기존의 대형 업체들도 이미 가지고 있던 매장을 다크 스토어로 전환하는 경우가 많다. 미국 최대의 백화점 체인인 메이시스Macy's는 2020년 10월 미국 델라웨어주와 콜로라도주의 백화점을 다크 스토어로 전환했다. 텍사스에 본점을 둔 미국의 유기농 슈퍼마켓 체인인 홀푸드마켓Whole Foods market도 뉴욕 브루클린에 다크 스토어를 열고 오직 온라인으로만 주문을 받아 배송한다.

매장 없이 창고만 있는 다크 스토어는 팬데믹으로 인한 온라인 시장의 급부상이 만든 새로운 물류, 유통 트렌드를 반영한다.

코로나 확산 전부터 고민에 빠졌던 리테일과 상업 공간들의 고민은 이제 단순한 고민을 넘어 생존에 위협을 느끼는 단계가 됐다. 공유 오피스와 물류 센터, 그리고 다크 스토어와 다크 키친에 자리를 빼앗기고 있는 상업 공간들은 앞으로 어떻게 살아남아야 할까?

분산:
크기는 줄이고 접점은 늘려라

코로나가 완전히 종식되거나 잠잠해지면, 사람들이 다시 대형 쇼핑몰을 방문하게 될까? 발길이 끊겼던 오프라인 공간도 예전처럼 다시 활기를 띨까? 결론부터 말하자면, 분명 소비자들은 오프라인 매장으로 돌아올 것이다. 하지만 그 모습이 코로나 이전과 같을지 묻는다면 쉽게 답을 내릴 수는 없다. 다른 국가에 비해 빠르게 백신을 보급하면서 경제 활동을 재개한 미국의 사례를 통해 앞으로 오프라인 유통의 향방에 대한 힌트를 얻어보자.

코로나로 억제됐던 미국의 유통 및 소매 업계의 신규 출점이 2021년 들어 가속화됐다. 전미소매업협회National Retail Federation에 따르면 미국에서는 2021년 8,100개의 매장이 새롭게 개점했으며, 이는 폐점한 매장의 수인 3,950개의 2배가 넘는 규모다.[9] 코로나 확산으로 인해 도산이나 휴업이 잇따른 2020년에는 1만 700개의 매장이 폐점하고, 3,307개의 매장이 개점하면서 폐점 수가 개점

수의 3배에 달했지만, 백신이 빠르게 보급되고 경기가 회복세를 보이며 2021년 문을 여는 매장 수가 문을 닫는 매장 수를 다시 역전한 것이다.[10]

코로나 이후 등장한 매장은 어떻게 달라졌을까?

신규 출점하는 매장들의 형태는 코로나 이전과 확연히 다르다. 특히 이전처럼 대규모의 매장을 만들거나 대형 몰에 입점하는 것이 아니라, 가볍고 출점하기 쉬운 소형 매장이 대세를 이루고 있다는 점에 주목할 필요가 있다. 전 세대에 걸쳐 온라인 쇼핑이 일상적인 소비 방식으로 정착되고, 재고를 잔뜩 쌓아놓는 대형 매장의 비즈니스 모델에 의문을 제기하기 시작하면서 상업 공간이 점점 작아지고 있는 것이다.

미국의 백화점 블루밍데일스Bloomingdale's는 2021년 7월 기존 블루밍데일스 매장의 10분의 1 크기인 약 618평(2,043m²)에 불과한 '블루미Bloomie'를 오픈했다. 여성 의류, 남성 의류, 신발, 핸드백, 미용 제품 등이 주요 판매 상품이며, 스타일링 서비스, 수선 서비스를 비롯해 온라인에서 구매한 제품을 반품할 수 있는 드롭박스 설치 등 고객 서비스를 대폭 강화했다.

다양한 브랜드의 화장품을 판매하는 프랑스의 글로벌 뷰티 편집 숍 세포라Sephora는 지금까지 보통 입지가 좋은 곳에 위치한 대

출처: 블루밍데일스

기존 넓이의 10분의 1 크기로 매장 규모를 대폭 줄인 블루미는 엄선된 패션 아이템을 중점적으로 소개하며, 소비자에게 새로운 쇼핑 경험을 전달하는 역할을 할 것이라고 밝혔다.

형 매장을 중심으로 운영해왔다. 하지만 2021년 백화점 콜스Kohl's와의 제휴를 통해 2023년까지 콜스의 850개 매장 내에 약 70평(231m²) 규모의 소형 매장인 '세포라 앳 콜스Sephora at Kohl's'를 출점할 계획이다. 매장의 규모와 판매 브랜드의 수는 줄이지만, 소비자의 피부와 취향에 맞는 메이크업을 조언하는 뷰티 어드바이저가 상주해 고객들의 쇼핑을 돕는다. 세포라에서 훈련을 거친 뷰티 어드바이저를 통해 고객에게 한층 높은 경험을 제공한다는 구상이다.[11] 콜스와 세포라, 두 기업이 동시에 노리는 것은 매장 내 고객 경험의 향상이다. 종래의 대형 로드 숍에서 기동력이 높은 소형 매장으로 유통의 축을 옮기고, 대신 제품 큐레이션과 추천 서비스 등 점내 역량을 강화함으로써 경쟁력을 높이려는 의도다. 코로나로 인해 타격을 입은 유통 업체들은 규모를 작게 만들어 엄선한 제품만을 판매하며, 소비자에게 더 나은 서비스와 경험을 제공하는 방향으로 움직이고 있는 것이다.

재고를 쌓아두지 않는 콤팩트한 도심형 매장

매장의 소형화는 코로나 이전부터 감지돼 온 트렌드다. 하지만, 특히 최근에는 많은 리테일이 매장의 크기를 줄이는 대신 고객과의 접점을 늘리는 데 집중하는 모습을 보이고 있다. 즉, 소형 포맷의 매장을 여러 곳에 출점하며 매장을 분산시키고 있는 것이다. 그리고 이들은 오프라인 공간을 '물건 판매'가 아닌 '쇼핑 체험'에 집중하는 공간으로 꾸민다. 매장 운영의 주요 목적은 고객에게 서비스를 제공하고, 고객들이 브랜드를 체험하도록 하는 것이다.

대표적인 사례로 창고형 매장을 운영하는 가구 전문점 이케아를 들 수 있다. 이케아는 대도시에서 떨어진 외곽에 커다란 창고와 같은 매장을 만든 후, 다양한 가구를 전시해놓고 고객을 맞이하는 사업 모델을 가지고 있다. 하지만 온라인으로 가구를 사는 고객이 늘어나고 오프라인 매장을 찾는 고객이 줄어들면서 이케아는 점차 '도심형 매장city center store'이라는 포맷을 확대하고 있다. 2018년 런던을 시작으로 모스크바, 파리, 뉴욕 등 전 세계의 대도시에 선보이는 새로운 형태의 매장은 일반적인 이케아 매장에 비해 크기가 작다. 이곳에 방문한 고객은 매장에 전시된 가구를 확인한 후 온라인으로 주문하는 방식으로 쇼핑을 한다.

2020년 4월, 국내에도 첫 도심형 매장인 '이케아 플래닝 스튜디오 천호'가 현대백화점 천호점에 153평(506m²) 규모로 선보였는데, 이는 교외 매장인 고양점의 약 100분의 1에 달하는 크기다. 천호점 이후에도 '이케아 플래닝 스튜디오 신도림'과 성수동의 '이케아 랩'을 지속적으로 선보이며 도심형 매장에 힘을 쏟고 있다(해당 매장들은 팝업 스토어의 형태로 2022년 7월 현재는 영업을 종료했다).

일본 도쿄에서도 이케아는 도심형 매장을 적극적으로 출점하고 있다. 2020년 6월 젊은이들의 거리인 하라주쿠에 도심형 매장 1호점을 오픈한 후, 2020년 12월에는 시부야에 2호점을, 2021년 5월에는 신주쿠에 3호점을 연달아 출점했다. 하라주쿠 매장의 면적은 756평(2,500m²)으로 일본 내 가장 큰 이케아 매장인 신미사토점의 10분의 1에 불과하며, 시부야 매장은 1,212평(4,800m²)으로 평균적인 교외 매장의 5분의 1 크기다. 교외형 매장은 9,500종류의 제품을 전시하고 있으나 시부야 매장은 3,100종류, 하라주쿠는 약 1천 종류의 제품만을 전시하고 있다. 제품의 수는 적지만 고객들이 주로 찾는 인기 상품 위주로 구성했다. 이렇게 매장을 분산시킴으로써 기존의 교외 매장에는 잘 방문하지 않는 젊은 고객층과 접점을 마련하고자 했다.

미국의 백화점 체인 노드스트롬Nordstrom은 2017년 '노드스트롬 로컬Nordstrom Local'이라는 새로운 포맷의 매장을 선보인 후 이를

출처: 노드스트롬

색다른 쇼핑 경험을 제공하는 것이 주목적인 도심형 매장에서는 더 이상 재고를 쌓아두지 않는다. 고객들이 매장에서 제품을 둘러본 후 온라인으로 주문하는 쇼핑 방식이 자연스러워졌다.

지속적으로 확대하고 있다. 새로운 업태의 매장 면적은 33~84평(109~277m^2)으로 평균 노드스트롬 매장 면적인 4,000평(1만 3,223m^2)의 단 2%에 불과하다. 노드스트롬 로컬은 매장 내에 재고를 두지 않는다. 고객들은 오프라인 매장에서 제품을 확인하고 자연스럽게 온라인으로 주문한다. 매장에 물건을 쌓아두지 않는 대신 노드스트롬 로컬은 고객들이 스타일링과 네일 아트 서비스를 받을 수 있고 편안하게 커피와 와인을 마실 수 있는 장소를 늘렸다.

미국의 또 다른 백화점 체인 메이시스도 이 같은 트렌드에 합류하고 있다. 지난 2021년, 메이시스는 시카고의 최대 번화가이자 고급 상점과 쇼핑몰이 몰려있어 '환상의 1마일Magnificent Mile'이라 불리던 미시간 애비뉴에서 매장을 철수한다고 발표했다. 1976년 입점 이후 45년 만의 일이다. 메이시스는 시카고의 대형 매장을 닫는 대신, 텍사스주 포트워스시 외곽에 소형 매장인 '마켓 바이 메이시스Market by Macy's'를 열었다. 규모는 약 500~600평(1,653~1,983m²) 정도로 일반 메이시스 매장에 비해 크기가 작은 만큼 엄선된 제품만을 모아서 전시한다. 또한 매장 내에 카페 및 업무 공간을 마련하는 등 고객을 위한 서비스를 강화한 점이 특징이다.

일본의 백화점 체인 미쓰코시 이세탄Isetan Mitsukosh Ltd. 또한 비슷한 움직임을 보인다. 채산성이 맞지 않는 대형 백화점, 특히 지방의 백화점을 폐점시키는 동시에, 기존 매장의 약 10분의 1 정도에 불과한 300~600평(992~1,983m²) 면적의 소형 매장을 출점하고 있다. 이세탄백화점은 매장 내 물건 수를 대폭 줄이면서, 온라인을 통해 고객과 소통하는 일에 힘을 쏟는다. 이세탄백화점의 CEO는 《아사히 신문》과의 인터뷰에서 "앞으로 40~50개의 소형 매장을 계속 낼 것이다"라며 소형 포맷 매장에 강한 열의를 드러내고 있다.

대형 매장은 점차 소형화되는 추세이며, 곳곳으로 분산돼 더욱 많은 고객들과 접점을 갖는 방향으로 탈바꿈 중이다. 이제 오프라인 매장은 브랜드와 제품을 알리는 광고판의 역할을 하고, 고객이 오프라인에서 본 제품을 온라인으로 구입하는 소비 패턴이 자연스러워졌다. 코로나 팬데믹은 지금까지 오프라인 확장에 힘을 쏟던 유통사들로 하여금 거대한 매장을 보유하는 것이 얼마나 비효율적인지 깨닫게 하는 계기가 됐다. 소형 매장은 개점 비용도 적을 뿐 아니라 코로나와 같은 예기치 않은 외부 상황에도 유기적으로 대응하기 쉽다. 실제로 코로나 확산 방지를 위해 일정 면적 이상의 상업 시설을 대상으로 휴업 요청이 내려지는 상황에서, 대형 유통사들이 막대한 피해를 입기도 했다. 쇼핑의 주 무대가 온라인이 되고 오프라인은 전염병에 취약한 공간이 된 오늘날, 유통사에겐 대형 매장 하나를 만드는 것보다 작은 매장을 여러 개 만들어 분산시키는 것이 현명한 전략인 셈이다.

이동: 고객이 있는 곳으로 매장이 찾아갑니다

지금까지 상업 시설은 사람들이 많이 모이고 유동 인구가 많은 곳, 즉 입지가 좋은 곳에 커다란 매장을 만들어 고객들의 방문을 유도했다. 하지만 이제 사람들은 더 이상 한곳에 모여 일하지 않으며 이에 따라 좋은 입지에 대한 기준 역시 달라졌다. 심지어 여기저기 돌아다니며 일하는 디지털 노마드도 증가하고 있다. 위성 오피스로, 집으로, 가끔은 휴양지나 캠핑장으로 옮겨 다니며 일하는 사람들이 많아지고 지방으로 이주하는 사람들도 늘었다. 업무 공간과 주거 공간의 패러다임이 바뀌는 오늘날, 이러한 흐름에 맞춰 상업 시설은 어떻게 변해야 할까?

언제 어디서 나타날지 모르는 '팝업' 상점

사람들의 이동이 활성화되고 분산이 가속화된다면, 상업 시설 역시 그에 맞춰 분산되고 이동해야 하지 않을까? '입지가 좋다'는 말은 '잠재 고객이 많다'는 의미로 해석할 수 있다. 그렇다면 잠재 고객이 흩어지고 있는 현 상황에서 입지가 좋다는 것은 리테일에 어떤 의미일 수 있을까? 바로 '이동성'이다. 이동과 분산의 시대에는 잠재 고객이 있는 곳으로 빠르게 이동할 수 있을 때 입지가 좋다고 말할 수 있지 않을까? 소비자 곁으로 찾아가는 매장이야말로 위드 코로나 시대에 가장 적합한 포맷이 아닐까? 사실 리테일에 이동성을 결합하려는 시도는 이미 코로나 확산 전부터 계속돼 왔다. 다음 몇 가지 사례를 통해 좀 더 자세히 살펴보자.

2019년, 트래블링 리테일travelling retail이라는 신선한 콘셉트의 슈퍼마켓 '팝업 그로서Pop Up Grocer'가 뉴욕에서 화제를 불러일으켰다. 팝업 그로서는 이름이 의미하는 대로 '언제 문을 열지 모르는(팝업)' 슈퍼마켓이다. 2019년 4월 뉴욕의 소호에 오픈하여 10일간 운영한 후 매장을 닫았다. 그리고 2019년 9월, 예고 없이 컴백해 이번에는 한 달간 문을 열었다. 어느 누구도 이 슈퍼마켓이 언제 어디서 다시 모습을 드러낼지 알 수 없었다. 게릴라처럼 여기저기 돌아다니며 갑자기 나타나 매장을 운영하는 방식이기 때문이다.[12]

재밌고 신선한 콘셉트로 소비자들의 눈길을 끈 팝업 그로서의

출처: 팝업 그로서

"식료품 쇼핑도 재미있게Grocery shopping, but make it fun!" 팝업 그로서는 고객에게 쇼핑이 하나의 즐거운 경험이 되기를 바란다.

인기 요인은 단지 언제 어디서 출몰할지 모른다는 화제성만이 아니다. 미국의 경제 뉴스 매체《비즈니스 인사이더》는 팝업 그로서를 '차세대 가게의 표본'이라며 극찬했는데, 팝업 그로서는 과연 어떻게 이러한 평가를 받을 수 있었을까?

팝업 그로서가 첫 번째로 선보인 뉴욕의 매장을 살펴보자. 뉴욕은 미국, 아니 전 세계에서 가장 트렌드에 민감한 사람들이 모여 사는 곳이다. 이를 반영하듯 팝업 그로서에는 뉴요커들이 좋아할 만한 식품, 예를 들어 밀가루 섭취량을 줄이고자 하는 사람들을 위한 글루텐 프리Gluten Free 식품이나 저탄수화물 고지방의 키토제닉Ketogenic 식품과 같은 트렌디한 제품들이 가득하다. 이들은 대부분 자체 매장을 가지지 않고 온라인을 통해 소비자에게 직접 판매하는 D2CDirect to Consumer 브랜드의 제품으로, 주요 타깃인 MZ세대에게 이미 잘 알려져 있고 인스타그램과 같은 SNS에서 화제가 된 제품들이다. 물론 팝업 그로서에서 판매하는 제품들은 자체 온라인 사이트에서도 구입할 수 있다. 하지만 수많은 브랜드의 웹사이트를 방문해 일일이 회원가입을 하거나 배송 받는 것을 귀찮게 느끼는 사람들, 혹은 특정 브랜드는 정기 구독을 요구하기에 구입을 망설였던 사람들에게 팝업 그로서는 평소에 먹어보고 싶었던 식료품과 사용해보고 싶었던 제품들이 한곳에 모여있는 마치 보물 창고 같은 느낌의 슈퍼마켓인 것이다.

대형 슈퍼마켓에는 수많은 제품이 진열돼 있지만, 그렇다고 해서 반드시 제품의 다양성이나 차별성이 보장되는 것은 아니다. 앞으로는 커다란 공간에 비슷한 물건을 쌓아놓는 형태의 리테일은 외면받게 될지도 모른다. 어디서나 구입할 수 있는 제품들은 온라인에서 구입하면 되기 때문이다. 팝업 그로서처럼 오프라인에서 쉽게 만나볼 수 없는 트렌디한 제품들로 공간을 채워, 고객에게 차별화된 가치를 제공하는 게 더욱 중요해진 이유다.

팝업 그로서의 핵심은 해당 지역에 사는 고객들의 니즈를 정확히 반영한 제품들로 매장을 채운다는 점이다. 팝업 그로서에는 약

150개의 브랜드가 입점해 있는데, 모두 엄격한 심사를 거쳐 선별된 브랜드들이다. 이들 브랜드는 자신만의 고유한 스토리를 가지고 있으며 MZ세대가 중시하는 비건, 친환경, 성평등 등의 사회적 가치를 표방하는 제품이 많다. 즉, 팝업 그로서는 공간 운영의 유연성 그리고 고객들이 만나고 싶어 하는 브랜드를 선별하고 큐레이션하는 능력, 이 두 가지 역량으로 차세대 가게의 표본으로 불리고 있는 것이다.

마치 게릴라와 같은 콘셉트의 새로운 공간에 관심을 보이는 곳은 단지 유통 업체만이 아니다. 일본의 자동차 제조사인 토요타는 '이동하는 쇼룸portable showroom'을 만들었다. 상점을 구성하는 바닥재, 외벽재 등을 모두 조립식으로 만들어 간단한 조립과 해체를 통해 빠르게 매장을 오픈하고 폐점할 수 있는 'TASToyota Agile Space'라는 솔루션을 선보인 것이다. TAS의 첫 번째 파트너는 의류 브랜드인 쿠야나Cuyana로 2021년 6월부터 12월까지 미국 캘리포니아 남부를 중심으로 다양한 장소에서 모바일 팝업 스토어를 열어 브랜드를 홍보했다.[13]

TAS 솔루션은 해당 브랜드가 가볍고 빠르게 오프라인 매장을 만들 수 있는 '유연성'을 가장 큰 특징으로 내세운다. 브랜드는 매장을 임대할 필요가 없으므로 고정비를 줄일 수 있고, 다양한 장소를 돌아다니며 보다 많은 소비자에게 브랜드를 홍보하는 것이 가능하다. 또한 TAS는 활용도가 낮았던 외부 정원, 옥상, 테라스와 같은 공간을 이용해 매장을 만들기 때문에, 효율성이 낮았던

출처: 토요타

토요타와 협업한 패션 브랜드 쿠야나의 팝업 스토어. 이제는 매장을 만들고 해체하는 것이 마치 레고를 조립하는 것처럼 쉬워진다.

기존 부동산을 활용할 수 있으며 임대인은 추가 수익을 올릴 수 있다.

이렇게 매장을 만들고 해체하는 것이 마치 레고를 조립하는 것처럼 쉬워진다면, 앞으로 리테일 업계는 더욱 다양한 시도를 해볼 수 있을 것이다. 신제품을 좋아할 만한 잠재 고객이 모이는 곳에 빠르게 쇼룸을 만들어 고객들의 반응을 살필 수 있고, 동일한 제품에 대하여 지역별로 소비자들의 반응이 어떻게 다른지도 확인할 수 있다. 오프라인 매장을 운영해본 적 없는 브랜드도 초기 비용을 줄이면서 고객과의 접점을 확보할 수 있다.

마치 팝업 북에서 일러스트가 튀어나오는 것처럼 갑자기 등장하는 매장, 레고 블록처럼 조립과 해체가 가능한 매장의 등장은 리테일 공간이 점점 유연해지고 있음을 보여준다.

고객이 오지 못하면, 고객이 있는 곳으로 우리가 간다!

그렇다면, 아예 매장 자체가 움직이는 '이동형 매장'도 상상해볼 수 있지 않을까? 이동형 매장을 만드는 움직임은 이미 진행 중이다. 유통 업계에서는 오프라인 매장을 방문하는 고객들이 급감하자 '고객이 오지 못하면 고객이 있는 곳으로 우리가 간다'라는 역발상으로 어려움을 타개하고자 하는 시도가 등장했다. 코로나의 확산으로 매장의 집객력이 저하되자, 고객을 기다리는 것이 아니라 고객을 찾아가는 비즈니스 모델로 전환하기 시작한 것이다.

일본의 미쓰이부동산은 2020년, 코로나로 인해 약 두 달간 전국의 쇼핑몰을 휴업해야 했다. 영업을 재개한 뒤에도 고객이 예전만큼 돌아오지 않자 고민이 깊어졌다. 사람이 많이 모이면 감염 리스크가 높아져 쇼핑몰을 운영하는 입장에서도 불안감이 커진다. 코로나를 극복하기 위한 대책의 하나로 이동형 매장에 눈을 돌린 미쓰이부동산은 2020년 9월부터 12월까지 4개월에 걸쳐 도쿄를 포함한 수도권 내 5개 지역에서 대형 트럭과 밴을 이용한 이동형 매장을 운영했다. 총 11개의 이동형 매장을 운영했는데 식품을 비롯해 잡화, 화장품, 지역 특산물과 같은 제품을 판매할 뿐만 아니라 구두 수선과 마사지 같은 서비스까지 제공했다.

이동형 매장의 장점은 사람이 많이 모이는 시간대에 따라 장소를 이동하면서 효율적으로 매출을 올릴 수 있다는 점이다. 예를 들어, 파스타 전문점이라면 평일 낮에는 사무실 근처에서 직장인을 대상으로 영업하고 직장인들이 퇴근하는 저녁 시간에는 아파트 단지로 이동해 영업하는 식이다.

그뿐만 아니라 지역별로 최적의 매출을 올릴 수 있는 분야의 매장을 배치하는 것도 가능하다. 동일한 아침 시간이라도 주택가에는 베이커리, 구두 수선 매장을 배치하고 사무실 근처에는 카페를 배치하는 것이다. 휴일 아침에는 주택가에 세탁소 및 네일 숍 등을 배치해 매출을 끌어올릴 수도 있다.

미쓰이부동산은 전국에 걸쳐 약 65개의 대형 상업 시설과 아웃렛 등의 오프라인 매장을 운영하며 연간 약 2조 엔(약 20조 원)의 매출을 올리는 일본의 대표적인 부동산 기업이다. 전국적으로 상업 시설을 개발하고 운영하는 과정에서 고객의 성별, 연령, 가족 구성, 라이프스타일에 따른 니즈뿐만 아니라 지역과 상황에 따른 다양한 요구를 깊게 이해할 수 있게 되었는데, 이렇게 모은 자사의 데이터를 활용해 지역별, 시간별로 고객의 니즈에 맞는 제품이나 서비스를 제공할 수 있다. 장소도 크게 차지하지 않을 뿐만 아니라, 일반 매장보다 투자 금액이 적기 때문에 테넌트의 경우에도 출점 리스크가 낮다.[14]

출처: 미쓰이부동산

이동형 점포는 장소나 요일, 시간대에 따라 다른 고객의 니즈를 파악해 고객이 얻는 체험의 가치를 향상시킬 수 있다.

코로나 확산 후 변화된 소비자 행동 중 하나는 뚜렷한 목적 없이 쇼핑몰을 방문하는 고객의 수가 현저하게 줄어들었다는 점이다. 오프라인 매장에서는 특별한 구매 목적이 없더라도 매장을 들렀다가 좋은 상품을 발견하고 구입까지 이어지는 경우가 많은데, 코로나로 인해 꼭 필요한 경우가 아니라면 매장에 방문하지 않게 되면서 이러한 '우연한 만남'이 줄어든 것이다.

미쓰이부동산이 이동형 매장을 기획하게 된 계기는 물론 코로나로 인해 감소한 매출을 만회하기 위해서다. 하지만 여기에 더해 매장이 고객이 있는 곳으로 직접 찾아감으로써, 테넌트에게 새로운 고객층을 만날 수 있는 기회를 제공하려는 의도도 있다. 이동형 점포에 들른 소비자에게 신메뉴의 시식이나 제품 샘플을 제공해, 그 결과를 마케팅에 활용할 수도 있다. 고객들 또한 온라인에서는 경험할 수 없었던 새로운 상품과 서비스를 접하고 체험해볼 기회를 얻게 된다. 이동형 매장에서는 제품을 구입하지 않더라도, 브랜드를 인지한 후 나중에 해당 브랜드의 오프라인 매장이나 온라인 쇼핑몰에서 구입하는 케이스도 있다.

미쓰이부동산은 "코로나를 계기로 라이프스타일이 변화했다. 재택근무의 확산과 외출 자숙의 영향으로 집에서 보내는 시간이 증가하는 한편, 텔레워크가 가능하기에 먼 곳으로 이주하거나 복수의 거점에서 생활하는 사람들이 늘어나고 있다. 이러한 상황에서 단순히 장소를 제공하는 부동산의 역할을 넘어, 고객들에게 다양한 선택지를 제안하는 기업이 되고 싶다"라고 전한다. 또한 "고객들의 생활권에 새로운 매장이 들어오면 생각지도 못한 상품과 만날 가능성이 커진다. 마음에 들면 브랜드의 매장을 방문하거나 인터넷으로 구입하는 행동으로 이어진다. 즉, 이동형 매장을 허브로 삼아 실제 오프라인 매장과 온라인 매장의 경계를 넘나드는 쇼핑 경험을 하게 된다"라며 이동형 매장을 기획한 이유를 설명한다.

임시로 운영해본 이동형 매장에 대한 고객들의 호평이 이어지자 미쓰이부동산은 2021년부터 이동형 매장을 정기적으로 운영하기 시작했다. 시폰 케이크 판매점, 마사지, 중고 명품 매입, 신발 수선 서비스 등 다양한 종류의 약 40개의 매장이 2021년 9월부터 도쿄 내 아파트가 많이 위치한 지역을 돌며 주민들을 만나고 있다. 특히 지역 특산물처럼 동네에서는 구입하기 힘든 상품의 인기가 높다고 한다. 오후와 저녁, 하루에 2회 새로운 트럭이 동네를 방문하므로 간단하게 계산하면 매년 약 730개의 가게가 소비자 근처로 찾아가는 셈이다. 일반적인 쇼핑몰에 평균 약 200개의 매장이 들어선다고 가정하면 이동 판매를 통해 소비자는 더욱 많은 상품과 서비스를 만나게 되는 것이다.

이러한 이동형 매장의 또 다른 장점은 온라인 쇼핑에서는 불가능한 제품의 시착이나 시연이 가능하다는 점이다. 실제로 이동 트럭으로 청바지를 판매하는 한 브랜드는 마음에 드는 청바지는 집으로 가져가 입어볼 수 있도록 한다. 고객은 청바지를 집에서 편하게 입어보며 가지고 있는 옷들과 코디해본 후 마음에 들면 구입하면 된다. 소비자 입장에서 실물을 만져보고 입어볼 수 있다는 점은 큰 메리트다. 업계 관계자에 따르면, 이러한 장점으로 인해 의외로 고가의 상품도 잘 팔린다고 한다. 미용 기기와 홈 트레이닝 기기를 판매하는 일본 기업 MGT는 직접 자사 온라인 몰과 오프라인 매장을 운영하고 있지만, 새로운 고객층을 개척하기 위해 이동 판매 트럭에 입점했다. 이동 트럭에서 평균 20~30만 원 정도의 미용 기기를 구매하는 손님이 의외로 많은데, 이유는 그 자리에서 바로 체험해볼 수 있기 때문이다. 판매 직원에 의하면 진열된 상품 중 온라인 몰에서는 중간 가격대의 상품이 가장 인기가 있지만, 이동 트럭에서는 최고가의 상품이 제일 많이 팔렸다고 한다. 이동형 점포는 고가의 제품을 체험해볼 수 있는 기회를 제공함으로써 고객들이 제품 구매에 대한 확신을 가질 수 있도록 돕는 기능을 하는 것이다.

미쓰이부동산은 트럭이 위치한 장소, 시간대, 방문 고객 수, 매출 등을 분석하며 데이터를 쌓고 있다. 충분한 데이터가 쌓이게 되면 어느 동네에 사는 고객들이 어떤 제품을 좋아하는지, 어느 시간대에 매출이 가장 높은지 등을 분석함으로써, 제품별로 판매에 효과적인 최적의 장소와 시간을 제안할 수 있게 된다. 미쓰이부동산은 향후 이동형 매장의 종류와 수를 지속해서 확대할 방침이며 장기적으로는 공유 오피스나 호텔까지도 이동식 서비스로 운영할 계획이라고 밝혔다. 미쓰이부동산 비즈니스 이노베이션 추진부는 "지금까지는 부동산 기업으로서 '움직이지 않는 장소'를 빌려주었다면, 이제부터는 이동 판매 차량을 리스해 '움직이는 장소'를 빌려줄 생각이다"라며, "코로나가 종식될 즈음에는 이동형 매장을 이용해 전국 곳곳에 활기가 넘치는 거리를 만들어가고 싶다"라는 포부를 전했다.

고령화 시대의 새로운 인프라가 되다

고령화 시대에 발생하는 사회적 문제점 중 하나는 거동이 불편한 노인들이 필요한 물건을 사러 가기 힘들다는 점이다. 온라인 쇼핑이 있지 않느냐고 반문하는 사람이 있겠지만, 80세를 넘어선 고령의 노인 중에는 여전히 인터넷을 잘 활용하지 못하는 사람들도 많다.

이러한 니즈에서 새로운 사업 기회를 발견한 일본의 대형 슈퍼마켓 체인 이토요카도itoyokado와 이온 등은 이전부터 고령자의 비율이 높은 아파트 단지를 중심으로 이동 트럭을 운영해왔다. 이동 트럭은 판매 제품의 단가가 조금 높음에도 불구하고, 한 번에 많은 양을 구입하는 고령의 고객이 많아 수익성이 높은 사업 모델이었다. 이들 슈퍼마켓은 코로나 이전부터 이동형 매장을 조금씩 확대해왔으며, 코로나 확산 이후에는 트럭의 수를 대폭 늘려 더욱 본격적으로 사업의 규모를 확장했다. 최근에는 이동형 매장을 운영하지 않던 슈퍼마켓들도 이러한 흐름에 동참하면서 시장이 더욱 확대되고 있다. 특히 감염 리스크가 높은 고령자들이 코로나 이후 외출을 더욱 꺼리게 되며 생활에 불편이 생기자, 이동형 슈퍼마켓을 유치하기 위해 비용을 지원하는 지자체까지 생겼다.

일본의 글로벌 생활용품 브랜드인 무인양품MUJI도 고령자가 많은 지역을 대상으로 의류나 생필품의 이동 판매 차량을 운영 중이다. 특히 무인양품은 최근 지역 경제 활성화에 큰 힘을 쏟고 있는데, 지방 경제에 공헌하기 위한 전략의 일환으로 이동형 매장을 제공하고 있다. 즉, 자사의 생활용품을 싣고 쇼핑 인프라가 충분하지 못한 지역을 돌아다니는 것으로, 주민의 요청에 따라 운영 횟수를 주 2회에서 3회로 늘린 지역도 있다. 무인양품의 회장은

"이동 판매를 세계적으로 운영하고 싶다. 우선은 일본이나 중국 등에서 본격적으로 시험해보고 싶다"라며 이동형 매장 확대에 대한 포부를 밝혔다.

이러한 이동형 매장은 온라인에서 쉽게 접할 수 없는 제품과 서비스인 경우에 더욱 빛을 발한다. 일본 전역에 324개의 오프라인 매장을 운영하는 안경 체인점 메가네 슈퍼Meganesuper는 코로나 이전부터 채산성이 맞지 않는 매장을 정리하고 있었는데, 코로나가 확산되면서 손님이 급감했고 2020년 5월 이후 53개의 매장이 문을 닫았다. 코로나가 언제 종식될지 모르는 상황에서 매장 운영 비용을 감내할 수 있을 만큼 손님을 확보할 수 있을지가 미지수였기 때문이다. 이 같은 상황에서 메가네 슈퍼가 주목한 것은 바로 트럭을 개조해 시범적으로 운영하고 있던 이동형 매장이다. 차량 내에는 일반 매장과 동일하게 시력 검사가 가능한 검안기와 렌즈를 깎는 가공기를 갖추고 있는데, 이러한 이동형 매장은 차량 가격을 포함한 초기 투자 비용이 일반 매장의 20~30% 정도에 불과해 쉽게 출점이 가능하다.

메가네 슈퍼의 이동형 매장 또한 처음에는 고령자를 위한 기획에서 출발했다. 코로나 확산 전 양로원을 중심으로 시범적으로 운영했는데, 100명 정도가 머무는 양로원의 경우 그중 10% 정도가 트럭을 방문하고, 최종적으로 3~4명 정도가 안경을 구입했다. 노화로 인해 눈이 약해진 사람이 많아 비싼 렌즈를 주문하는 사람도 꽤 있었고, 하루 매출이 300~400만 원을 달성할 때도 있었을 만큼 예상외로 호조였다. 또한 이동형 매장은 임차료가 발생하지 않기 때문에 주 3회 정도만 운영해도 일반 매장과 비슷한 수준의 영업 이익을 낼 수 있었다.

메가네 슈퍼는 시범적으로 운영하던 이동 트럭을 코로나 확산 후 적극적으로 늘리기 시작했다. 사전에 미리 예약을 받고 차량 내에서 1명씩 접객함으로써 밀집에 대한 불안을 해소할 수 있기에 점차 일반 고객들로부터도 문의가 들어오기 시작한 것이다. 예약받을 때 성별과 연령, 그리고 안경에 대한 요구 사항을 사전에 파악해 미리 렌즈와 안경테를 준비함으로써 효율적인 영업이 가능했다. 이 같은 경험을 바탕으로 메가네 슈퍼는 앞으로 일반 매장이 아닌 이동형 매장을 중심으로 신규 매장 출점을 진행하기로 사업 전략을 수정했다. 검안기나 가공 기계를 설치한 대형 차량을 2023년 말까지 110대 추가로 도입할 계획이며, 직원 1~2명이 운영할 수 있는 작은 사이즈의 밴도 활용할 계획이다.

슈퍼마켓이나 안경처럼 우리 생활에 가까운 필수재만이 아니라, 최근에는 명품 브랜드도 이동형 매장에 관심을 가지기 시작했다. 루이비통은 2020년 후반부터 2021년 초반에 걸쳐 미국 캘리포니아 지역과 뉴욕 등에서 이동형 트레일러를 운영했다.[15] 100% 예약제로 운영하며 고객이 신청하면 의류, 신발, 가방 등 고객의 취향에 따른 상품을 모아서 고객이 있는 곳으로 방문하는 방식이다.

이동형 매장은 예전부터 이미 존재했지만, 코로나로 인해 더욱

고객이 있는 곳이 곧 매장이 된다. 럭셔리도 예외는 없다. 루이비통의 이동형 매장이 탄생한 배경이다.

주목받은 것이 사실이다. 그렇다면 이동형 매장은 과연 코로나 이후에도 새로운 리테일 포맷의 하나로 자리 잡을 수 있을까? 지금까지 사무실에서 모여서 일하던 사람들이 이제는 위성 오피스에서 일하거나, 때로는 별장에서 혹은 여행지에서 일하는 등 업무 공간의 분산이 이루어지고 있다. 이러한 사회적 변화에 맞춰 리테일 업계 또한 매장을 분산시킬 필요가 있다는 점에서 이동형 점포는 엔데믹 시대에 고려해볼 만한 형태다. 특히 마사지나 네일 아트와 같은 서비스는 개인 공간에서 다른 사람과의 접촉 없이 이루어진다는 점에서 호평을 얻고 있다. 곧바로 오프라인 매장을 운영할 만큼 자본이 풍부하지 않은 신생 브랜드 또한 이동형 매장을 홍보의 기회로 활용할 수 있을 것이다.

자율 주행하는 편의점? IT와 만난 이동형 매장

앞서 소개한 이동형 매장은 아날로그적인 느낌이 강하지만, 이동형 매장은 테크 기업들도 매력을 느끼는 분야다. 특히 자동차 기업뿐만 아니라 IT 기업들이 투자하고 있는 '자율 주행차' 기술이 실용화돼 리테일 서비스와 결합하게 되면, 고객 앞으로 찾아가는 이동형 매장을 더욱 쉽게 만날 수 있을 것으로 전망된다.

CES 2018에서는 이동식 무인 슈퍼마켓인 '로보마트Robomart'가 공개됐다. 소비자가 스마트폰의 앱을 이용해 우버 자동차를 요청하는 것처럼 자신의 현재 위치에서 가장 가까이 있는 로보마트를 요청하면, 로보마트가 고객이 위치한 곳으로 이동해 제품을 구입할 수 있다. 로보마트에는 야채와 과일이 진열된 선반이 설치돼 있으며, 물건이 잘 보이도록 차량의 한쪽 면은 투명한 디스플레이로 돼있다. 선반에는 약 50~100개 정도의 제품을 진열할 수 있으며 냉장 시스템도 구비하고 있다. 무인 매장인 아마존고Amazon Go에 적용된 센서 기술을 사용해, 운영자는 다른 공간에서 실시간으로 판매 상황을 확인할 수 있다.

로보마트는 2021년 여름부터 실제로 로스앤젤레스의 웨스트 할리우드 지역에서 비상 약품과 위생용품을 판매하는 '파머시 로보마트Pharmacy Robomart'와 스낵류와 음료를 판매하는 '스낵 로보마트Snacks Robomart'를 운영하기 시작했다. 현재는 무인 자동차가 아닌 일반 자동차를 이용하고 있지만, 앞으로는 자율 운행이 가능

출처: 로보마트

스마트폰 앱을 통해 내가 있는 곳으로 부를 수 있는 이동식 무인 슈퍼마켓.

한 로보마트 서비스를 내놓을 예정이며 서비스 제공 지역도 점차 확대할 계획이다. 또한 향후 냉동 및 냉장 장치를 탑재해 과일이나 채소 같은 식료품을 제공하기 위한 시험 운행을 실시 중이다.[16]

스웨덴 스타트업 휠리스Wheelys와 중국 허페이대학교가 공동으로 개발한 무인 편의점 '모비마트Moby Mart'도 비슷한 사례다. 소비자가 앱으로 모비마트를 호출하면 자동차 내부를 편의점으로 만든 자율 주행차가 소비자가 있는 곳으로 이동한다.[17]

중국의 로봇 개발 스타트업 네오릭스Neolix는 무인 판매에 특화된 소형 자율 주행차 개발을 추진하고 있다. 네오릭스의 업적은 특히 코로나 확산 후 빛을 발했다. 네오릭스의 자율 주행 배송 로봇이 비대면 운송 수단으로 떠오르며, 중국 우한 지역의 병원에 의료품을 전달하거나 음식을 배송하는 데 투입된 것이다. 네오릭스는 2021년 5월 베이징시로부터 공공 도로 주행 면허를 취득했으며, 실증 실험 후 150대 이상의 차량을 도입해 편의점 서비스를 전개하겠다는 계획을 밝혔다.[18]

미국과 중국에 이어, 편의점 대국인 일본에서도 이동형 편의점 영역에 적극적으로 뛰어들고 있다. 토요타는 자동 운전 기술을 탑재한 전기 자동차인 '이팔레트e-Pallet'를 활용해 이동하는 편의점을 계획하고 있다. 넓은 내부 공간을 자랑하는 이팔레트는 사용 용도에 맞춰 상자 모양의 실내를 커스터마이징해 제공할 수 있다는 점이 특징이다.

자율 주행 자동차가 실용화되면 모빌리티뿐만 아니라 리테일 업계에도 상당한 변화가 일 것으로 예상된다. 리테일 기업은 자율 주행 기술 기업과 협업해 이동하는 매장을 만드는 계획을 구체화할 것이며, 그동안 쌓아온 고객 정보 데이터를 활용해 이동하는 지역의 고객에게 가장 적합한 상품을 제안하는 것도 시도해볼 수 있다. 따라서 리테일 업계는 코로나로 인해 더욱 빠르게 일상에 자리 잡은 '이동', '분산', '무인', 이 세 가지 키워드가 조합된 이동형 매장의 미래에 주목할 필요가 있다.

또한 앞서 설명한 것처럼 이동형 매장은 비대면 수단으로서 코로나에 대응할 뿐만 아니라, 고령화에 따른 문제를 해결하는 대안으로도 주목받고 있다. 일본에서 이동형 매장의 시도가 일찍 시작된 이유 역시 일본이 초고령 사회인 것과 관련이 있다. 일본에는 도심 외곽에 거주하며, 거동이 불편해 식료품 및 일용품 상점

에 갈 수 없는 고령 인구가 많다. 2024년 일본 경제산업성은 소위 '쇼핑 난민買い物難民'이라고 불리는 이들이 700만 명 정도 있을 것으로 추정했다.[19] 이제 고령화는 특정 국가만의 이야기가 아니다. 중국과 동남아시아 국가를 포함하여 전 세계적으로 진행되고 있는 보편적인 현상이다. 고령층이 많아지는 시대에 '찾아가는 이동형 매장'의 수요는 자연스럽게 증가할 것이며, 이는 업무 공간과 주거 공간의 변화와도 대응하는 양상을 보인다. 여러 지역으로 분산돼 일하는 사람들과 교외로 이주하는 인구가 증가하면, 리테일 매장도 이러한 흐름에 맞춰 고객의 근처로 이동해야 할 것이다.

대형 쇼핑몰이나 로드 숍과 같은 오프라인 매장에 방문하는 것에서 온라인 쇼핑으로 소비 방식이 대체됐다면, 이제는 한 걸음 더 나아가 '집 앞에서 하는 쇼핑', '상점이 찾아오는 쇼핑'이라는 새로운 트렌드가 자리 잡고 있다. 이렇게 상업 공간이 점점 작아지고 분산되며, 심지어 이동하는 매장을 어디서나 볼 수 있게 된다면, 즉 물건을 파는 공간이 점점 유연해진다면 유통 업체는 이제 무엇을 중시해야 할까?

사람이 많이 모이는 곳에 크게 매장을 만든 후 대량의 물건을 진열하고 판매하는 방식이 더 이상 통하지 않는다면, 당연히 매장을 구성하는 방식도 유연해져야 한다. 앞서 소개한 사례들은 방문하는 고객들을 세밀하게 관찰하고 그들에게 맞는 제품들로 공간을 채우는 데 중점을 둔다. 지역색에 맞는 공간을 연출하고 지역 고객들이 좋아할 만한 제품을 제안하는 능력인 큐레이션 역량이 매우 중요해진 것이다. 디지털 전환이 일상화되고 비대면이 자연스러워진 오늘날, 여전히 많은 사람에게 주목받고 효과적으로 운영되는 오프라인 매장들은 과연 무엇이 다를까? 상업 공간의 오프라인 생존 전략을 좀 더 자세히 살펴보자.

언젠가 오프라인 매장은 사라지게 될까?

온라인 쇼핑이 대세가 되면 오프라인 매장은 사라질까? 대부분의 유통 전문가들은 '오프라인 매장이 없어지지는 않을 것'이라고 전망한다. 그러나 매장의 유지 관리 및 가격 경쟁력 등에서 온라인 몰에 비해 열위를 갖는 만큼 오프라인 매장에게 새로운 변화는 불가피할 것으로 보인다. 그렇다면 앞으로의 오프라인 매장은 어떻게 변해야 하며, 어떤 역할을 해야 할까?

2021년 8월, 온라인 유통의 절대 강자인 아마존은 백화점식 오프라인 매장을 열 것이라고 발표했다. 아마존은 캘리포니아와 오하이오에 대형 오프라인 매장을 준비하고 있다고 밝혔다. 일반 백화점 크기(약 2,800평, 9,256m²)의 3분의 1 정도 규모의 매장에서 의류와 전자 제품 등을 판매할 예정이다.[20] 아마존이 백화점과 비슷한 매장을 내는 이유는 온라인에서 판매하는 상품을 소비자들이 직접 만져보고 체험해보길 원하기 때문이다.

확실한 점은 이제 오프라인은 단지 '물건을 판매하는 역할'만으로는 고객들을 불러 모을 수 없다는 사실이다. 오프라인 매장을 일부러 찾을 만큼 매력적인 환경을 만들고 특별한 경험을 제공해야 한다. 동시에 기업은 오프라인 공간을 브랜드를 알리는 광고판으로 현명하게 이용해야 한다.

앞서 소개한 팝업 그로서 역시 단지 매출을 올리기 위해 게릴라처럼 이곳저곳에 갑자기 출몰하는 것이 아니다. 만일 팝업 그로서가 매출을 중요시했다면 예고 없이 나타나 단기간만 운영하고 사라지지는 않았을 것이다. 팝업 그로서의 주요 고객은 20~30대의 고소득 여성으로, 이 타깃 그룹에 자신들을 알리고 싶은 브랜드들이 팝업 그로서에 입점한다. 즉, 팝업 그로서는 물건을 파는 매장이기도 하지만, 어느 매체보다도 훌륭한 광고판의 역할을 하고 있는 것이다. 또한 팝업 그로서는 오후 7시에 슈퍼마켓 영업을 마감한 후, 각 브랜드의 시식회나 세미나 등 고객들의 생활에 도움이 되는 다양한 이벤트를 열고 있다. 이는 인스타그램에서 사진이 많이 공유되고 잠깐 화제가 되는 단순 바이럴 마케팅과는 또 다른 효과를 가진다. 팝업 그로서에 입점한 브랜드의 스토리와 철학을 부각해줌으로써 충성 팬을 획득할 수 있도록 돕는 것이다.

이러한 의미에서 오프라인 매장은 효과적인 광고 수단이다. 매장이 있기 때문에 고객은 브랜드의 세계관을 즐길 수 있고 뜻하지 않게 새로운 상품을 발견하는 기쁨을 누릴 수 있다. 미국의 컨설팅사인 아릭스 파트너스Alix Partners가 2021년 3월에 실시한 조사에 의하면, 온라인 몰과 실제 매장을 왔다 갔다 하며 복수의 채널에서 제품을 구입하는 고객은 브랜드에 대한 충성도가 높은 것으로 드러났다. 브랜드가 온라인과 오프라인 매장, 양쪽을 모두 가지고 있을 때 고객을 끌어들이는 효과가 더 큰 것이다. 또한 온라인에서 구입한 상품을 오프라인 매장에서 반품할 경우, 응답자의 40%가 매장에 '간 김에 다른 상품을 구입'하고 있다고 밝혔다.

브랜드를 체험하며 팬이 되는 공간

오프라인 매장의 역할이 바뀌고 있다. 단순히 '물건을 판매'하는 곳이 아닌 '경험과 체험을 제공'하는 공간으로 변하고 있다. 소비자에게 브랜드의 세계관과 철학을 전달함으로써, 고객을 팬으로 만드는 공간을 설계한다. 전 세계적으로 체험형 매장이 확산되고 있으며 한국에서도 다양한 체험형 공간이 화제를 불러일으키고 있다. 아모레퍼시픽이 운영하는 뷰티 라운지 '아모레성수', 한국시몬스가 경기도 이천에 선보인 복합 문화 공간 '시몬스 테라스'를 비롯해, 젠틀몬스터의 '하우스 도산', 코오롱 스포츠의 '솟솟상회' 등 각 브랜드의 개성이 담긴 체험형 공간은 이제 꼭 가봐야 할 지역 명소이자 SNS에 인증하고 싶은 필수 방문 코스가 됐다.

서경배 아모레퍼시픽 회장은 2021년 신년사에서 "디지털 대전환에 박차를 가함과 동시에, 오프라인 매장의 체질도 혁신해 새로운 성공 모델을 구현할 것"이라고 밝혔다.[21] 즉, 온라인을 중시하지만, 오프라인도 놓지 않겠다는 의미다. 특히 화장품은 직접 피부에 발라보고 구매하는 사람들이 많아 제품을 체험해볼 수 있는 오프라인 공간이 꼭 필요한 산업이다. 화면에서 본 색상과 직접 피부에 발라본 색상이 다른 경우도 많으며 제품의 텍스처 등을 온라인으로 전달하는 데는 한계가 있기 때문이다. 아모레퍼시픽이 만든 체험형 매장 아모레성수는 '고객이 아름다움을 체험하고 즐기면서 영감을 얻을 수 있는 곳'이라는 콘셉트 아래 30여 개 브랜드의 약 3천 개의 제품을 체험할 수 있는 공간이다. 이곳에서는 기본적으로 화장품을 판매하지 않는다. 화장품을 파는 곳이 아니라 '화장을 잘 할 수 있도록 돕는 공간'이기 때문이다. 따라서 소비자들이 구매에 대한 부담 없이 편하게 다양한 제품을 체험해볼 수 있는 환경을 제공하는 것에 집중한다. 브랜드별 진열 대신 기능별로 제품을 진열해 한자리에서 다양한 브랜드의 제품을 비교할 수 있도록 공간을 설계한 것도 고객의 체험을 최우선에 둔 결

출처: 아모레퍼시픽

제품을 판매하지 않는
아모레성수는 브랜드 체험이라는
목적에 충실한 결과, 성수동의
명소가 됐다.

과다. 아모레성수는 월평균 약 1만 명의 고객이 방문하는 성수동의 명소로 떠올라 브랜드의 홍보관 역할을 톡톡히 하고 있다.

국내에서 화제가 된 또 하나의 체험형 공간은 침구 제조사인 시몬스가 경기도 이천에 만든 시몬스 테라스다. 시몬스 테라스는 단순히 침대를 파는 곳이 아니라 '수면'과 관련된 다양한 경험을 제공하는 공간이다. 수면 분석 도구를 통해 개개인의 수면 패턴을 살펴보고, 더 나은 수면 생활을 위해 개선해야 할 문제점부터 해결 방법까지 실용적인 정보를 전달한다. 예를 들어, 시몬스 테라스의 한 구성 요소인 '매트리스 랩'은 시몬스 제품의 핵심 기술을 전달하는 전시장 같은 공간이다. 방문객들은 입구에 설치된 롤링Rolling 기계가 침대 스프링의 강도를 테스트하는 광경을 지켜보며, 자연스럽게 품질에 대해 신뢰감을 갖게 된다.

이뿐만 아니라 직거래 장터인 '파머스 마켓'을 열어 지역 농산물을 판매하거나 다양한 아티스트와 협업해 소셜 아트를 선보이는 등 시몬스 테라스는 방문객들에게 다양한 문화 활동을 체험할 수 있는 기회를 제공함으로써 집객력을 높이고 있다. 2018년 9월에 문을 연 시몬스 테라스는 오픈 1년 만에 누적 방문객 10만 명을 달성했으며, 오픈 후 2년간 25만 명이 방문하며 지역을 대표하는 컬처 허브로서 그 저력을 증명했다.[22]

아모레성수와 시몬스 테라스에서 알 수 있듯이 잘 만들어진 공간은 사람들을 불러들이는 힘이 있다. 체험형 공간은 온라인에서는 불가능한 제품을 만져보고 시험해볼 수 있으며, 이를 통해 자

출처: 시몬스

브랜드 철학을 담은 볼거리와 즐길 거리를 제공하고, 지역 사회와 꾸준히 교감함으로써 경기도 이천의 새로운 랜드마크로 거듭난 시몬스 테라스.

연스럽게 브랜드의 철학과 제품을 알리는 역할을 한다. 아모레성수와 시몬스 테라스가 별도의 오프라인 공간을 만든 목적은 물건을 판매하기 위해서가 아니다. 온라인 쇼핑몰을 종일 돌아다닌다고 해도 소비자들이 아모레퍼시픽의 립스틱과 시몬스 침대의 매트리스에 관해 얻을 수 있는 정보는 한정적이다. 한번 생각해보자. 시몬스의 매트리스를 온라인 쇼핑몰의 사진만을 통해 만난 25만 명과 시몬스 테라스에서 온종일 놀며 시간을 보낸 25만 명, 이 두 그룹이 시몬스에 대해 가지는 이미지는 과연 똑같을까? 그렇지 않을 것이다. 여기에서 알 수 있듯 이제 오프라인 매장은 고객과 상품이 만나고 상호 작용하는 공간으로 재정의되며, 거부감이 적은 새로운 광고판이자 마케팅 수단이 되고 있다.

온라인 D2C 브랜드도 오프라인 공간이 필요하다

최근에는 온라인을 기반으로 사업을 시작한 D2C 기업들도 오프라인 매장을 만드는 경우가 많다. 브랜드를 더 많은 고객에게 알리고, 자사의 제품과 서비스를 체험해볼 수 있도록 하며, 온라인과 오프라인의 장점을 결합해 소비자에게 더 나은 구매 경험을 제공하기 위함이다. 2010년 등장한 미국의 D2C 브랜드 와비파커Warby Parker는 안경 시장에 센세이션을 불러일으켰다. 스마트폰의 증강 현실 앱을 이용하여 자신에게 맞는 안경테를 가상으로 착용해보고, 안경테 5개를 무료로 집으로 받아본 후 그중에서 마음에 드는 안경을 선택하는 시스템으로, 당시로서는 획기적인 비즈니스 모델이었다. 즉, 오프라인 유통이 주도하던 안경 산업을 온라인으로 전환함으로써, 소비자들의 커다란 호응을 얻었다. 창립 첫해에 약 2만 개의 안경을 판매했으며 2013년에는 25만 개, 2015년에는 100만 개 이상을 판매하며 연 매출 1억 달러(약 1,200억 원)를 달성했다. 또한 와비파커는 앱을 통해 안경 처방전을 원격으로 갱신할 수 있는 서비스도 시작하면서, 안경 구입에 있어 온라인 서비스의 질을 한층 높였다.

온라인 태생의 와비파커는 2013년 뉴욕에 첫 번째 오프라인 매장을 열었다. 이후 오프라인 매장을 지속적으로 확장해 2020년 10월 기준으로 미국 주요 도시에 145개의 매장을 운영하고 있으며, 향후 오프라인 매장의 수를 900개 이상으로 늘려갈 계획이다. 와비파커는 안경을 직접 보기 위해 본사로 찾아오는 소비자들을 보고 오프라인 매장의 필요성을 감지했으며, 오프라인 매장을 잘 활용한다면 온라인 주문 또한 늘릴 수 있으리라 판단했다. 이에 따라 와비파커의 오프라인 매장은 온라인 채널과 연계된 서비스에 초점을 맞췄다. 온라인에서 구매한 제품을 오프라인 매장에서 픽업하거나 교환할 수 있을 뿐만 아니라 오프라인에서 사용해본 제품을 온라인으로 주문하는 것도 가능하다. 오프라인 매장에서는 온라인보다 더 정교한 시력 검사 서비스를 무료로 제공하며, 고객들은 구매에 대한 부담 없이 다양한 제품을 착용해볼 수 있다. 와비파커의 궁극적인 목표는 온라인과 오프라인 공간을 결합해 고객에게 최선의 서비스를 제공하는 것이다.[23]

미국의 리서치 그룹인 가트너가 와비파커의 오프라인 매장을 두고 "온라인 매출을 올리기 위한 징검다리 역할과 동시에, 온라인과 오프라인을 연결해 소비자의 만족도를 높이고 이들을 다시 온라인으로 끌어들이려는 전략"이라고 평가한 것처럼 온라인과 오프라인의 체험이 연결될 때, 양쪽 모두에서 긍정적인 고객 반응을 얻으며 선순환을 이끌어낼 수 있다.

이후 미국의 많은 D2C 브랜드들이 와비파커와 비슷한 전략을 구사하며, 온라인에서 오프라인으로 확장하는 모습을 보이고 있다. 여성 의류 브랜드 에버레인Everlane은 맨해튼 소호 지역에 오프라인 매장을 열면서, 스타일리스트가 1시간 동안 무료로 패션 컨설팅을 해주는 서비스를 시작했다. 그뿐만 아니라 온라인을 기반으로 한 강점도 살렸다. 매장에서 원하는 옷의 색상과 사이즈가 없을 경우, 즉시 웹사이트에서 주문할 수 있으며 배송비도 무료다. 매장과 웹사이트를 연동한 서비스로 편리함을 어필하며 고객을 사로잡고 있다.

코로나 팬데믹 기간 중 미국에서 펠로톤, 미러와 함께 큰 인기를 끈 홈 피트니스 스타트업 토날Tonal도 고급 백화점인 노드스트롬과 제휴해, 2022년 3월을 기준으로 노드스트롬 로스앤젤레스, 샌프란시스코, 시카고 등을 포함한 약 46개의 매장에 미니 스토어를 운영 중이다. 뉴욕 미드타운에 있는 쇼룸 매장에서는 '디지털 웨이트digital weight'라고 불리는 토날의 트레이닝 머신을 실제로 체험해볼 수 있는 공간을 선보였다. AI 등 첨단 기술을 사용해 170종류에 이르는 운동 메뉴를 개발한 토날은 고객 개인별 맞춤형 트레이닝 서비스를 제공하며, 기기의 움직임이나 수치를 측정해 개선점을 지도해준다.

이렇듯 앞으로의 오프라인 공간은 새로운 역할을 자처해야 할 것이다. 디지털 세계에서 충족시키기 어려운 실재감과 인상적인 체험은 강력한 마케팅 수단이 된다. 오프라인 매장에서는 브랜드와 제품을 체험하고 직원과의 커뮤니케이션을 통해 브랜드의 스토리를 전달한다. 이렇게 브랜드의 팬이 된 고객은 자연스럽게 온라인에서도 해당 브랜드를 신뢰하고 찾게 될 것이다.

체험형 매장, 유통 채널이 아닌 미디어 플랫폼으로

체험형 매장의 필요성은 인정하지만, 그렇다고 모든 기업이 쉽게 체험형 매장을 열 수 있는 것은 아니다. 이러한 공간을 만드는 데는 꽤 큰 투자가 필요하기 때문이다. 실제로 체험형 매장을 운영하는 곳은 풍부한 자금력과 인력을 보유한 대기업이나 이미 두꺼운 고객층을 보유한 브랜드들인 경우가 많다. 아직 사업을 시작한지 얼마 안 된 신생 브랜드나 온라인으로 사업을 운영하는 개인과 작은 회사 그리고 D2C 브랜드는 체험형 공간을 만들 자원이 부족한 것은 물론이고, 오프라인 매장을 운영해본 적도, 오프라인에서 고객과 커뮤니케이션을 해본 적도 없다. 과연 이런 브랜드는 어떻게 소비자와 접점을 가질 수 있을까?

소규모 브랜드의 오프라인 진출을 돕는 서비스형 리테일의 등장

최근 오프라인 공간에 대한 니즈가 있는 브랜드에 공간을 제공하고 운영을 대행하는 비즈니스 모델이 확산되고 있다. 소위 'RaaS Retail as a Service'라고 불리는 서비스형 리테일은 소매 운영에 필요한 매장, 직원, 인프라를 패키지화해 제공한다.

일반적으로 브랜드가 리테일 매장을 운영하기 위해서는 부동산(공간), 인력, 포스POS 시스템 등을 개별적으로 준비해야 하는데, 이 과정에서 상당한 시간과 비용이 소요된다. 하지만 RaaS를 이용하면 저렴한 비용으로 이른 시일 안에 오프라인 매장을 만드는 것이 가능하기 때문에, 최근 1인 기업과 중소기업 및 D2C 스타트업에서는 RaaS를 주목하고 있다. 예를 들어, 신생 브랜드가 제품을 전시할 수 있도록 백화점이 건물 내 일부 공간을 제공하는 식이다. 전시에 필요한 집기를 대여해줄 뿐만 아니라, 때로는 자사의 직원들을 활용해 접객 서비스까지 제공하기도 한다.

RaaS는 출점뿐만 아니라 퇴점도 빠르기 때문에, 적은 투자로 자신의 가설을 시험해보고 싶은 스타트업에 더욱 유용한 모델이다. 백화점이나 쇼핑몰과 같이 공간을 제공하는 유통 업체 입장에서는 최근 화제가 되는 브랜드나 MZ세대가 좋아할 브랜드를 유치함으로써 집객력을 높일 수 있다는 장점이 있다. 특히 매장을 찾는 사람들의 발길이 많이 줄어든 리테일 기업은 RaaS를 통해 신규 고객을 유입시키고 보다 넓은 고객층을 확보할 수 있다. 이제 오프라인 유통은 자신들이 가진 공간과 오프라인 매장 운영 노하우를 활용해, 마치 부동산이나 플랫폼과 같은 새로운 방식의 비즈니스 모델을 실현하고 있는 것이다.

최근 미국에서는 RaaS를 적용한 소매업자들을 쉽게 찾아볼 수 있다. 대표적으로 백화점계의 스타트업이라 불리는 네이버후드 굿즈Neighborhood Goods와 실용적인 D2C 브랜드들을 주로 취급하는 네이키드 리테일Naked Retail을 들 수 있다. 네이버후드 굿즈는 온라인에서만 판매하는 D2C 브랜드를 큐레이션해 입점시키고, 3~12개월 주기로 브랜드를 바꿈으로써 고객에게 정기적으로 새로운 제품을 소개한다. 네이버후드 굿즈는 입점하는 브랜드를 선정할 때, 명확한 브랜드 스토리가 있는지 그리고 그 브랜드가 상권의 수요와 잘 맞아 떨어지는지를 고려한다. 그렇게 엄선된 브랜드에는 브랜드 스토리를 잘 표현할 수 있도록 구성된 맞춤형 공간이 제공된다.[24] 즉, 네이버후드 굿즈의 역할은 단순히 브랜드를 입점시키는 것에 그치지 않는다. 브랜드 콘셉트에 맞춰 매장 내 공간을 디자인하고 홍보해줄 뿐만 아니라, 백화점 직원은 해당 브랜드의 스토리와 철학을 공부해 고객에게 전달하기도 한다. 자사의 SNS를 통해 브랜드를 소개하는 것은 물론이다.

2020년 10월 뉴욕에 첫선을 보인 네이키드 리테일 또한 온라인 판매를 중점으로 하는 소비재 브랜드에게 오프라인 매장을 제공하는 유통 채널이다. 이곳 역시 상품 구색을 지속적으로 변경해 고객들에게 끊임없이 새로운 경험을 선사한다.[25] 네이키드 리테일에 입점하는 브랜드는 매월 600~900달러(약 72~110만 원)의 임차료를 내거나 수익의 8~35%를 배분하는 방식 중 원하는 것을 선택할 수 있다.[26] 어느 쪽이든 브랜드 입장에서는 자신들이 직접 팝업 스토어를 여는 것보다 저렴하다.

뉴욕의 쇼필즈Snowfields도 D2C 브랜드를 소개하는 유통 채널이다. 이름에서 알 수 있듯이 매일 쇼show가 펼쳐지는 공간fields으로, 이곳이 상점인지 공연장인지 구별되지 않는 애매모호한 콘셉트가 특징이다. 쇼필즈에서는 배우들이 쇼룸을 넘나들며 공연을 펼치는 방식으로 브랜드의 이야기를 전한다. 배우들은 브랜드 스토리와 제품을 사용하는 상황을 쇼로 표현하면서 고객들이 쇼에 참여하도록 유도하고 자연스럽게 제품을 체험해보게 만든다.

제품 대신 경험의 유통 전략을 세우다

네이버후드 굿즈와 네이키드 리테일 그리고 쇼필즈. 이들의 공통점은 최근 인기가 높은 D2C 브랜드들이 오프라인에 자신만의 공간을 가질 수 있도록 돕는다는 것이다. 또한 이들은 리테일을 운영하면서 쌓아온 큐레이션 역량을 활용해, D2C 브랜드의 제품뿐만 아니라 이와 어울리는 화장품이나 인테리어 제품 등 다양한 카테고리의 브랜드를 편집하여 공간을 구성한다. 고객들은 현재 화제가 되고 있거나 아니면 곧 유행할지도 모르는 브랜드를 모아놓은 공간에서, 마치 전시회를 감상하듯이 쇼핑을 할 수 있게 됐다. 이렇게 고객들이 두근거림을 느낄 수 있는 새로운 체험을 제공함으로써, 계속 방문하고 싶어지는 공간을 만드는 것이다.

영국의 리테일 전문가 더그 스티븐스Doug Stephens는 "브랜드는 제품이 아닌 경험의 유통 전략을 세워야 한다. 제품을 멋있게 진열하는 것만으로는 한참 부족하다. 매장은 무대이자 스튜디오가 돼야 한다. 매장에서 일어나는 일들을 드라마, 연극, 애니메이션처럼 만들어야 한다"라며 미디어로서의 유통 채널의 역할을 강조한다.

RaaS는 오프라인 매장 없이 온라인으로만 고객들을 만나왔던 D2C 브랜드에도 다양한 이점을 가져다준다. 복수의 D2C 브랜드가 모인 매장에서는 특정 브랜드에 관심이 있어 방문한 고객이 다른 브랜드도 만날 수 있기 때문에, 단독으로 팝업 스토어를 여는 것에 비해 신규 고객과의 접점이 더 많이 만들어지게 된다.

단순히 집객만을 위해 RaaS를 이용하는 것은 아니다. 금전적, 시간적 비용을 고려했을 때 D2C 혹은 신생 브랜드가 단독으로 매장을 내는 것보다 RaaS를 활용하는 것이 더 효율적이다. 예를 들어, 팝업 스토어 대여 서비스를 제공하는 영국의 어피어 히어appear here를 통해 오프라인 진출을 검토할 경우 단순 출점 비용만 2천 달러에서 5천 달러(약 240~600만 원)가 든다. 여기에 인건비, 집기 대여비, 결제 시스템 이용, 인테리어 비용 등이 추가된다. 한편, 쇼필즈가 제공하는 패키지를 이용하면 월 요금은 6천 달러에서 1만 2천 달러(약 720~1,440만 원) 수준이며, 이 금액에는 인력 지원, 매장 및 재고 관리, 포스 시스템, 집기, 브랜드 스토리 및 세계관에 맞춘 인테리어 비용 등이 모두 포함돼 있다.

공간 운영에 필요한 기자재를 지원하는 것뿐만이 아니다. 방문 고객 수, 고객 의견 및 피드백, 상품 매출 등의 정보를 분석해, 판매 전략에 관한 솔루션도 지원한다. 게다가 자사의 인스타그램이나 뉴스레터, 매거진 등에서 적극적으로 D2C 브랜드를 소개하면서 더욱 많은 사람에게 홍보될 수 있도록 돕는다. 이러한 집객 지원은 인지도가 낮은 신흥 D2C 브랜드에게 꽤 매력적인 요소다. 비용 절감과 마케팅 지원이라는 장점으로 인해, 현재 많은 신흥 D2C 브랜드가 RaaS를 이용하여 오프라인 공간에서 소비자를 만나고 있다.

일본의 백화점 업계 역시 미국에서 시작된 RaaS를 유통이 나아가야 할 새로운 지향점으로 인식하고, 최근 비슷한 매장을 만들기 시작했다. 일본 최대 유통 그룹인 세븐앤아이홀딩스Seven&I Holdings 산하의 백화점인 소고 세이부そごう·西武가 2021년 9월에 선보인 오프라인 공간 '츄스베이스 시부야CHOOSEBASE SHIBUYA'는 20~30대를 주 타깃 고객으로, 패션, 잡화, 식품 등 온라인 기반의 D2C 브랜드를 유치해 공간을 채우고 있다. 매장의 역할을 판매가 아닌 제품과의 접점을 만드는 것이라 정의하고 있으며, 일정 기간 테마를 정해서 해당 테마에 맞는 브랜드의 상품을 모아놓는다. 츄스베

이스 시부야의 첫 번째 테마는 '지속가능성'이었다. 최근 일본에서 젊은 층을 중심으로 지속가능개발목표SDGs, Sustainable Development Goals에 관심이 높아지고 있는 상황을 의식한 것이다. 테마에 맞춰 업사이클(폐기될 자원을 활용해 물건으로 재탄생시키는 재활용 방식) 보석 브랜드를 유치했고, 아이폰 중고 제품을 판매했다. 소비자에게 잘 알려지지 않은 브랜드라도 테마에 맞는 브랜드라면 기꺼이 공간을 대여해주며, 브랜드를 1개월 단위로 교체해 고객이 여러 번 방문하더라도 최소 한 달에 한 번은 새로운 브랜드를 만날 수 있는 즐거움을 선사한다.

2021년 10월, 일본의 백화점 다이마루DAIMARU 역시 D2C 브랜드들을 모아놓은 체험형 쇼룸인 '아스미세明日見世'를 오픈했다. 아스미세에는 약 20개의 브랜드가 참여하고 있는데, 매장에 제품은 전시하지만 재고는 두지 않고 있다. 소비자가 제품 옆의 QR 코드

출처: 저자 제공

1개월 단위로
새로운 브랜드를 소개하는
소고 세이부의
츄스베이스 시부야.

를 읽어 직접 브랜드의 온라인 몰을 방문해 제품을 구입하는 방식이다. 아스미세와 츄스베이스 시부야의 가장 큰 차이점은 판매원의 유무다. 앞서 소개한 츄스베이스 시부야에는 판매 직원이 없다. 고객 혼자 자유롭게 제품을 탐험하고, 추가로 정보를 얻으려면 스마트폰으로 QR 코드를 읽으면 된다.

반면, 다이마루에는 '앰배서더ambassador'라고 불리는 백화점 스태프가 친절하게 제품과 브랜드에 관해 설명해주고 제품을 체험하도록 유도한다. 앰배서더는 각 브랜드로부터 상품에 대한 지식과 브랜드 철학 및 가치관을 전달받고, 자신이 직접 사용해본 후 이를 바탕으로 고객에게 브랜드 스토리를 전달한다. 브랜드 측의 일방적인 설명이 아니라, 오랜 기간 접객을 담당한 다이마루의 스태프가 객관적인 시선으로 상품을 설명하는 것이다.

"아스미세에서는 다이마루의 스태프가 직접 고객에게
제품과 브랜드를 소개하기 때문에, 해당 브랜드의 철학이나
신념을 확실히 공부하지 않으면 안 된다. 고객은 앰배서더라는
사람을 통해 브랜드의 매력을 느끼게 된다. 이것은 오프라인
매장이기 때문에 만들어낼 수 있는 가치다. 온라인에서는
좀처럼 원활한 커뮤니케이션이 이뤄지기 어렵지만,
실제 매장은 고객과 앰배서더의 커뮤니케이션을 통해 새로운
정보를 발신하는 거점이 될 수 있다. 아스미세가 매출을 좇는
장소가 아니라, 고객들이 입점한 기업의 세계관을

느낄 수 있는 장소가 되기를 바란다."

– 히로사와 겐타廣澤健太, 다이마루 DX 추진부

앰배서더는 고객에게서 받은 피드백을 정기적으로 입점 기업에 제공한다. 입점 기업은 온라인으로만 만나던 고객들의 생생한 목소리와 의견을 들을 수 있다는 점에서 긍정적인 반응을 보인다.

고객의 고령화와 온라인 채널의 공세, 거기에 엎친 데 덮친 격인 코로나 사태로 지속적으로 내리막길을 걷고 있는 백화점은 다양한 고객층을 불러들이는 것을 목적으로 이러한 매장을 기획했다. 특히 백화점을 거의 방문하지 않는 Z세대를 염두에 두고, 이들이 최근 관심을 갖는 친환경 및 지역 공헌에 관한 스토리를 가진 브랜드를 입점시켰다.

오프라인 매장은 고객들이 관심을 가질 만한 새로운 브랜드를 발굴하고 큐레이션해, 고객들에게 새로운 경험을 제공함으로써 그들의 방문을 촉진해야 한다. 오늘날, 고객이 만나보고 싶은 브랜드를 엄선하는 역량이 그 어느 때보다 중요해졌다. 브랜드의 제품을 판매하는 장소에서 브랜드를 알리는 미디어로서 오프라인 매장의 역할이 전환되고 있는 것이다.

더그 스티븐스는 "경험은 본질적으로 콘텐츠의 융합이다. 소매를 유통으로 보는 것을 당장 중단하고, 미디어 채널로 보아야 한다. 스토어가 얼만큼 미디어의 역할을 해낼 수 있느냐가 중요하다"라고 말했다. 또한 그는 "오프라인 매장들이 그들만의 콘텐츠를 만들고 있다면 소비자들은 알아서 찾아올 것이다. 유통은 더 이상 소매업이 아니라 쇼 비즈니스여야 한다"라며 달라진 오프라인 매장의 역할을 강조했다.[27]

온라인으로 대부분의 물건을 살 수 있는 지금, 오프라인 매장은 새로운 것을 발견하도록 돕는 '큐레이션 미디어'의 가치를 제공할 수 있어야 한다. 해당 공간에 방문하는 것을 두근거리는 마음으로 기다리는 팬을 만드는 일이 무엇보다 중요해진 것이다.

고객의 데이터를 수집해드립니다

2015년 미국 실리콘 밸리에서 창업한 스타트업 베타b8ta는 RaaS를 대표하는 업체 중 하나다. 처음 등장했을 당시 '오프라인 유통의 미래상을 제시하는 혁신적인 매장'으로 평가된 베타는 제품을 판매하는 것이 아니라 소비자의 '행동 데이터'를 수집해 제조 업체들에 제공하는 새로운 콘셉트의 비즈니스 모델을 가진 체험형 매장이다. '발견을 위한 소매 매장Retail Designed for Discovery'이라는 베타의 캐치프레이즈에서 알 수 있듯이, 베타는 전 세계의 혁신적인 제품을 소비자들이 발견하고 시험해볼 수 있는 장을 마련한다. 단지 제품을 전시하는 것을 넘어 매장 내에 설치된 AI 카메라를 통해 고객의 움직임을 수집하고 분석한다. 고객 행동 정보와 함께 매장 직원이 고객과의 커뮤니케이션을 통해 얻은 정보, 예를 들어 구매 이유나 개선점 등 또한 제조사에 전달하고 있다. 특히 '베타 테스터'라고 불리는 베타의 직원들은 고객에게 적절한 질문을 던져 제품에 대한 피드백 데이터를 모으는데 이러한 정보는 온라인에서는 쉽게 얻을 수 없는 의견으로 해당 브랜드가 제품을 개선하거나 마케팅 전략을 수립하는 데 큰 도움이 된다.

베타 매장의 존재 이유는 소비자에게 제품을 알리고 경험해보도록 하는 것이기에 매출에 따른 수수료를 받지 않는다. 대신 입점 브랜드로부터 고정 임대료를 받고 있으며, 매장에 진열된 제품의 구매는 아마존과 같은 온라인 쇼핑몰에서 이뤄지도록 유도하고 있다.

최근, 국내의 리테일 업체에서도 베타와 비슷한 RaaS를 시도하기 시작했다. 롯데하이마트가 운영하는 '메이커스 랩Makers' Lab by HIMART'은 혁신 기술이나 기능, 참신한 디자인 등을 보유했지만, 아직 시장에 알려지지 않은 중소 규모의 제조사와 스타트업의 제품을 발굴하고 전시해 소비자에게 소개하는 체험 공간이다. 메이커스 랩의 천장에는 9대의 AI 카메라가 설치돼 고객의 체류 시간, 동선, 연령대, 성별 등의 데이터를 수집하고 고객의 반응을 분석한다.[28]

일본 기업들 또한 베타의 비즈니스 모델에 큰 관심을 보이고 있다. 오프라인 유통이 고전하는 와중에, 일본의 리테일 업체들은 일찍부터 실리콘 밸리로 시찰을 떠나 베타의 새로운 비즈니스 모델을 배우게 해달라는 요청이 많았다고 한다. 이러한 이유 때문인

출처: 롯데하이마트

중소기업과 스타트업의 제품을 주로 소개하는 롯데하이마트의 메이커스 랩. 입점 기업은 메이커스 랩을 통해 제품과 서비스의 출시 및 상용화 이전에 고객에게 미리 홍보하고 체험을 제공할 수 있다.

지 베타의 매장 5개가 도쿄에 있으며, 2021년 5월에는 후쿠오카에 기간 한정으로 4개의 베타 매장을 추가로 운영했다. 또한 미국의 매장은 모두 폐점한 반면, 일본 법인은 미국으로부터 상표권과 소프트웨어의 라이선스를 취득해 사업을 이어가고 있다.• 일본에서는 식품을 테마로 한 점포를 시부야에 출점하는 등 일본 현지 시장에 맞는 독자적인 전략으로 점포 수를 확정하고 있다.

• 새로운 형태의 리테일을 선보인 베타는 아쉽게도 2022년 2월 18일 미국의 전 점포를 폐점했다. 고정된 금액으로 받던 입점료를 내점자 수에 따라 변동되는 구조로 전환한 후, 예상치 못한 코로나 팬데믹이 터지면서 방문자 수가 크게 줄었기 때문이다. 하지만 베타가 제시한 '발견을 위한 매장'이라는 오프라인 매장의 새로운 역할은 많은 리테일러에게 큰 영감이 됐다.

출처: 저자 제공

베타는 물건이 아닌 '데이터'를 파는 매장이다. 도쿄의 유락초 매장의 모습.

일본의 대형 백화점 체인 마루이Marui 또한 베타의 일본 법인에 출자해 비즈니스 노하우를 흡수하고 있다. 마루이는 "AI 카메라를 활용하면, 온라인 쇼핑 데이터에서는 얻을 수 없는 섬세한 고객 행동을 파악할 수 있다. 이러한 방식을 다른 테넌트에도 도입해 활용하고 싶다"라며 열의를 드러낸다.

실제로 마루이는 일본의 백화점 중에서도 가장 적극적으로 비즈니스 모델을 변신시키는 곳 중 하나다. 2018년부터 자사를 '팔지 않는 매장'으로 전환할 것이라 선언하며 젊은 층에게 인기 있는 D2C 브랜드로 공간을 채우고 있다. 매장에서는 마루이가 쌓아온 노하우를 활용해 고객을 응대하고 제품 및 서비스를 체험해 보게 하며, 정작 판매는 인터넷에서 이뤄지도록 유도한다. 현재는 공간 제공 및 공간 내 콘텐츠를 큐레이션하는 역할에 집중하고 있지만, 향후에는 고객 행동 데이터를 제조사나 브랜드에 제공하는 것을 목표로 하고 있다. 마치 미국의 베타와 같은 매장을 꿈꾸는 것이다.

일본의 또 다른 백화점 체인 소고 세이부도 매장 내에 AI 카메라를 도입하기 시작했다. 2020년에는 소고 오미야점의 식품 매장에 150대, 세이부 이케부쿠로 본점의 고급 브랜드 매장 등에 100대의 AI 카메라를 설치했는데, 일본 백화점에서 AI 카메라를 대규모로 도입한 것은 이번이 처음이었다. 소고 세이부는 앞으로 5년에 걸쳐 국내 매장 10곳에 AI 카메라를 대규모로 도입할 예정이며, 고객의 연령, 성별, 매장 내 행동 이력 등을 치밀하게 데이터화해 상품 개발 등에 활용할 것이라고 밝혔다.

지금까지 소매 유통 기업에 있어 데이터를 취득하는 주요 수단은 점원이 계산대에 입력하는 포스 시스템 데이터였는데 이를 통해서는 구매자의 성별과 연령밖에 파악이 되지 않았다. 하지만 AI 카메라를 활용하면 취득한 영상으로부터 고객의 연령이나 성별을 추정하는 것은 물론, 상품을 사는 순서나 어느 정도 시간을 들여 상품을 선택했는지, 어느 매장은 방문하고 어느 매장은 그냥 지나쳤는지까지도 분석할 수 있다. 취득한 정보를 근거로 고객의 구매 행동을 치밀하게 파악해, 가격을 조정하거나 상품 구성을 재검토하기도 하고 홍보 전략을 수정하기도 한다. 축적한 데이터는 테넌트 기업에 제공해 신상품 개발에 활용할 수도 있다. 축적한 데이터를 통해 프로모션을 진행하기도 하고, 이를 제조사나 브랜드에 제공함으로써 새로운 수익원을 만들어가기도 한다.

이렇게 매장의 역할이 물건을 판매하는 것이 아닌 데이터를 수집하고 고객 행동을 관찰하는 곳이 되면, 테넌트를 모집할 때 선택의 기준 역시 바뀔 것이다. 매출이 아닌 단골 고객에 관한 지표, 즉 팬이 얼마나 많은 브랜드인지 혹은 브랜드를 통해 새로운 고객층을 얼마나 획득할 수 있는지가 테넌트를 평가하는 주요한 기준이 될 것이다. 이를 증명하듯 마루이는 "(판매를 목적으로 하는 곳이 아니기 때문에) 미래형 매장에서는 매출은 중요한 고려 사항이 되지 않는다"라고 단언했다.[29]

앞으로도 유통 분야의 온라인 이전은 지속될 것이다. 이제 오프라인 상업 공간은 물건을 파는 것에서 벗어나 새로운 역할을 자처해야 한다. 온라인에서는 불가능한 체험을 제공함으로써 브랜드를 알리는 미디어이자 광고판의 역할, 그리고 온라인에서는 파악할 수 없는 소비자 행동을 관찰하는 공간으로 매장의 역할이 바뀌고 있다.

온라인과 오프라인,
서로 경쟁하지 않아도 괜찮은 이유

언제 어디서나 접속할 수 있는 가상 공간인 온라인으로 쇼핑의 주 무대가 이동하면서 오프라인 매장이 가진 힘이 약해지고 있음은 부정할 수 없다. 코로나는 입지가 좋은 곳에 많은 종류의 물건을 대량으로 쌓아놓고 고객에게 판매하는 것을 당연하게 여겼던 리테일의 공식을 무색하게 만들었다. 이제는 오히려 사람이 많이 모이는 소위 '입지가 좋은 곳'이 도리어 감염 가능성이 높은 '위험한 곳'이 돼버렸다.

디지털 기술이 마치 공기처럼 일상에 스며들고 있는 지금, 온라인과 오프라인을 별개로 바라보는 관점에 변화가 필요하다. 오프라인과 온라인의 장점을 융합함으로써 고객에게 더욱 개선된 경험을 제공하는 것이 가능해졌기 때문이다.

디지털 기술로 오프라인 경험을 개선하다

디지털 기술을 활용한 오프라인 리테일의 대표적인 사례는 무인 매장이다. 코로나 확산 후 비대면 서비스에 대한 니즈가 높아지면서 무인 매장은 지속적으로 확대되고 있으며, 부족한 노동력을 해결할 대안으로 선진국의 투자가 이어지고 있다. 아마존이 선보인 세계 최초의 무인 매장 아마존고에서는 구매하고 싶은 물건을 골라서 그대로 나오기만 하면 저절로 계산이 된다. 아마존고의 슬로건인 '줄 없음, 계산대 없음No lines, No checkout'이라는 말 그대로, 계산하기 위해 줄을 설 필요도 없고 신용 카드를 지갑에서 꺼낼 필요도 없다. AI, 머신러닝 등과 같은 최첨단 기술을 활용해 고객 편의성을 극대화한 매장이기 때문이다.

이처럼 디지털 기술을 접목한 오프라인 공간을 '피지털Physital'이라고 부른다. 오프라인 공간을 의미하는 단어인 피지컬physical과 정보 통신 용어인 디지털digital의 합성어로 디지털을 활용해 오프라인 공간에서의 경험을 개선하는 것을 의미한다. 예를 들어, 뷰티 브랜드의 체험형 매장에서는 다양한 기술을 활용해 고객이 자신에게 딱 맞는 제품을 선택할 수 있도록 돕는다. 간단한 설문을 통해 최적의 스킨케어 제품을 제안해주는 디지털 패널이나 색조 화장품을 실제로 발라보지 않아도 메이크업한 모습을 확인할 수 있는 시뮬레이터 등 디지털 기술을 오프라인 매장에 도입해 고객에게 더욱 향상된 서비스 경험을 제공하는 것이다.

한편, 아마존은 2022년 5월 말 미국 로스앤젤레스에 패션 매장인 '아마존 스타일Amazon Style'을 전격 오픈했다.[30] 아마존 스타일은 여느 패션 매장과 다르게 품목당 하나의 샘플만 진열하고 있다. 고객은 마음에 드는 디자인을 발견하면 QR 코드로 스캔한 후 입어 보고 싶은 옷의 사이즈와 색상을 선택해 '피팅 룸으로 보내기' 버튼을 클릭한다. 편하게 모든 옷을 둘러보고 피팅 룸에 들어가면 입어 보고 싶은 옷이 미리 준비돼 있다. 다른 사이즈나 색상의 제품을 가지러 나갈 필요도 없다. 피팅 룸 안에 설치된 터치스크린으로 요청하면 몇 분 내로 그 자리에서 받아볼 수 있다. 그뿐만 아니라 패션 큐레이터의 의견이나 고객 피드백 및 선호도 등을 고려해 AI가 스타일링을 제안해주기도 한다. 마치 나만을 위한 옷장인 퍼스널 쇼퍼 룸을 연상케 한다.

이렇듯 오프라인 매장의 다양한 영역에서 디지털 기술을 활용하고 온라인과 연계함으로써 한층 진화된 오프라인 경험을 설계하는 움직임이 확산되고 있다. 실제로 지금도 여전히 물건을 직접 확인하거나 시착이 가능하다는 장점으로 인해 오프라인 매장을 방문하는 사람이 많다. 하지만 누구나 한 번쯤은 찾는 물건이 어디 있는지 몰라 한참을 헤매거나, 상품 하나를 계산하기 위해 긴 시간 줄을 서 기다린 경험이 있을 것이다. 이제는 디지털 기술을 활용해 이러한 불편함을 쉽게 개선할 수 있게 됐다.

출처: 아마존

아마존 스타일에서 제공하는 개인화된 피팅 룸. 고객이 직접 옷을 가져갈 필요 없이 스마트폰에서 선택한 옷을 직원이 직접 가져다준다.

온라인 접객, 단 1명의 고객을 위한 라이브 커머스

피지털이 오프라인 매장에 적극적으로 디지털 기술을 접목하는 것이라면 반대의 방향으로 온라인에서 오프라인 채널의 장점을 결합하는 경우도 있다. 최근 일본의 온라인 업체들이 적극적으로 활용하는 '온라인 접객'이 대표적인 사례다. 한국과 중국에서 '라이브 커머스live commerce'가 하나의 쇼핑 방식으로 자리 잡았다면, 일본에서는 라이브 커머스에 더해 온라인 접객이 빠르게 확산되고 있다. 온라인 접객 서비스는 고객이 온라인상에서 판매원을 만나, 약 30분에서 1시간 정도 1대 1 화상으로 상품에 대한 설명을 들으면서 쇼핑을 하는 것이다. 라이브 커머스가 1대 다수로 진행되는 반면 온라인 접객 서비스는 고객 한 사람만을 위한 라이브 커머스라고 이해할 수 있다. 코로나 확산 초기, 거의 전멸했다는 표현이 과하지 않을 정도로 고객이 급감한 일본의 백화점과 패션 브랜드는 어려움을 타개하고자 온라인 화상 회의를 통해 고객에게 제품을 판매하는 서비스를 시작했다. 위기를 돌파하기 위해 시작한 온라인 접객의 반응이 예상외로 호조를 보이자 다수의 백화점과 브랜드들이 온라인 접객을 본격적으로 확대하기 시작했으며, 관련 소프트웨어와 툴도 경쟁적으로 쏟아져 나왔다. 온라인 접객은 오프라인 매장의 장점인 직원과의 커뮤니케이션과 온라인 매장의 장점을 결합한 방식으로 일본 시장에서는 또 하나의 새로운 유통으로 자리 잡아가고 있다.

일본 백화점 중에서 가장 적극적으로 온라인 접객을 시행하는 곳은 미쓰코시 이세탄이다. 미쓰코시 이세탄은 그룹 전체 매출의 25%를 담당하는 주요 매장인 신주쿠점의 모든 제품을 온라인으로 접객하기 시작했다. 의류, 시계, 보석, 와인 등 총 14개 카테고리의 200여 개 브랜드, 총 100만 품목의 상품을 판매 점원과 온라인으로 상담하면서 구입할 수 있다. 고객은 사전에 점원과 메신저를 통해 쇼핑의 목적, 취향, 예산 등을 알려주고 상담을 예약한다. 이세탄에서 오랜 기간 판매를 담당해온 전문 직원들은 어떤 질문이 오더라도 기대 이상의 답변을 할 수 있도록 사전에 3시간 이상 공들여 고객 응대를 준비한다.

미쓰코시 이세탄은 정확한 수치를 공개하지는 않지만, 온라인 접객을 이용하는 고객 대부분이 물건을 구입하기 때문에 고객당 평균 매출은 매장을 직접 방문해서 구입하는 경우보다 큰 폭으로 높아졌다고 한다. 이는 온라인 접객을 신청한 고객과 1시간 이내로 이야기를 주고받으면서, 고객에게 다양한 상품을 제안하는 것이 가능하기 때문이다. 예를 들어, 어버이날 기념 선물로 어머니의 스카프를 구입하고자 했던 고객은 판매 직원의 추천으로 아버지가 좋아하는 와인까지 구입하게 되는 것이다.

미쓰코시 이세탄은 대형 온라인 쇼핑몰과 자사를 차별화시킬 수 있는 포인트를 바로 '판매원의 접객 능력'이라고 판단하고 있다. 판매원은 단지 상품을 설명하고 구매를 도와주는 존재가 아니라, 고객의 니즈를 파악하고 개별 취향이나 관심사에 맞는 상품을 제안하는 역할을 한다. 온라인 공간에 오프라인 매장에서 활약하던 판매원을 영입해 온라인 채널의 단점을 보완하고 오프라인에서와 같은 세심한 서비스를 느낄 수 있도록 하는 것이다. 온라인 접객만으로 100만 엔(약 1천만 원)이 넘는 그림이 팔린 적도 있다고 한다. 온라인 접객을 위한 시스템인 '미쓰코시 이세탄 리모트 쇼핑' 앱도 개발해 앱 내에서 고객과의 채팅, 동영상 접객, 제품 구입까지 모든 프로세스가 원스톱으로 가능한 인프라도 구축했다.

이세탄이 새롭게 시작한 '디지털 살롱digital salon'은 지방 백화점의 VIP 고객이 지방 매장을 방문하면 해당 매장이 가지고 있는 물건이 아니라, 도쿄의 대형 매장에 있는 다양하고 세련된 고급 브랜드의 제품을 소개하는 서비스다. 한번 상상해보자. 오랜 기간 접객 경력을 쌓은 판매원이 고객이 좋아할 만한 제품을 온라인을 통해 소개한다. 지방의 부호 고객들은 매장에 마련된 고급스러운 공간에 편하게 앉아서 음료를 마시며 도쿄 본점의 베테랑 판매원이 제안하는 물건을 살펴본다. 이렇게 되면 고객은 물건을 구입하기 위해 꼭 도쿄에 갈 필요도 없고, 동시에 지방 백화점은 고객에게 물건을 팔기 위해 재고를 준비해둘 필요도 없다. 도쿄의 백화점에는 새로운 고객을 확보하는 통로가 된다.

이러한 흐름이 확산되면 지방의 백화점은 해당 지역에서 가장 땅값이 비싼 곳을 차지할 필요가 없어질지도 모른다. 디지털 살롱을 활용한다면 온라인 연결이 가능한 어느 곳이든 백화점이 될 수 있기 때문이다.

온라인 판매도 매장 직원의 실적이 된다?

백화점뿐만 아니라 의류 업계도 온라인 판매에 직원을 활용해 고객과 소통하는 데 열심이다. 의류는 실제로 입어 보고 구입하고자 하는 고객들이 많아 온라인 침투율이 낮은 소비재 분야 중 하나다. 산업통상자원부가 발표한 2020년 국내 이커머스의 매출 증감률을 상품별로 살펴보면, 식품은 52%, 도서와 문구는 30%, 가전 및 전자 제품은 21% 증가한 반면, 패션과 의류는 2% 증가에 그쳤다.[31] 일본의 경우에도 경제산업성이 발표한 자료에 의하면

2020년 의류를 온라인으로 쇼핑하는 비율은 19%로 도서(43%)와 생활 가전(37%)에 비해 현저히 낮은데, 이유는 옷을 실제로 입어 보고 구입하고 싶어 하는 소비자들이 많기 때문이다. 이러한 소비자들이 가지는 제품에 대한 불안감을 해소해주기 위한 방법으로 의류 업계는 오프라인 매장에서 일하는 직원을 온라인 채널에 활용하기 시작했다.

최근 일본 기업들 사이에서 빠르게 확산되고 있는 '스태프 스타트Staff Start'는 매장에서 일하는 직원이 제품을 소개하는 동영상이나 사진을 자사의 온라인 몰에 쉽게 올릴 수 있도록 지원해주는 앱이다. 이를 통해 오프라인 매장 직원의 활동 범위가 온라인으로까지 확장됐다. 예를 들어, 의류 매장에서 근무하는 직원은 자신이 직접 코디한 옷을 입고 사진이나 동영상을 찍어 온라인 몰에 올릴 수 있으며, 이를 자신의 SNS와 연동시켜 활용하는 식이다. 스태프 스타트를 운영하는 일본의 벤처 기업 바니시 스탠더드Vanish Standard의 오노자토小野里 대표는 "오프라인 매장에는 상품이 존재하고, 계산대가 있고, 직원이 서있는 것이 당연하다. 하지만 온라인 몰에는 상품과 계산대밖에 없다. 여기에 착안해 온라인 몰에서도 판매 직원을 활용하는 구조를 만들고 싶었다"라고 사업을 시작한 계기를 설명한다.

직원의 신체 치수 정보를 공개하기 때문에 소비자는 자신의 체형과 비슷한 직원을 검색해 자신이 실제로 옷을 입었을 때 어떤 느낌인지 확인할 수 있다. 그뿐만 아니라 직원들은 수년간 현장에서 고객을 접대한 경험을 살려 다양한 스타일링 팁을 제공한다. 제품의 장점뿐만 아니라 단점까지도 사진과 함께 상세하게 명시하고 어떻게 스타일링하면 좋은지 제안하기 때문에 상품을 직접 입어보지 않고 구입해도 쇼핑에 실패할 확률이 낮다. 제품을 가장 잘 아는 직원이 브랜드의 앰배서더가 돼 소비자와 직접 커뮤니케이션하는 것이다. 개중에는 해당 직원이 추천하는 제품은 믿고 구입한다는 다수의 팬을 거느린 셀럽 직원들도 있다.

무엇보다도 스태프 스타트의 가장 큰 특징은 직원이 게재한 동영상이나 사진을 보고 고객이 제품을 구매하면 이를 해당 직원의 실적으로 집계한다는 점이다. 의류 판매의 온라인 전환율이 낮은 이유 중 하나는 오프라인 매장에 근무하는 직원들이 온라인 판매는 자신의 업무와는 별개라고 생각하기 때문이다. 하지만 자신이 온라인 매출에 공헌한 정도를 명확하게 확인할 수 있고 이를 통해 보상을 받자, 오프라인 매장 직원들은 온라인 몰에 적극적으로 사진과 동영상을 올리고 고객들을 만나기 시작했다.

자사의 제품을 잘 아는 직원의 영향력은 우리의 예상을 뛰어넘는다. 온라인 접객과 라이브 방송을 통해 1년에 10억 원씩 매출을 올리는 슈퍼 직원도 등장했다. 다수의 의류 브랜드를 운영하는 일본의 베이크루즈BAYCREW'S 직원 중에는 '카리스마 점원カリスマ店員'이라 불리는 이들이 존재한다. 이들이 직접 자사의 의류를 코디해 입고 인스타그램에 올린 동영상은 전국의 소비자들로부터 수십만 번 재생되고 있다. 베이크루즈는 스태프 스타트를 활용해 점원이

게재한 사진 및 동영상을 경유하여 온라인에서 판매된 제품은 그 직원의 판매 실적으로 계산한다. 베이크루즈의 한 직원은 온라인을 통해 2021년 9월 한 달에만 2천만 엔(약 2억 원)에 달하는 의류를 판매했다. 이 직원의 2020년 9월부터 2021년 8월까지 1년간 온라인 매출은 1억 엔(약 10억 원)을 돌파했다. 보통 일본의 의류 매장에서는 월 200만 엔(약 2천만 원)을 판매하면 실적 상위에 랭크되는데, 이들은 온라인에서 오프라인의 약 5~10배에 달하는 매출을 올리고 있는 것이다. 오프라인 매장에서는 만날 수 있는 고객 수가 한정돼 있지만, 온라인에는 그러한 제한이 없다. 자신이 일하는 매장의 위치와 관계없이 전국 어느 곳에 있는 고객이라도 쉽게 만날 수 있다. 서비스를 시작한 지 5년 만에 약 1,600개 이상의 회사가 스태프 스타트를 도입하고 있으며, 의류뿐만 아니라 화장품, 잡화, 식품 등 다양한 분야에서 활용하고 있다.

기업은 직원들이 자사 브랜드의 열렬한 팬이 돼 고객들에게 적극적으로 제품의 매력을 전달하도록 하고, 이와 동시에 직원이 매출에 공헌한 정도를 확실하게 보상해줄 필요가 있다. P2C Person to Customer 트렌드가 확산될수록, 판매 직원을 어떻게 동기 부여하는지가 매장 운영의 중요한 요소가 되기 때문이다.

이제 입지가 좋은 곳에 있기 때문에 팔리는 시대는 끝났다. 코로나의 확산은 기존 오프라인 매장이 가지는 '좋은 입지'라는 힘을 무력하게 만들었다. 소비의 주 무대가 온라인으로 옮겨가고 있을 뿐만 아니라 소비자들의 쇼핑 패턴 또한 바뀌었다. 이렇게 변화된 시대를 맞아 오프라인 매장은 디지털을 적극적으로 활용해 고객 경험을 향상시키고 있으며, 온라인 채널 역시 오프라인의 채널의 장점을 어떻게 활용할 수 있을지 고민하고 있다. 온라인과 오프라인이 각각의 장단점을 파악하고, 이를 서로 보완하는 것이야말로 앞으로의 유통이 나아갈 방향일 것이다.

5

공간 혁명이 불러올 미래의 모습

업무 공간, 주거 공간, 상업 공간에 불어닥치고 있는 변화는 자연스럽게 도시 전체의 모습을 바꾸고 있다. 재택근무가 확산되면서 교외로 이주하는 사람들이 늘고 온라인에서 대부분의 생활이 가능해짐에 따라, 대도시 근교의 '교외 경제'가 발달하게 됐다.

동시에 실내에서 활동하거나 집 근처에서 보내는 시간이 길어지면서 내가 사는 동네에 대한 관심 또한 높아지고 있다. 번잡한 도시를 떠난 시골에서의 삶을 진지하게 고려하는 사람들이 늘고 있으며, 주거지 주변 상권의 이용도 늘어나고 있다.

최근 부산시는 한 지역에 직장과 주거의 기능을 모두 담는 일명 '콤팩트타운'을 조성하겠다고 밝히며, '15분 도시 부산'이라는 슬로건을 내걸었다. '15분 도시'란 2016년 프랑스 소르본대학교의 카를로스 모레노Carlos Moreno 교수가 창안한 개념으로 15분 일상 생활권 내에서 문화, 의료, 교육, 복지, 휴식 등이 가능한 도시 구조를 지향한다. 원격근무로 인해 일하는 장소가 분산됨과 동시

에 사람을 중심으로 다양한 활동들이 수렴하는 최근의 트렌드를 도시 정책에 반영하고 있는 것이다.[1]

대도시로 인구가 집중되는 현상은 전 세계가 고민하는 사회적 문제 중 하나다. 많은 국가가 이를 해결하려 했으나 쉽게 도심 집중 현상을 해소할 수 없었다. 하지만 코로나 팬데믹 이후 새로운 라이프스타일이 떠오르며 지방 도시와 근교가 부상하는 지금이야말로 도시 과밀집 문제를 해결할 수 있는 절호의 기회가 될지 모른다.

이번 마지막 장에서는 변화하는 도시의 모습에 이어, 지금까지 살펴본 다양한 공간에서 일고 있는 변화의 기저에는 어떠한 공통점이 있는지 짚어보고자 한다.

코로나 팬데믹은 공간을 바라보는 시선과 관점에 변화를 가져왔고, 이에 따라 실제로 공간을 활용하는 모습이 매 순간 새롭게 바뀌고 있다. 세상은 하루가 다르게 빠른 속도로 변해가며, 지금도 우리는 변화의 한가운데에 있다. 앞으로 우리가 살아가는 세상이 어떠한 모습이 될지 정확히 예측할 수는 없지만, 지금 일어나는 일들을 하나씩 자세히 관찰해보면 변화의 방향성은 어느 정도 그려볼 수 있지 않을까?

'집중'에서 '분산'으로, '도심'에서 '교외'로

산업 혁명 이후 인류의 역사는 '집중'의 연속이었다. 인프라가 잘 갖춰진 도시에 일자리가 생기고, 일자리를 찾아 자연스럽게 사람들은 도시로 몰려들었다. 도시에는 상업 시설이 우후죽순 들어섰으며, 이는 더 많은 사람들을 도시로 불러들이는 역할을 했다. 코로나는 이러한 도시 집중 현상을 당연하게 여긴 인류에게 의문을 던졌다. 'WFA Work From Anywhere(어디서든 일하는) 트렌드'의 확산으로 인한 업무 공간의 변화는 직장에서 멀지 않은 도심에 사는 것을 당연하게 여겼던 고정 관념을 깨는 도화선이 됐다.

물론 코로나 사태가 종식되면 다시 도시로 사람이 몰리고, 어쩌면 이전보다 더 도시가 팽창할 수도 있다. 도시 집중에 대한 단점이 많이 지적돼 온 것은 사실이지만, 그렇다고 해서 도시가 없어지지는 않을 것이다. 편리한 교통과 문화 시설을 비롯한 풍부한 인프라 등 도시에서만 누릴 수 있는 장점이 많기 때문이다. 비록 코로나가 인구가 밀집된 대도시 중심으로 빠르게 확산됐지만, 코로나에 신속하게 대응할 수 있는 의료 시설 역시 아무래도 지방보다는 도시에서 쉽게 이용할 수 있었다는 사실을 부정할 수는 없다. 도시에 모여 사는 것의 혜택이 크기에, 높은 물가나 생활비 등 여러 불편을 감수하고서라도 도시를 떠나지 않는 사람들도 분명히 많다.

코로나가 끝나면 사람들은 다시 도시로 몰릴까?

과연 코로나 이전과 동일한 규모의 사람이 다시 도시로 몰리게 될까? 재택근무가 정착된 회사에 다니는 사람들 중 일부는 더 넓은 주거 공간을 찾아 도시를 떠나지 않을까? 실제로 '도시 분산'에 관한 이슈는 국내 언론에도 이미 수차례 보도됐다.[2]

- 코로나로 인해 교외 지역으로 거처를 옮기는 사람이 늘고 있다
- 코로나 이후엔 대도시 주택 수요 낮아질수도
- 코로나 도시 탈출, 세계 곳곳에서 대도시 생활 청산하는 움직임

한편, 3장에서 살펴본 것처럼 코로나 확산 이후 사람들은 도시

에서 몇 시간씩 떨어진 첩첩산중으로 들어가는 것이 아니라 도심과의 접근성이 좋은 근교로 이동하고 있다.[3]

- 재택근무 확산이 교외 이주 유인 높일 수도
- 코로나에 대도시는 위험, 뉴요커, 한적한 교외로 탈출 러시
- 서울 등 도심 벗어난 수요자들, 교외 주택으로

물론, 국내의 경우 가파른 집값 상승으로 인해 주거비가 더 저렴한 근교 도시로 이주하는 트렌드가 지속돼 왔기 때문에, '과연 코로나가 근교 도시로 이주하는 직접적인 원인일까?' 하고 의문을 품는 이들도 있을 것이다. 하지만 근교 도시의 부상은 비단 한국만의 이야기가 아니다.

미국 최대의 상업용 부동산 사업자인 사이먼 프로퍼티 그룹Simon Property Group의 CEO 데이비드 사이먼David Simon은 2021년 2월, 《월스트리트저널》과의 콘퍼런스 콜에서 교외 지역이 다시 떠오르리라 전망했다. 동시에 그는 모든 교외 지역이 다 성장하는 것은 아니고 '높은 수준을 갖춘, 좋은 위치의 교외High quality suburbs, Well-located suburb'가 중요하다고 말했다.[4] 즉, 앞으로는 이러한 조건을 충족하는 근교 도시가 발달할 것이라는 뜻이다.

많은 기업에서 하이브리드 근무 방식을 채택하게 되면, 일주일에 2~3일 사무실로 출근하는 사람들이 많아질 것이다. 그러면 너무 먼 지방으로의 이주는 사실상 어렵겠지만, 직장이 위치한 도

심과의 접근성을 고려해 주거지를 선택할 수 있는 옵션은 더욱 다양해진다. 매일 출퇴근에 1시간을 할애하던 사람도 출근이 주 1~2회로 줄어들면 출퇴근에 조금 더 많은 시간을 사용해도 좋다고 생각할 것이다. 같은 비용으로 교외의 더 넓고 쾌적한 공간에서 살 수 있다면 말이다.

수준 높은 교외 도시를 주목하라

경제협력개발기구는 2021년 6월 〈리모트워킹 실시 현황과 지역 실정에 따른 정책〉이라는 보고서를 통해 도시는 집적 이익集積利益• 에 의해 노동자와 기업을 끌어당기기 때문에, 앞으로도 도시로부터의 대규모 이동은 일어나지 않을 것이라 지적했다. 하지만 코로나 이후 새로운 표준이 되는 거주 패턴을 네 가지 제시했는데, 그 내용 — ① 하이 스킬high-skill을 가진 노동자가 도시의 중심부 밖으로 항구적으로 이동, ② 도시 주변 통근권의 확대, ③ 중간 규모 도시의 집중 확대, ④ 리모트워크의 실시 확대 — 은 근교 도시가 부상하는 트렌드와 일치한다.[5]

미국 스탠퍼드대학교의 니콜라스 블룸Nicholas Bloom 교수는 최

• 어떤 지역에 산업이나 인구가 집중하면 분업화가 이루어지고 노동과 소비의 시장이 형성되며, 도로 등의 인프라가 마련되고 투자 효율이 높아지는 것을 의미한다.

근 발표한 논문에서 주택 가격과 세대의 우편번호 변경 상황 등을 토대로 뉴욕, 샌프란시스코 등 미국 대도시의 도심에서 교외로 인구 이동과 부동산 수요 변화가 일어나고 있음을 확인했다. 그 이유로 포스트 코로나 시대에는 하이브리드의 근무 방식이 대세가 됐기 때문이라고 전했다. 실제로 최근 재택근무를 실시하는 많은 기업도 최소 주 1회에서 2~3회 정도는 사무실 출근을 요구한다. 또한 자녀 교육이나 의료 기관과 같은 인프라를 생각해보면, 도시에서 너무 동떨어진 곳으로 이주하는 것은 쉽지 않다. 이렇게 되면 도심에서 가까운 근교 도시가 성장할 것이라 쉽게 예측할 수 있다.

그렇다면 전문가들이 강조하는 '수준 높은 교외 도시'란 어떤 곳을 의미할까? 이는 비록 규모가 크지는 않더라도, 다양한 기능을 가진 도시를 의미한다. 그 이유는 일주일에 1~2회 정도는 출퇴근을 하지만, 그 외의 시간은 집 근처에서 보내게 되기 때문이다. 집 혹은 근처의 분산 오피스나 공유 오피스에서 일하고 해당 지역 내에서 여가를 보내는 라이프스타일이 확산되는 것이다.

《머물고 싶은 도시가 뜬다》의 저자인 모종린 연세대학교 교수는 "코로나 시대가 요구하는 직주 일치형 생활권 도시는 일·주거·여가를 근거리에서 해결할 수 있는 형태"라며 "적절한 인구와 공간 밀도, 보행 및 자전거 인프라, 지역 공동체의 여부가 코로나 이후 중요한 가치로 부상했다"라고 지적했다.[6] 서울연구원 교통시스템 연구실 또한 직주 근접과 보행 및 자전거 이동이 중심이 된 '작은 도시'의 발전이 필요하다고 주장하고 있다. 즉, 도심부를 중심에 두고 근교 도시가 하나의 생활권이 되는 것이다.[7]

높은 차원의 도시 기능은 여전히 도심 중심부에 의존한다. 예를 들어, 대량의 고용을 창출할 수 있는 대기업은 도심에 들어서며, 명품과 같은 사치재의 소비는 도심 중심부의 백화점에서 이루어진다. 그리고 이와 동시에 근교 지역에 대부분의 생활이 가능한 도시를 만들어 분산시킨다. 근교 도시에는 중소 규모의 상업 시설이 들어서고, 온라인 쇼핑 및 배송 시스템이 잘 구축돼 있기 때문에 근교 도시에 살더라도 주민들은 생활에 불편함을 느끼지 못한다. 규모가 큰 도서관이나 체육 시설과 같은 공공시설을 모든 근교 도시가 가지고 있을 필요도 없다. 근접한 근교 도시들이 분담해 공공시설을 만들고, 주민들은 이웃한 근교 도시의 시설을 이용한다. 근교 도시의 생활권 하나하나를 폐쇄형 구조가 아닌 외부와 연결되는 확장형 구조로 만들어, 도심 및 이웃 근교 지역과 함께 도시의 역할을 분담하는 것이다.

도시의 모습이 달라진다, 다핵 분산형 도시의 등장

대도시 주변의 교외 지역으로 주거가 분산되면, 앞으로의 도시 계획은 중소 도시 중심의 다핵 분산형 형태가 돼야 한다는 전문가들의 주장이 힘을 얻고 있다. 음성원 도시 건축 전문 작가는《한겨레》 신문과의 인터뷰에서 "일정 수준의 인구 규모가 있어야 하는 산업 인프라를 누리기 위해 사람들은 코로나 이후에도 어느 정도 모여 살아갈 것이지만, 서울이 아닌 다른 중소 도시에 거주할 만한 여지가 과거보다 많아졌다. 한국의 중소 도시가 갖는 경쟁력은 밀집도가 낮다는 점이다"라고 말했다.[8]

같은 인터뷰에서 서울시립대학교 도시공학과 이희정 교수 또한 "팬데믹과 기후 변화까지 고려하면 장기적 대응 체계로 갈 수밖에 없다. 여기에 인구 감소, 저성장까지 생각하면 도시의 형태는 변화할 것"이라며 "여러 시나리오 중 하나로 서울의 밀도가 경기도까지 확장 생활권으로 분산되는 방식이나 충청·강원까지 근

도심과 교외 지역에 대한 모식도

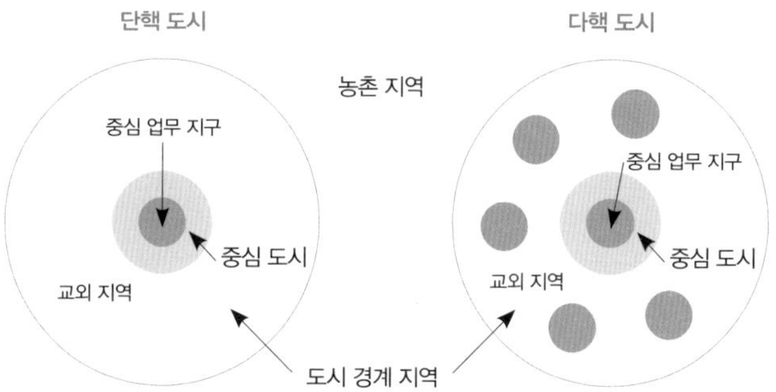

출처: 한국지리학회지 1권 2호(2012)

수도권 생활의 바운더리가 형성되는 방식도 가능하다"라고 말했다. 도시 계획 전문가들은 코로나 이전부터 지나친 개발과 과밀로 인한 대도시의 부작용을 지적하며 도시의 분산화를 주장했는데, 이것이 코로나로 인해 본격적으로 진행되고 있는 것이다.

'감염병 시대 도시의 운명과 서울의 미래'라는 주제로 진행된 한 토론회에서 서울연구원 역시 비슷한 의견을 밝혔다. 코로나로 인한 팬데믹뿐만 아니라 환경 오염이나 기후 변화와 같은 이슈에 대응하기 위해서는 도시 구조 차원의 변화가 필요하며, 그 핵심은 '작은 도시화', '다핵 분산형 도시화'라는 것이다.[9] 위드 코로나 시대에는 중장기적으로 도시의 모습이 지금까지와는 달라질 것이라고 국내외 전문가들이 입을 모아 말하고 있다.

30만 명 생활권에서 10만 명 생활권이 된 일본

한국과 도시 구조가 비슷한 일본은 어떨까? 일본의 경제지 《닛케이》가 2020년 8월부터 2021년 7월까지 1년 동안 일본 3대 대도시(도쿄, 오사카, 나고야)의 전입자와 전출자를 조사한 결과, 도쿄의 중심부에 해당하는 도쿄 23구에서는 전출자가 전입자를 초과한 반면, 도쿄를 둘러싼 교외에서는 반대의 현상이 나타났다. 즉, 중심 시가지의 인구는 감소하고 도시 주변 지역의 인구는 증가해 '도넛 현상'이라고도 불리는 '인구 공동화 현상'이 확인된 것이다. 전입자가 전출자보다 많은 교외 지역의 특징은 주택 가격이 적당하면서도 도쿄 도심으로의 접근성이 좋고 주거 환경과 육아 지원책 등이 충실한 곳이다. 해당 지역에는 가족 단위 세대의 유입이 많았던 것으로 조사됐다.

코로나 이후 바뀐 인구의 흐름은 국토 계획에도 영향을 미친다. 국토 계획은 10년에 한 번씩 검토되는 국가 정책으로 향후 10년간 국토를 어떻게 사용할지 큰 틀을 결정하는 일이다. 일본 국토관리전문위원회가 발행한 보고서에 따르면, 일본 내에 사람이 사는 지역은 전체 국토의 절반에 불과하다. 2050년에는 현재 사람이 살고 있는 국토 중 40%는 사람이 살지 않는 곳이 되고, 나머지 60%에 사는 인구는 다시 절반 이하로 줄어들 것으로 전망하고 있다. 사람이 살지 않게 되면 농지와 산림이 황폐해지고 자연재해도 늘어나게 된다. 그렇다고 이를 방지하기 위해 인구를 분산시키면,

생활에 필요한 행정 서비스나 인프라를 유지하는 비용이 늘어난다. 이 두 가지의 균형을 잡기 위해서 어느 지역에 얼마큼의 인구가 모여 사는 것이 좋은지를 찾는 것이 국토 계획의 큰 역할이다.

통학이나 통근, 쇼핑, 오락 등의 일상생활을 하기 위해 사람들이 이동하는 범위를 '생활권'이라고 부른다. 지금까지 일본에서는 종합 병원이나 대형 상업 시설 등이 들어서기 위한 생활권으로 30만 명의 인구가 필요하다고 여겨져 왔으며, 이 기준에 맞춰 국토 계획을 세웠다. 하지만 2021년 9월부터 시작된 국토 계획에서 일본은 생활권의 기준을 30만 명에서 10만 명으로 조정했다. 디지털 사회로 전환되면서 병원 진료, 쇼핑, 행정 업무 등 생활의 많은 부분이 온라인으로 가능해지면, 생활권 내에 모든 도시 기능이 갖춰지지 않아도 큰 불편 없이 살아갈 수 있기 때문이다. 즉, 일본 정부는 인구가 최소 10만 명이 있다면, 그 지역은 충분한 생활권이 형성될 것이라 보기 시작한 것이다. 생활권 형성에 필요한 인구수가 줄어들게 되면, 그만큼 여러 지역으로 분산해서 살아갈 수 있게 된다.

이렇게 될 경우, 관리할 수 있는 토지의 범위도 넓어진다. 대도시 중심부에서 1시간 내로 갈 수 있는 범위를 생활권이라 상정하고 30만 명과 10만 명의 생활권을 비교했을 때, 30만 명 생활권은 전체 국토의 38% 수준에 머물지만 10만 명 생활권이 되면 국토의 70%까지 커버할 수 있다고 일본 국토교통성國土交通省은 예측하고 있다. 이러한 생활권의 변화와 코로나의 확산은 결코 무관하지 않다. 그동안 디지털 전환이 느리다고 여겨졌던 일본 사회마저도 코로나 이후 각 분야에서 빠른 속도로 디지털 바람이 불고 있다. 한순간에 확산된 재택근무로 인해 근교로 이주하는 사람이 늘어나면서 10만 명 생활권이 가능해지게 된 것이다.

지금껏 대도시에 사람이나 기업이 집중하는 것을 당연시 여겼던 상식이 깨지고 있다. 이제 교외 지역으로 사람이 분산되는 새로운 흐름을 눈여겨보아야 할 것이다. 이러한 인구 이동과 도시 트렌드는 비즈니스를 운영함에 있어 중요한 질문을 던진다.

다핵 분산형 도시에서 공간은 어떻게 변할까?

도시의 모습과 인구의 흐름이 바뀐다면, 앞으로 사무실과 상업 시설을 어디에 두어야 할까? 최근 미국의 공유 오피스들은 교외 지역에 눈독을 들이고 있다. 위워크 출신의 멤버들이 설립한 데이베이스Daybase는 공유 오피스가 진출한 적 없는 뉴욕 교외의 중산층 주거 지역에 오피스를 열고 있다. 데이베이스는 도심 내 오피스로 출근하는 것은 싫지만, 집에서 가까우면서 좀 더 집중된 환경에서 일하고 싶다는 교외 지역 주민들의 니즈를 포착했다. 근교의 공유 오피스는 가사와 업무를 분리하고 싶은 부모들에게 인기를 얻고 있으며, 앞으로 미국 전역으로 점차 확대해나갈 계획이다. 데이베이스는 슈퍼마켓이나 유치원, 피트니스 센터와 가까운 곳에 위치

출처: 데이베이스

이제 공유 오피스도 도심을 벗어나는 추세다. 뉴욕 중산층 주거 지역에 오피스를 연 공유 오피스 데이베이스.

해 일상에 녹아드는 것을 목표로 하고 있다.[10]

원격근무가 확산되면, 특히 3인 이상 가족은 넓은 집을 찾아 교외로 나갈 가능성이 크다. 또한 텔레워크의 보급으로 인해, 주거지를 선택함에 있어 도심과의 접근성보다 여가를 중시하는 사람들이 늘어날 것이다. 그렇다면 가족 고객 대상의 상업 시설을 어디에 두어야 할지 고민해봐야 한다. 생활권이 쪼개지고 매장의 소형화가 가속화됨에 따라, 매장도 분산돼 더 많은 장소에 들어서게 될지 모른다. 대도시 중심부에는 대규모의 체험형 매장을 만들고, 소형 매장은 근교 도시로 각각 분산시키는 방법도 생각해볼 수 있다. 상업 시설이 분산되면 기업은 '서플라이 체인supply chain(생산이나 공급의 연쇄적 과정)'을 재구성해야 할 것이다.

한편, 직장까지 이동하지 않고 자신이 사는 동네를 중심으로 업무와 취미 생활을 영위하는 사람들이 많아지면, 다양한 목적의 공간이 융합된 시설이 필요해진다. 동일한 공간을 낮에는 오피스로 활용하다가, 저녁에는 네트워킹이 가능한 사교 장소로 즉시 전환하는 것이다. 비록 규모는 크지 않더라도 한곳에서 대부분의 활동이 가능한, 일하고 쇼핑하고 휴식을 취하는 것이 모두 해결되는 '하이브리드형 공간'도 많이 생겨날 수 있다. 국내 최초로 코워킹과 코리빙을 결합한 공유 오피스 로컬 스티치처럼 업무 공간과 주거 공간이 결합된 공간을 찾는 사람들이 늘 것으로 전망한다. "로컬 스티치는 기본적으로 단일 건물 내에 주거와 업무 시설, 상업 공간을 결합하는 형태다. 산업화 시대에는 직장에서 일을 하고 집에서 쉬는 형태가 통했지만, 요즘 MZ세대의 스타일을 보면 사실 생활과 일이 결합하는 방식이 맞지 않을까 생각한다"라는 로컬 스티치 김수민 대표의 말처럼 '생활과 일이 결합한 방식'의 라이프스타일이 점점 확산되고 있기 때문이다.[11]

동네의 재발견, 로컬이 뜬다

최근 '로컬local'이라는 단어를 자주 들을 수 있다. 로컬에 대한 관심이 늘며 로컬을 지향하는 브랜드들도 많이 등장하고 있다. 로컬은 크게 두 가지 방향으로 해석될 수 있다. 대도시를 떠난 지방의 삶을 일컫는 로컬, 그리고 자신이 살고 있는 동네 주변을 의미하는 로컬이다. 어느 방향이든 앞으로는 로컬이 더욱 주목받을 것으로 전망된다.

먼저 지방에서의 삶을 의미하는 로컬을 살펴보자. 최근 사람이 많고 감염 위험이 높은 대도시가 아닌 지방 도시의 매력이 부각되고 있다. 〈트렌드 코리아〉 시리즈에서도 시골에서의 삶이 더 이상 촌스러운 이미지가 아니라며 '러스틱 라이프Rustic Life'를 2022년 트렌드 키워드 중 하나로 제시했다. 코로나 확산 후 해외여행이 제한되면서 국내의 매력을 재발견하는 사람들 또한 늘고 있다. '로컬 지향적인 삶'이라면 대도시의 모든 생활을 저버리고, 시골로 내려가는 것을 떠올리는 사람들도 있을 것이다. 하지만 이제는 지방에서의 삶을 위해 꼭 모든 짐을 짊어지고 시골로 이주해야 할 필요가 없다. 앞에서 소개한 주거 구독 등의 서비스를 이용한다면 누구나 러스틱 라이프를 실현할 수 있다. 자신의 라이프스타일에 맞춰 도시와 시골 생활의 비중을 섞는 것 또한 얼마든지 가능하다.

다음으로, 자신이 거주하는 동네에 대한 관심이 늘었다. 2021년 상반기 신한카드 빅데이터센터의 분석에 따르면 홍대, 이태원 등과 같은 도심 내 상권의 이용 건수는 무려 51.1%나 감소한 반면, 주거 지역 근처 상권의 이용 건수는 26.4%가 증가했다.[12] 즉, 코로나로 생활 반경이 좁아지면서 많은 사람들이 자신이 사는 집 근처에서 일하고, 먹고, 놀게 된 것이다. 텔레워크로 집이나 주변에서 보내는 시간이 많아지면서, 지금껏 그다지 신경 쓰지 않았던 동네의 매력이 중요하게 느껴지기 시작했다. 재택근무 중에도 밖에서 식사하거나, 기분 전환을 위해 조깅을 나서는 사람들이 많다.

반경 15분 내에 모든 게 가능한 생활을 꿈꾸다

로컬의 부상은 최근 미국과 유럽을 비롯한 전 세계에서 화두를 모으는 15분 도시와 맥을 같이 한다. 최근 파리, 밀라노, 스톡홀름,

포틀랜드, 시애틀 등 미국과 유럽의 주요 도시에서는 15분 도시에 대한 논의가 진행 중이며, 우리나라의 부산을 비롯한 일부 도시에서는 구체적인 건설 계획까지 밝히고 있다. 15분 도시가 가져야 할 특징 중 하나는 '다른 곳으로 출퇴근할 필요 없이 그 안에서 대부분의 활동이 가능하도록 설계돼야 한다'는 점이다. 이는 지금까지 본문에서 살펴본 것과 같이 변화하고 있는 공간의 모습이 반영된 도시 계획이다.

이렇게 내가 사는 곳 반경 15분 이내를 중심으로 생활이 이루어지면 자연스럽게 로컬 비즈니스가 부상하게 된다. 코로나 확산 이전부터 대도시의 획일화된 매장이 아닌 지역의 특색이 드러나는 공간의 인기가 높아졌다. 로컬을 기반으로 한 상업 시설은 자신만의 독특한 색깔이 있다. 오늘날 MZ세대는 판에 박힌 듯한 공간보다 개성이 넘치는 차별화된 공간을 더 선호한다.

이러한 로컬의 부상은 오프라인 공간을 운영하는 기업에는 기쁜 소식이다. 대도시의 중심부가 아닌 곳에서도 얼마든지 새로운 기회를 발견할 수 있다는 사실을 의미하기 때문이다. '입지가 좋다'고 여겨지는 곳이 아닌, 지방이나 작은 동네도 고객들이 몰려오는 명소로 만들 수 있다. 실제로 최근 지역 특색에 기반한 로컬의 색깔을 가진 소위 '로컬 스타트업'들이 주목받고 있다. 단, 잘 설계된 콘텐츠가 뒷받침된다는 전제하에서다.

로컬 브랜드가 아닌 대형 브랜드들도 작은 규모의 매장을 분산시키면서 해당 지역에 사는 고객들의 니즈에 맞게 상품 구색과 서비스, 운영 전략 등을 변화시키고 있다. 최근 일본의 무인양품이 밝힌 중기 경영 계획의 핵심은 '지역 공헌'이다. 그리고 이를 실현하기 위해서는 각 지역과 밀착해 고객의 라이프스타일을 연구해야 하며, 각각의 매장은 동일한 방식으로 운영돼서는 안 된다고 전한다.

사람들의 이동이 감소하고 자신이 사는 동네를 중심으로 행동반경이 줄어들게 되면, 지역 하나하나가 개별 상권으로 분산된다. 그러면 '로컬리제이션localization', 즉 지역에 맞는 전략을 개발하고 지역에 맞게 상품을 특화하며 동시에 지역색이 담긴 스토리텔링으로 소비자들과 소통하는 것이 중요해진다.

마지막으로 간과하지 말아야 할 점은 사람들 사이에 연결 고리를 만드는 것, 즉 지역 커뮤니티를 활성화하는 것이다. 요즘 소비자들은 여행을 가더라도 단순한 관광보다는 그 지역을 경험하고 교류하는 것을 중시한다. 유명한 곳을 찾아가거나 한곳에 머무는 것이 아니라, 해당 지역의 역사, 문화 등을 경험하려 하는 것이다. 주거 공간의 변화에서 소개한 새로운 방식의 다거점 주거를 경험하는 사람들도 해당 지역에 머무는 동안 무엇보다 지역 커뮤니티와 연결되는 것을 중시한다.

15분 도시 이론에서 제안하는 네 가지 원칙 또한 '연결'을 중시하고 있다. 네 가지 원칙이란 첫째, 지속 가능한 도시를 만드는 것, 둘째, 생활 활동 간의 거리를 줄이는 것, 셋째, 사람들 사이에 연결 고리를 만드는 것, 넷째, 이웃의 변화에 적극적으로 참여하는 것이다. 마지막 두 항목에서 사람 사이의 연결을 강조하고 있음을 알 수 있다.

공간이 분산되고 집에서만 일하다 보면 역으로 사람과의 연결이 그리워지게 된다. 인간은 누구나 사회와 연결되고 싶은 욕망이 있다. 1인 가구를 위한 코리빙 서비스들이 거주자 간의 연결을 중시하는 프로그램을 운영하는 것처럼, 로컬을 중심으로 주민들이 모이고 교류하는 장을 마련하는 것 또한 물리적인 공간을 마련하는 것 못지않게 중시돼야 할 부분이다.

대도시에 가려져 있던 지방과 변두리, 로컬이 뜨고 있다. 이러한 로컬의 부상은 대도시의 획일화된 모습에 지친 우리의 생활을 더욱 풍성하고 다채롭게 만들어줄 것이다.

미래의 공간,
미래의 삶

공간은 사회의 변화를 반영한다. 코로나라는 위기를 겪으며, 우리는 공간을 재발견하는 기회를 가지게 됐다. 그동안 깊이 생각해보지 않았던 주거 공간과 업무 공간에 대하여 성찰하기 시작한 것이다. 오늘날, 일상과 일은 명확하게 분리되지 않는다. 직장과 가정이라는 두 공간의 경계가 무너지며, 공간의 재정립이 필요해졌다. 특히 일, 학업, 취미 등 많은 활동이 온라인에서 가능해지면서, 일상생활에는 커다란 변화가 일기 시작했다.

도심으로 접근하기 좋은 위성 도시는 계속 팽창하고 있다. 평일에는 집 근처의 공유 오피스나 카페에서 일하고 여가를 즐긴다. 주말에는 가끔 시골의 별장으로 놀러 간다. 이는 빠르게 산업화가 진행되던 대량 생산의 시대에는 상상할 수 없던 생활 양식이다. 우리의 삶은 무척 풍요로워졌고 소비자들의 가치관과 의식도 달라졌다. 일과 삶의 균형을 찾는 것이 아니라 일과 삶이 자연스럽게 섞인 라이프스타일을 지향한다. 새로운 라이프스타일의 등장은 지금도 현재진행중이며, 이러한 변화는 자연스럽게 공간의 변화를 불러온다.

업무 공간, 주거 공간, 상업 공간의 변화에서는 몇 가지 공통된 흐름을 발견할 수 있다.

공간이 유연해지다

먼저, 공간이 유연해졌다. 이 유연함flexibility은 '기능성'과 '이동성'이라는 두 가지 측면에서 생각해볼 수 있다.

첫 번째, 기능성의 측면에서 주거, 업무, 여가의 공간이 혼합되면서 자연스럽게 하나의 장소가 다양한 용도로 활용되는 곳이 늘어난다. 업무 공간의 변화에서 다루었듯이, 많은 기업이 '유연한 오피스 공간'을 만드는 데 집중하고 있다. 직원들은 고정 좌석 대신, 그날그날 수행하는 업무의 종류에 따라 오피스 내 공간을 직접 선택할 수 있다. 상황과 목적에 따라 공간의 레이아웃을 바꾸거나 팀 규모에 따라 빠르게 공간을 확장 또는 축소할 수 있는 오피스 설계도 늘고 있다. 지금의 비즈니스는 무엇보다 빠른 의사결정과 실행력이 중요하다. 이러한 민첩하고 기민한 애자일agile 조직 문화를 위해서 공간 또한 유연하게 만드는 곳이 늘고 있다.

다기능을 가진 공간에 대한 선호 역시 유연성과 관련 있다. 이제는 집에서도 별채와 같은 '제3의 공간'을 요구하기 시작한다. 기능이 정해져 있지 않고, 자신이 원하는 대로 꾸밀 수 있는, 필요에 맞게 사용할 수 있는 공간을 원한다. 팝업 스토어처럼 일정한 기간만 운영하고 사라지는 리테일 공간도 이제는 흔해졌다. 누구나 자신만의 취향을 가질 수 있는 시대, 그리고 그러한 취향이 빠르게 변하고 분열되는 시대인 지금, 비슷비슷한 제품을 대량으로 판매하는 상업 시설은 고객들에게 외면받을 수밖에 없다.

앞으로는 시간에 따라 다르게 활용되는 공간도 많이 볼 수 있을 것이다. 낮에는 공유 오피스였던 공간이 저녁이 되면 맥주를 파는 펍으로 변신한다. 빠름과 유연성이 비즈니스에서 중요한 요소로 떠오르는 것처럼, 오프라인 상업 공간들도 이제는 어떻게 하면 더욱 유연하고 민첩한 공간을 제공할 수 있을지를 진지하게 고려해야 할 것이다.

두 번째로 이동성 측면에서 공간의 유연함을 생각해볼 수 있다. 사람들이 분산됨과 동시에 개인이 하나의 경제권經濟圈을 형성하면, 분산된 개인의 경제권을 지원하기 위해 매장이나 집이 이동하는 경우가 대표적인 예다. 최근, 이동하는 트럭에 물건을 싣고 고객을 찾아가는 서비스도 점점 늘어나고 있다. 이동하는 상업 시설은 시간대나 지역을 특정해, 어떤 물건이 잘 팔리는지를 분석함으로써 최적의 매출을 낼 수 있다. 이동형 상업 시설은 매일 또는 매주 변하고 바뀌면서 우리가 사는 지역에 개성과 재미를 더한다.

이동성은 기술의 발달과도 깊은 관계가 있다. 자율 주행 기술의

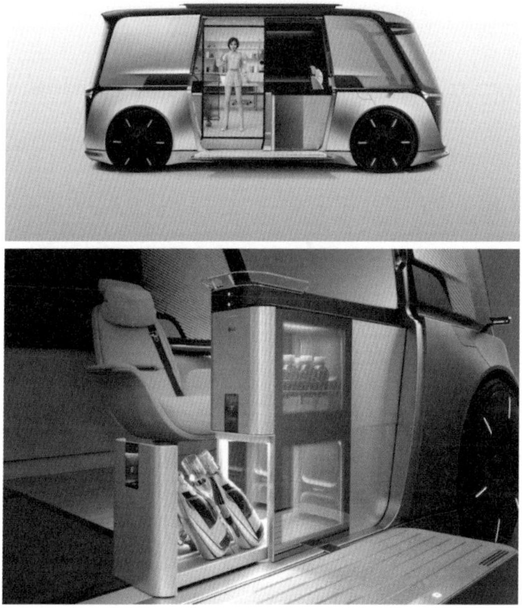

출처: LG전자

LG 옴니팟은 차량을 집의 새로운 확장 공간으로 해석해 만든 미래 자율 주행차의 콘셉트 모델이다.

발전에 따라 자동차 내부 공간을 더욱 다양하게 활용할 수 있게 된다면, 이동하는 공간을 더욱 쉽게 만날 수 있을 것이다. LG전자가 CES 2022에서 선보인 자율 주행차 'LG 옴니팟LG Omnipod'은 차량을 집에서 확장된 공간으로 해석한 결과물이다. 필요에 따라 업무를 위한 사무실로 활용하기도 하고, 휴가지에서 캠핑카로 쓰기도 하며, 영화 감상과 같은 엔터테인먼트를 즐길 수도 있는 개인 공간인 것이다. 사용자의 니즈에 따라 자동차의 내부를 자유자재로 바꿀 수 있다면, 누구나 쉽게 이동형 매장을 열 수 있을지도 모를 일이다.

이동성은 재택근무뿐만 아니라 오늘날 전 세계적인 추세인 고령화와도 관계가 있다. 고령화가 진행되면 이동성이 중요한 사회적 과제로 떠오르게 된다. 사람이 움직이는 것이 힘들어지면서, 자연스럽게 사람이 위치한 곳으로 공간을 이동시키고자 할 것이다. 다목적으로 활용할 수 있고, 필요에 따라 이곳저곳 이동할 수 있는 유연한 공간이 생활 속 깊이 자리 잡을 것으로 예상한다.

안심할 수 있는 공간을 원하다

'안심'과 '안전'은 이제 공간에 있어, 무엇보다 중요한 가치로 떠올랐다. 유연한 공간과 마찬가지로 안심할 수 있는 공간 역시 두 가지 측면으로 나눠 생각해볼 수 있다. 편안함과 쉼을 강조하는 '심리적 안심 공간'과 물리적 접촉이 없어 안심할 수 있는 '비대면 공간'이다.

먼저, 최근 업무 공간, 주거 공간, 상업 공간 어느 곳이든 자연을 실내로 끌어들이는 '바이오필리아Biophilia' 디자인을 자주 목격할 수 있다. 바이오필리아는 인간은 원래 자연과 함께해야 에너지를 얻고 살아갈 동력을 얻는다는 철학을 바탕으로 자연을 공간 디자인에 접목하는 것이다.[13] 코로나와 미세먼지 등 우리를 지치게 하는 유해 환경 요소가 넘치는 지금, 사람들은 마음 편하게 쉴 수 있는 자연을 원한다. 서울연구원이 국내 이동 통신사의 데이터를 분석한 결과, 코로나 사태 이후 공원과 녹지 등 시민들의 야외 공간 이용률이 51% 정도 증가한 것으로 조사됐다.[14] 자연과 녹음에 대한 갈망이 증가하면서 집 안에서도 식물을 이용한 인테리어인 '플랜테리어planterior'가 보편화되고 있으며 '식집사(식물 + 집사)'라는 용어까지 등장했다.

업무 공간에도 자연 요소를 적용함으로써 직원들의 스트레스를 줄이고 집중력을 높일 수 있다. 글로벌 유통 기업 아마존은 미국 시애틀에 위치한 본사와 현재 개발 중인 제2 본사 모두 식물을 접목해 설계했다. 아마존 본사 부지 내 유리 돔 건물인 '스피어The Spheres'에는 50개국에서 들여온 약 400여 종의 식물 4만 그루가 심겨 있다. 열대 우림을 그대로 옮겨놓은 듯한 모습을 유지하기 위해 600명의 정원사를 고용하기도 했다. 최대 800명이 근무하는 사무실을 운영하기 위해 600명의 정원사를 고용하는 것은 자칫 합리적이지 않은 것처럼 느껴진다. 하지만 친환경적인 공간에서 근무하면 집중력이 높아지고 부정적인 생각이 줄어든다. 자연을 관찰하면 스트레스가 감소하며 녹색은 인지 능력과 창의력을 향상시키고 몸을 이완시키는 효과도 있다. 아마존 직원들에게는 시애틀의 빌딩 숲 한복판에서 매일 녹음을 즐길 수 있다는 사실 자체가 세계 최고의 복지라 해도 과언이 아닐 것이다.

출처: 아마존

시애틀의 랜드마크가 된 아마존 본사의 유리 돔 건물 스피어(위)와 2025년 완공 예정인 버지니아주의 제2 본사(아래). 빌딩 숲 사이에서 녹음을 경험할 수 있도록 만들었다.

2020년 이후 개장한 국내의 백화점에서도 이러한 트렌드가 명확히 포착된다. 여의도의 더현대 서울 또한 식물원을 방불케 할 정도로 공간 곳곳에서 자연을 느낄 수 있도록 만들었다. 백화점 내부 5층의 실내 공원인 '사운드 포레스트'에는 천연 잔디와 나무, 꽃을 심었다. 2021년 8월에 롯데가 야심 차게 선보인 롯데백화점 동탄점의 공간 디자인 콘셉트 또한 '바이오필리아(자연에 대한 사랑)'와 '마법에 걸린 정원'이다. 롯데백화점의 공간 디자인 담당자는 "자연이 투영된 건축물, 그리고 매일 걸어도 새로운 느낌을 주는 산책길을 만들고자 했다"라고 연출 의도를 밝혔다.[15]

한편, 여의도 더현대 서울과 롯데백화점 동탄점 모두 건물 전체를 통으로 뚫어 자연 채광이 가능한 공간을 만들었다. 채광이 좋은 곳에서 사람들은 안락함을 느끼고 해당 공간이 매력적이라는 느낌을 받는다. 이는 자연스럽게 브랜드에 대한 호감도 상승으로 이어질 수 있다. 결국, 브랜딩 차원에서 채광이나 식물 등 자연 요소를 디자인에 활용하는 곳이 점점 늘어날 것이다.

글로벌 IT 기업의 본사나 백화점처럼 대규모 건물만이 아니다. 공원처럼 구성한 카페나 아예 공원 내에 위치해 자연과 일체화된 카페, 또는 넓은 테라스를 가진 상점과 같이 쾌적하면서 자연을 느낄 수 있는 공간의 인기가 높아지고 있다. 밀집을 피하면서 쾌적하게 시간을 보낼 수 있는 곳을 찾는 사람이 늘어나면, 이러한 요구에 응하는 공간들 역시 지속적으로 등장할 것이다.

다음으로, 안심할 수 있는 공간은 '비대면'의 형태로도 구현될 것으로 보인다. 코로나는 조금씩 확산되고 있던 비대면 트렌드를 가속화하는 결정적인 계기가 됐다. 이에 따라 키오스크, 음성 주문 시스템 등과 같은 비대면 장치가 적극적으로 도입되었고, 기술의 발달이 뒷받침되면서 무인 매장이 빠른 속도로 확산되고 있다. 한편, 비대면 서비스는 생산 인구 감소와도 깊은 연관이 있다. 고령자가 늘어나고 생산 인구가 줄어들면서 서비스 산업에서 AI 로봇이나 키오스크의 도입을 서두르고 있다. 코로나 이후 급등하는 물가로 인해 서비스업은 인건비 부담에 시달리고 있으며, 이 같은 상황에서 앞으로도 무인으로 운영되는 상업 공간은 더욱 확대될 것으로 보인다.

기술의 발전은 건강한 공간을 구성하는 데 도움을 주기도 한다. 수많은 디지털 기기들이 공간의 공기 순환을 촉진하고 밀집을 제어하며 공간 내 사람들의 건강 상태를 확인할 수 있다. 이렇게 되면 지금 우리가 상정하고 있는 공간 설계의 기준이 달라질 수도 있을 것이다. 앞으로는 공간이 얼마나 사람들의 건강에 도움이 되는지, 유해한 환경으로부터 인간을 보호하고 지킬 수 있는지가 공간의 가치를 결정하는 중요한 기준이 될 수도 있다.

데이터, 스마트 공간의 핵심

공간은 사람들이 특정 활동을 수행하는 곳이다. 집에서는 먹고,

자고, 휴식을 취한다. 최근에는 일하고, 공부하고, 운동까지 한다. 사무실에서도 사람들은 모여서 미팅을 하거나 혼자 집중해서 업무를 하고 잠시 옥상에 올라가서 쉬기도 한다. 상업 공간에서 사람들은 특정 제품에 시선을 뺏기거나 물건을 집었다가 제자리에 놓는다. 지금 나열한 행동 하나하나가 기업에는 보물 창고와 다름없다. 오늘날 공간은 사람들의 행동 데이터를 수집하는 플랫폼이 되고 있기 때문이다.

지금 많은 산업에서 부가 가치의 축이 제조에서 서비스로 옮겨가고 있다. 제품을 만들어서 한 번 팔고 끝나는 것이 아니라 지속적으로 새로운 서비스를 제안하는 것으로 확장된다. 앞서 소개한 스마트 변기 토토의 사례에서 알 수 있듯이 제품(변기)을 통해 소비자의 데이터를 취득하고, 이를 바탕으로 서비스(건강 관리, 다이어트 조언 등)를 제안한다. 비즈니스의 축이 서비스로 옮겨가면서 필요해진 원재료는 단연 데이터다. 우리가 행동하는 모든 것은 데이터가 된다. 걸음걸이를 분석해 내 발에 가장 맞는 신발을 제안하고, 업무 중 자세를 분석해 스트레칭을 유도한다. 쇼핑몰에서는 내 시선이 특정 제품에 몇 초간 머물렀는지를 분석해 제조사에 전달한다.

업무, 주거, 상업 공간 모두 사물 인터넷으로 연결돼 우리의 행동을 분석하고 데이터를 수집한다. 스마트 오피스, 스마트 주거, 온·오프라인이 융합한 상업 시설 등 '스마트 공간'은 공간을 사용하는 사람들의 상황과 목적을 이해하고 이를 바탕으로 사용자에게 최적의 경험을 제공한다. 스마트 오피스는 업무 프로세스를 최적화함으로써 업무의 효율성을 높이는 최적의 업무 환경을 제안한다. 상업 공간에 설치된 AI 카메라는 온라인과 오프라인을 융합해 고객에게 최적의 제품이나 서비스를 제안한다. 첨단 공조 시스템이 쾌적한 환경을 유지하고, 허용 인원수를 조정해 밀집이 발생하지 않도록 제어한다. 간단한 스캔을 통해 개인의 건강 상태까지도 쉽게 체크할 수 있다.

앞으로의 비즈니스는 '누가 더 많은 소비자 데이터를 모으는가'의 싸움이 될 것이다. 기업에 있어 이제 공간은 단순히 제품을 판매하는 장소가 아니다. 우리가 시간을 보내는 모든 공간에서 기업들은 소비자의 행동을 분석하고 데이터를 얻는다. 수집하고 분석한 데이터를 통해 우리가 원하는 것을 제안한다. 공간에 머물기만 해도 건강 검진이 이루어지고, 필요한 영양소를 확인해 빠르게 처방해준다. 사무실에 머물기만 해도 업무 집중도나 효율성을 파악해, 집중력이 가장 높은 시간을 제안해주는 서비스가 곧 등장할지도 모른다. 공간이 인간과 상호 작용하며 인간에게 가장 적합한 서비스와 제품을 제안해주는 것이다.

지금, 공간이 스마트해지고 있다.

나가며

공간, 트렌드를 이해하는 또 하나의 렌즈

이 책에서 소개한 다양한 변화를 관통하는 하나의 단어는 '분산'이다.

일하는 공간이 분산되면서 주거지가 분산되고, 이에 따라 상업 시설 또한 작아지고 분산되고 있다. 그리고 분산된 개인 한 명 한 명을 중심으로 작은 경제권이 만들어진다. 결국은 공간이 아닌 '사람'을 중심으로 많은 활동이 수렴하는 트렌드가 지속될 것이다.

내가 있는 곳이 사무실이 되고, 내가 있는 곳에서 음식을 배달받고, 내가 있는 곳으로 이동식 트럭이 물건을 싣고 찾아온다. 내가 있는 곳에서 디지털 진료를 통해 의사를 만난다. 이렇듯 개인을 중심으로 경제권이 형성됨에 따라 집의 역할이 커질 수밖에 없으며, 지금도 진행 중인 디지털 트랜스포메이션은 더욱 가속화될 것이다.

공간이 분산됨과 동시에 우리 삶에는 디지털 경제가 깊숙이 침투한다. 온라인과 오프라인의 경계가 모호한 새로운 라이프스타일이 확산되고, 사회 전체가 온·오프라인이 융합되는 방향으로 가고 있다.

공간 혁명은 홈코노미의 등장, 디지털 트랜스포메이션을 포함한 현재 사회의 트렌드를 불러온 원인이기도 하며, 이 같은 트렌드가 촉발한 결과이기도 하다. 최근 자주 언급되는 나노 사회Nano society 또한 공간의 분산과 무관하지 않다. 물리적으로 떨어져 일하고 인터넷의 가상 세계에서 자신이 보고 싶은 것만 보면서 살아가면 자연스럽게 공동체 의식이 옅어진다. 더 이상 모이지 않고 분산된 사람들이, 각자의 손에 스마트폰을 들고 모든 경제 활동을 영위한다.

지금 우리 사회에 일어나는 변화와 공간의 변화는 떼려야 뗄 수 없는 관계다. 앞으로는 빠르게 변화하는 세상을 '공간'이라는 프레임 워크를 통해 관찰해보자. 사회를 관통하는 새로운 트렌드를 더욱 깊이 이해하게 만들어줄 것이다.

주

1 공간의 패러다임이 바뀌다

1 "잭 도시 트위터 CEO, 원하는 직원은 영원히 재택근무", 《매일경제》, 2020.05.13 ; "100대 기업 88.4%, 사무직 재택근무 중", 《파이낸셜뉴스》, 2020.09.13 ; "일상이 된 재택근무·화상 회의… '일하는 방식'이 달라졌다," 《한국경제》, 2020.08.31 ; "일과 휴가의 병행 '워케이션' 시대, 멀지 않았다", 《동아일보》, 2020.10.31 ; "롯데마트, 오프라인 매장을 배송 거점으로… 새벽 배송도 확대", 《연합뉴스》, 2020.10.29 ; "대형 마트, '다크 스토어 전략' 주변 상권에 불똥", 《식품음료신문》, 2020.12.09.

2 "팬데믹 마주하며 강력해진 도시들", 《고대신문》, 2021.03.07.

3 한철환·최미림, 〈주인의 권리를 누리게 하라! 자율적 성과몰입, 저절로 따라온다〉, 《DBR》 152호, 2014.05.

2 공간 혁명을 가져온 변화의 시작점, 업무 공간

1 "연도별 클라우드 시장 규모 및 클라우드 시장 점유율 추이(20년 업뎃)", '꿈꾸는섬' 홈페이지(happist.com/581688), 2021.08.01.

2 "길어지는 재택근무… 'AI 협업 툴' 시장 후끈", 《매일경제》, 2021.08.26.

3 "'재택·본사 출근 장점만 쏙' 분산 오피스 늘리는 통신사들", 《한국경제》, 2021.05.19.

4 "공유 오피스 패스트파이브, 누적 지점 수 40개 돌파… 업계 최대 수준 유지",

《한국금융신문》, 2022.02.23.
5 "입주사 스트레스까지 관리하는 공유 오피스", 《플래텀》, 2019.03.25.
6 "COVID-19는 우리의 오피스를 터떻게 변화시켰나", '퍼시스 사무환경연구팀' 카카오브런치(brunch.co.kr/@workplace/12), 2021.02.24.
7 "'아직도 회사 출근하니'… 재택근무 50만 명 넘었다", 《매일경제》, 2021.07.26.
8 "美 재택 노동자 40% '완전히 사무실로 돌아가야 한다면 그만둘 것'", 《연합인포맥스》, 2021.07.22.
9 "'하이브리드 업무 환경'은 선택 아닌 필수", 《데이터넷》, 2021.12.14.
10 "집·여행지에서도 일하는 시대… '하이브리드 근무' 위한 서비스 뜬다", 《아주경제》, 2022.01.02.
11 "비즈니스온, SaaS 기반 인사관리 솔루션 '시프티' 280억 원에 인수", 《플래텀》, 2022.02.06.
12 "재택 아닌 재텔근무… '호텔로 출근합니다'", 《아시아경제》, 2021.02.17.
13 "「職場にテントを張ろう」スノーピークが新スタイル売り込む理由", 《日経BP》, 2019.02.04.
14 "蔦屋書店にシェアオフィス､今後3年で首都圏100カ所に拡大へ", 《朝日新聞》, 2021.11.27.
15 "재택근무 중단? 차라리 떠난다…코로나 후 사무실 다시 붐빌까[김성모 기자의 신비월드]", 《동아일보》, 2022.04.10.
16 "Reopening: The Tech-Enabled Office In A Post-Covid World", 《CBINSIGHTS》, 2020.07.23.
17 비에르쥬, "언택트 시대, 새로운 비즈니스 기회 잡은 '터치리스(Touchless) 생체인식 기술'", 'SK하이닉스' 뉴스룸(news.skhynix.co.kr/post/Touchless-biometric-technology), 2020.06.29.
18 "언택트 시대, 마케터가 주목해야 할 터치리스 기술", '어도비코리아' 블로그(business.adobe.com/kr/blog/the-latest/touchless-technology-marketers-should-know#gs.9gx3z9), 2021.02.15.
19 "Facial Recognition Market by Component, Application, Vertical, and Region – Global Forecast to 2025", 'MARKETSANDMARKETS' 홈페이지(www.marketsandmarkets.com/Market-Reports/facial-recognition-market-995.html).
20 "언택트 시대, 마케터가 주목해야 할 터치리스 기술", '어도비코리아' 블로그(business.adobe.com/kr/blog/the-latest/touchless-technology-marketers-

should-know#gs.9gx3z9), 2021.02.15.
21 "It's time to reimagine where and how work will get done", 'PwC' 홈페이지(www.pwc.com/us/en/library/covid-19/us-remote-work-survey.html), 2021.01.12.
22 월터 아이작슨, 《스티브 잡스》, 안진환 옮김, 민음사, 2015.
23 바스 카스트, 《조금 다르게 생각했을 뿐인데》, 정인회 옮김, 한국경제신문사, 2017.
24 "사무실이 스스로 공간 운영을 척척… SKT, '5G 스마트오피스' 공개", 《노컷뉴스》, 2019.02.13 ; "스마트오피스 구축 시 고려해야 할 사용자경험 요소", 《투이컨설팅》, 2020.06.08.

3 집에 대한 모든 상식을 뒤집다, 주거 공간

1 "인구 줄고 실업률 늘고… 코로나가 부른 도시의 쇠퇴", 《조선일보》, 2021.10.01.
2 "샌프란시스코, 뉴욕 코로나로 인해 월세 하락", '월급쟁이 자유인' 블로그(travel.plusblog.co.kr/675), 2021.03.09.
3 "코로나19 속 짐 싸는 미국인들… 대도시 인구 이탈 가속화", 《이투데이》, 2020.12.15.
4 "재택근무는 '줌타운'에서! 비싼 대도시 떠나는 美 Z세대", 《한국일보》, 2021.06.22.
5 "호주, 코로나로 대도시에서 시골로 인구이동", '대한민국시도지사협의회' 홈페이지 뉴스/소식(www.gaok.or.kr/gaok/bbs/B0000003/view.do?nttId=13057&menuNo=200022), 2020.11.04.
6 "코로나19 여파 영·미 도시 탈출 새 생활양식… 지방 일자리 – 집 구하기 '열풍'", 《글로벌이코노믹》, 2020.06.30.
7 "집값 부담에 탈서울 행렬… 올해 서울서 약 8만 명 '강퇴'", 《한국일보》, 2021.10.27 ; "국내 인구이동 9개월 연속 감소… 서울 인구 1년 7개월째 순 유출", 《한국경제》, 2021.10.27.
8 "디지털 노마드족이 사랑하는 이색적인 코리빙 스페이스", '디자인프레스' 네이버블로그(blog.naver.com/designpress2016/221353632239), 2018.09.06.
9 "COVID-19 and the Rise of the Digital Nomad", 'MBO partners' 홈페이지 2020 Report(www.mbopartners.com/state-of-independence/2020-digital-nomads-report).
10 "'아웃도어 업계 에어비앤비' 노리는 韓·美·日 벤처", 《조선일보》, 2021.02.11.
11 "노마드 라이프를 위한 가장 작고 현실적인 이동식 스마트홈", '디자인프레스' 네이버블로그(blog.naver.com/designpress2016/222496657542), 2021.09.07.

12 "코로나19에 도래한 원격이민 시대… 6억 명 잠재적 원격근무자", 《이투데이》, 2021.07.25.
13 "'이젠 워케이션 시대가 온다' 에어비앤비 창업자가 본 미래", 《중앙일보》, 2021.11.11.
14 〈공유 주거 시설로 떠오르는 호텔들 – 코리빙 통해 진정한 라이프스타일 플랫폼으로 거듭나다〉, 《호텔앤레스토랑》 VOL.365, 2021.08.
15 "Sonder Holdings Inc. Reports Record Revenue for Q3 and Raises FY 2021 Revenue and Adjusted EBITDA Outlook", 《businesswire》, 2021.11.09.
16 "다시 확산하는 코로나… 그래서 뜨는 '아파트 호텔'", 《땅집GO》, 2021.08.02.
17 "[도시와 라이프] 호텔이 집이 되는 시대", 《매일경제》, 2020.03.14.
18 "多拠点居住の利用ランキング､1位が｢渋谷のホテル｣の謎", 《日経BP》, 2021.06.18.
19 "호텔스컴바인, 휴가지서 일하는 '워케이션' 확산한다", 《전자신문》, 2021.07.19.
20 "'임대·중개·관리·리모델링' 건설 전방산업 주목하라", 《e대한경제》, 2018.01.03.
21 "코로나 시대의 주거, 쾌적성·휴식 중요도 올라가", 《조선일보》, 2021.03.09.
22 "2021年 コロナ禍を受けたこれからの住まい意識·実態·ニーズ調査", 'OPEN HOUSE' 홈페이지 뉴스룸(oh.openhouse-group.com/company/news/news20210527.html), 2021.05.27.
23 "美 '개러지'의 대변신… 위드 코로나 오피스·방송국·펍으로", 《TheMilk》, 2021.09.06.
24 "[홈 오피스 시대, 특화설계 뜬다①]코로나가 만든 新세계…특화설계 어디까지 왔나", 《뉴시스》, 2020.10.27.
25 "[다핵화 도시가 온다③]미래 도시, 친환경으로 덮는다", 《이코노믹리뷰》, 2021.03.27.
26 "'집다운 집에서 살고파'… 전 세계로 번지는 '작은 집 짓기' 붐", 《BBC NEWS》, 2022.01.09.
27 "Tiny House", '이케아' 홈페이지 Ideas(www.ikea.com/ch/en/ideas/profile-tiny-house-pub0e4c2c16).
28 "로보틱 퍼니처로 진화한 마법 같은 아파트", 'VILLIV' 홈페이지 매거진(villiv.co.kr/magazine/all/space/2108).
29 "당신만 모르고 있는 2020년 새로운 주거 소비 트렌드", 《매일경제》, 2019.10.25.
30 "Insights on the Home Office Furniture Global Market to 2030 – Featuring Steelcase, Masco and HNI Among Others – ResearchAndMarkets.com", 《yahoo!finance》, 2021.10.01.
31 "Fitness App Market Growth Driven By Growing Trend of Online Fitness Training Worldwide: Reports and Data", 《medgadget》, 2021.10.19.
32 "세상에서 가장 비싼 6천억 원 거울", 《모비인사이드》, 2020.11.18 ; "콘텐츠 구독경제로

무장한 '홈트' 언택트 시대 랜선 트레이닝 호황", 《매일경제》, 2020.07.29.
33 "삼성, '홈트족 가전 시장' 노린다", 《전자신문》, 2021.09.02.
34 "코로나19가 바꿔 놓은 미국의 운동문화, 온라인 스트리밍 운동 수업", '코트라' 홈페이지 해외시장뉴스(dream.kotra.or.kr/kotranews), 2021.09.23.

4 리테일 아포칼립스 시대의 생존 전략, 상업 공간

1 "US ecommerce grows 14.2% in 2021", 《digitalcommerce360》, 2022.02.18.
2 "'막상 해보니 편하네'… 5060도 온라인 쇼핑·새벽 배송 눈떴다", 《매일경제》, 2020.04.05.
3 "위워크, 美 최대 백화점 안에 공유오피스 연다", 《THE GURU》, 2021.08.12.
4 "SaksWorks Imagines Everything You Can Do—Eat, Stretch, Work, and Work Out—From Your Favorite Department Store", 《VOGUE》, 2021.08.17.
5 "리테일 + 오피스 결합 상품으로 변화에 대처하는 日 이온몰", 《SEOUL PROPERTY INSIGHT》, 2021.09.03 ; "名古屋 'イオンモールNagoya Noritake Garden' 10月 27日 開業", 《Impress Watch》, 2021.08.31.
6 "해외서도 늘어나는 도심형 물류센터… 美, 5년 내 2,000개로", 《한국경제》, 2021.07.04.
7 "오프라인 매장을 물류센터로… '다크 스토어' 만드는 대형마트", 《한국일보》, 2021.09.27 ; "마트를 물류센터로… 오프라인 점포의 반격", 《머니투데이》, 2021.07.11.
8 "매장 손님 안 받아도 살 수 있다… '다크 이코노미' 전략을 쓴다면", 《조선일보》, 2021.01.10.
9 "U.S. retailers announced twice as many store openings as closings in 2021", 'NRF' 블로그(nrf.com/blog/us-retailers-announced-many-store-openings-in-2021), 2022.01.28.
10 "A record 12,200 U.S. stores closed in 2020 as e-commerce, pandemic changed retail forever", 《FORTUNE》, 2021.01.08 ; "U.S. retailers have announced twice as many store openings as closings", 'NRF' 블로그(nrf.com/blog/us-retailers-have-announced-twice-many-store-openings-closings), 2021.10.15.
11 "Sephora, Kohl's partnership shows early signs of success", 《STOREBRANDS》, 2021.09.28.
12 "배낭여행하듯 떠돌며 2030 사로잡은 슈퍼마켓", '티타임즈' 네이버포스트(naver.me/FdQirock), 2019.10.31.
13 "Toyota Agile Space – Motorized Store or Mobility Company?", 'AutoInformed'

블로그(autoinformed.com/toyota-agile-space-motorized-store-or-mobility-company), 2021.06.14 ; "Toyota Pilots New Mobility Concept in Retail for Underutilized Urban Property", '토요타' 홈페이지 뉴스룸(pressroom.toyota.com/toyota-pilots-new-mobility-concept-in-retail-for-underutilized-urban-property), 2021.06.10.

14 "身近な場所に"動くお店"がやってくる新しい体験", '미쓰이부동산' 홈페이지 뉴스 릴리즈(mitsuifudosan.co.jp/corporate/news/2020/1215_03), 2020.12.15.

15 "What If the Louis Vuitton Store Came to You?", 《VOGUE》, 2020.11.23.

16 "[화제의 무인마켓] 부르면 달려오는 '로보마트'", 《한국일보》, 2021.07.12.

17 김기진, 〈세계는 유통혁명 – 부르면 달려오는 편의점 '모비 · 로보마트' 배송 · 창고 정리 · 재고관리 로봇이 다 척척〉, 《매경이코노미》 제2020호, 2019 ; "움직이는 편의점, '모비마트(MOBY MART)'를 아시나요?", 《아시아헤럴드》, 2017.12.11.

18 "Neolix Autonomous Vehicles Bringing The Convenience Store To You", tomorrow next, 2020.04.29 ; "중국에 등장한 자율주행 자판기", '엄지Chuck' 네이버블로그(blog.naver.com/jongscokr/221927507198), 2020.04.27.

19 "'장보기 약자' 노인에게 쇼핑하는 재미를 허하라", 《한겨레》, 2019.05.25.

20 "온라인 평정한 아마존, 백화점식 오프라인 매장도 낸다", 《조선일보》, 2021.08.20.

21 "[포스트 코로나, 오프라인 미래 (1)] 아모레퍼시픽, '아모레성수'서 미래 매장 비전 제시", 《한국금융신문》, 2021.08.23.

22 "시몬스 침대, 복합문화공간 '시몬스 테라스' 오픈 3주년", 《이데일리》, 2021.09.07.

23 "기업가치 3조 원대… 안경 쇼핑몰 와비파커가 여전히 잘나가는 이유", '인터비즈' 네이버블로그(blog.naver.com/businessinsight/222417712448), 2021.07.02.

24 "백화점계의 스타트업, 네이버후드 굿즈", 'GUNBAM' 카카오브런치(brunch.co.kr/@dlgksrb528/69), 2020.09.05.

25 "2021 미국 핫 리테일 스타트업 ②", '리테일매거진' 네이버포스트(naver.me/Fjo9AxUs), 2021.05.20.

26 "Naked Retail Works To Take DTC Model To The Next Level With New Store", 《Forbes》, 2020.10.20.

27 "상점은 유통 아닌 미디어 채널이 되어야 한다", 《패션포스트》, 2021.04.14.

28 "롯데하이마트, 어디서도 볼 수 없는 스타트업 제품 선보인다", 《이데일리》, 2020.01.16.

29 "90년 전통의 日 백화점 '마루이'가 美 스타트업과 손잡은 까닭은", 《서울경제》, 2020.09.01.

30 "아마존의 세계 첫 오프라인 패션 매장 LA 아마존 스타일 가보니", 《조선일보》,

2022.06.04.

31 "'쿠팡 빈틈 파고들기' 전략이 향하는 곳은? '패션이 무주공산'", 《한국일보》, 2021.05.12.

5 공간 혁명이 불러올 미래의 모습

1 "'직장 + 주거 15분 내', 부산시 추진 '콤팩트타운' 1호는 어디?", 《국제신문》, 2022.02.08.

2 "'코로나 때문에 못 살아'… 대도시 탈출", 《KBS뉴스》, 2020.07.24 ; "한은, '코로나19 이후엔 대도시 주택수요 낮아질 수도'", 《한국일보》, 2020.12.13 ; "코로나 도시 탈출", 《한국일보》, 2021.02.07.

3 "한은 '재택근무 확산이 교외 이주 유인 높일 수도'", 《연합뉴스》, 2020.12.13 ; "'코로나19에 대도시는 위험' 뉴요커, 한적한 교외로 탈출러시", 《연합뉴스》, 2020.08.31 ; "서울 등 도심 떠나는 수요자들… 교외 주택으로 발길", 《프라임경제》, 2021.06.14.

4 "A top U.S. mall developer predicts a big comeback for the suburbs", 《FORTUNE》, 2021.02.10 ; "Simon Property Group expects suburban boom to fuel growth", 《RETAILDIVE》, 2021.02.09.

5 OECD, 〈Implications of Remote Working Adoption on Place Based Policies: A Focus on G7 Countries〉, 《OECD Regional Development Studies》, 2021.06.22.

6 "대도시 떠나는 사람들, '직주근접' 대신 '직주일치' 온다", 《한겨레》, 2020.10.10.

7 "감염병 시대, 서울은 이미 '분산화 도시'로 변신 중", 《동아사이언스》, 2020.10.27.

8 "대도시 떠나는 사람들, '직주근접' 대신 '직주일치' 온다", 《한겨레》, 2020.10.10.

9 "감염병 시대, 서울은 이미 '분산화 도시'로 변신 중", 《동아사이언스》, 2020.10.27.

10 "Why Co-Working Spaces Are Betting on the Suburbs", 《The New York Times》, 2021.10.28.

11 장경림, 〈출퇴근 시대 이후의 일과 집… 업무 공간과 주거의 만남〉, 《브리크》 vol.4, 2020.08.

12 "빠르게 자리 잡는 '집 주변 소비'… 풍부한 주거수요 장점 갖춘 상업시설 '각광'", 《파이낸셜뉴스》, 2021.08.11.

13 〈주거와 상업 공간의 사라진 경계 호텔, 레이어를 확장시키다_호텔 같은 집, 집 같은 호텔②〉, 《호텔앤레스토랑》 VOL.360, 2021.03.

14 배현정, 〈공간의 변신, '안전'을 넘어 '치유'로〉, 《한경머니》 제184호, 2020.09.

15 "백화점에 산책길 만든 '오즈의 마법사'… '매일 와도 새롭게'", 《중앙일보》, 2021.07.28.

경험을 설계하고 트렌드를 만드는 공간의 힘
공간, 비즈니스를 바꾸다

초판 1쇄 발행 2022년 8월 3일
초판 2쇄 발행 2022년 10월 27일

지은이 정희선
펴낸이 성의현
펴낸곳 (주)미래의창

편집 주간 김성옥
편집 진행 안대근
디자인 공미향
홍보 및 마케팅 연상희 · 이보경 · 정해준 · 김제인

출판 신고 2019년 10월 28일 제2019-000291호
주소 서울시 마포구 잔다리로 62-1 미래의창빌딩(서교동 376-15, 5층)
전화 070-8693-1719 **팩스** 0507-1301-1585
홈페이지 www.miraebook.co.kr
ISBN 979-11-92519-03-6 03320

※ 책값은 뒤표지에 있습니다. 잘못된 책은 구입하신 서점에서 바꿔 드립니다.